# 融资契约缓解企业政治关联经济影响研究

赵晓琴　著

中国财富出版社有限公司

**图书在版编目（CIP）数据**

融资契约缓解企业政治关联经济影响研究／赵晓琴著．—北京：中国财富出版社有限公司，2023.6

ISBN 978－7－5047－7701－0

Ⅰ．①融…　Ⅱ．①赵…　Ⅲ．①融资—影响—企业管理—研究—中国　Ⅳ．①F279.23

中国版本图书馆CIP数据核字（2022）第076804号

| | | | | | |
|---|---|---|---|---|---|
| **策划编辑** | 李彩琴 | **责任编辑** | 张红燕　孟　杨 | **版权编辑** | 李　洋 |
| **责任印制** | 梁　凡 | **责任校对** | 杨小静 | **责任发行** | 董　倩 |

---

| | | | |
|---|---|---|---|
| **出版发行** | 中国财富出版社有限公司 | | |
| **社　　址** | 北京市丰台区南四环西路188号5区20楼 | **邮政编码** | 100070 |
| **电　　话** | 010－52227588转2098（发行部）<br>010－52227566（24小时读者服务） | | 010－52227588转321（总编室）<br>010－52227588转305（质检部） |
| **网　　址** | http://www.cfpress.com.cn | **排　　版** | 宝蕾元 |
| **经　　销** | 新华书店 | **印　　刷** | 北京九州迅驰传媒文化有限公司 |
| **书　　号** | ISBN 978－7－5047－7701－0/F·3443 | | |
| **开　　本** | 710mm×1000mm　1/16 | **版　　次** | 2023年6月第1版 |
| **印　　张** | 12.5 | **印　　次** | 2023年6月第1次印刷 |
| **字　　数** | 211千字 | **定　　价** | 62.00元 |

---

# 前　言*

企业政治关联广泛存在于世界各国经济社会生活之中，受政府对资源配置掌控的影响，我国不少企业经营者更愿意耗费成本建立政治关联以获得更多资源投入，但由于国有企业或国有控股企业终极控制人的缺位以及包括民营企业在内的国内企业普遍存在的一股独大引发大股东侵占小股东的事实，导致政治关联企业在获得资源投入优势的同时其产出绩效和竞争力不增却反降，尤为严重的是这种寻租文化会使不公平竞争和垄断愈演愈烈，从而损害广大投资者的利益并降低社会总福利。因此在统一框架下研究政治关联的影响因素、政治关联的经济影响后果及如何缓解其影响具有理论和实践价值。不同于以往从社会资本、声誉、寻租或政府干预的角度开展研究，本书创新性地从不完全契约背景下多任务委托代理问题的角度展开政治关联影响因素及政治关联经济影响后果问题的研究，指出目前我国企业诉求政治关联受外部环境变化和经营者道德风险的共同作用，并对契约双方收益和社会总福利产生不同影响后果。针对如何缓解政治关联消极影响，本书重点分析了股权、债权和可转换债券三种不同融资契约的激励约束机制差异和由此引发的社会总福利变化，重点考察不同融资契约对降低政治关联经营者道德风险的影响及其内在机理。本书分别通过经验研究和实验研究的方法对相关理论结果进行了检验。相较前人研究，本书的主要工作和创新点体现在如下四个方面。

第一，构建了多任务委托代理问题下的政治关联模型，以此作为分析政

* 本研究得到国家自然科学基金（编号：72062029/71563051）的资助。

治关联影响因素及政治关联经济影响后果的理论基础，从而突破了现有仅关注政治关联某一方面特性的分析思路局限。本书借鉴 Robert Gibbons（2005）和 George Baker（2002）的多任务委托代理模型，将外部环境变化及经营者道德风险的影响纳入一个统一的模型中。分析表明：①在我国经济转型市场经济背景下，企业积极诉求政治关联既是经营者为应对受政策影响环境多变而采取的措施，也是经营者追求自身利益最大化的结果。具体而言，当外部环境变化较大时，经营者更多道德风险行为可以抵消环境变化引起的自身收益减少，而政治关联就是典型表现。②追求政治关联的经营者道德风险加剧会导致投资者收益下降，对比之下，投资者收益对外部环境变化不敏感。这在一定程度上解释了为什么当前我国投资者对企业追求政治关联持有一定的包容态度。③从长期而言，由于外部环境变化，政治关联降低社会总福利会逐步显现。

第二，基于理论研究对比不同融资契约下政治关联对企业融资量和无效资本配置效率方式影响差异的经验研究较少见。基于理论分析，本书手工收集我国上市公司发行短期融资券和中期票据、公开增发股票以及发行可转换债券的融资数据进行经验研究，结果表明：①政治关联虽然有利于企业获得融资便利，但对企业资本配置效率有负向影响且这类企业经营绩效更低。政治关联企业依靠非市场化配置方式获得的资金优势并未提高投资者收益，反而最终以降低资源配置效率、损害社会总福利为代价，具有消极的经济影响。②我国官员类政治关联和委员类政治关联对企业运营的影响存在差异。具体体现在，官员类政治关联有利于公司债券融资，对企业过度投资有正向影响、对企业投资不足有负向影响；委员类政治关联有利于公司公开增发股票融资，对企业投资不足有负向影响。

第三，政治关联的消极经济影响已被诸多研究证实，然而如何减少或缓解其消极经济影响则鲜有研究涉及。本书创新性地基于体现融资契约内含的激励约束机制，构建不同融资契约下多任务政治关联经营者投入和投资者监督模型，以验证将融资契约作为缓解政治关联消极经济影响、保护投资者利益和提高社会总福利这一思路的可行性。本书在借鉴 Kirilenko（2001）对项目收益和项目风险概率分布形式设定的基础上，研究了不同融资契约对契约双方的激励约束差异以及社会总福利的变化。之后的实验研究结果基本验证了理论分析结果，相较于股权和债权融资，在可转换债券融资契约下，政治关联经营者生产性活动投入维持在较高水平，而其非生产性活动投入则处于较低水平；在可转换债券融资契约下，投资者监督投入水平较高；在可转换债券融资契约下，社会总福利最高。这说明，在可转换债券融资契约下，投资者依据项目质量信号进行信息修正，进而决定是否执行转换期权的机制设计既降低了融资契约的不完全性，又激励双方在不同阶段进行价值增值活动。

第四，为进一步从更微观的角度揭示可转换债券融资契约发挥激励约束机制的作用路径，本书深入分析了实验研究数据中可转换债券融资契约下契约双方的决策特征。结果表明，在可转换债券融资契约下，多任务政治关联经营者生产性活动投入虽然有所降低，但同时其非生产性活动投入得到有效抑制和减少，并且激励了投资者监督投入的增加。可见，可转换债券融资契约提高社会总福利主要源于，投资者增加监督投入水平和政治关联经营者减少非生产性活动带来的项目收益增加大于经营者减少生产性活动带来的项目收益减少；在可转换债券融资契约下，投资者是否实施转换期权与多任务政治关联经营者非生产性活动的减少及投资者监督投入水平的增加显著相关。

作 者

2023 年 3 月

# 目　录

# 1 绪论

## 1.1 研究背景

### 1.1.1 现实背景

企业政治关联普遍存在于发达国家如美国、德国、法国，以及不发达国家如泰国、印度尼西亚、巴基斯坦、巴西、印度等世界各国的经济生活中，而且与一国的金融市场化水平、投资者保护水平、法律制度完善程度等因素密切相关（Faccio，2006a，2006b；Fan，2007）。随着我国经济社会的快速发展，国内具有一定政治身份的企业管理者逐渐增多。企业积极追求不同形式的政治关联在法律层面完全合法，但政治关联会给企业带来怎样的经济后果，人们并没有得到一致的结论。

一方面，当以现金流、企业市场价值作为衡量指标时，政治关联能为企业带来更多的资源投入和便利，如获得更优惠的贷款利率、更多的贷款金额（Khwaja，Mian，2005）和更长的贷款期限（Charumilind，2006），此外政治关联还能帮助企业获得进入管制/规制行业的机会（Wiwattanakantang，2007；Mobarak，Purbasari，2006；罗党论等，2009）、更多的政府订单（Goldman，2008；Boubakri et al.，2008；Bertrand et al.，2006）、更宽松的监管环境（Aggrawal，Knoeber，2001），同时，政治关联能让企业在面临财务困境时更容易获得政府援助（Faccio et al.，2006）、更低的所得税税率（吴文锋等，2008）、更高的 IPO（首次公开发行股票）发行价格和较低的上市固定成本（Francis et al.，2009）等，因此政治关联常被认为是有价值的企业资源（Fisman，2001），增加了企业价值。

另一方面，许多研究发现，政治关联企业的经营绩效显著低于无政治关联企业，如政治关联为政府干预企业提供了便利，这侵蚀了股东尤其是中小投资者的利益（Frye，Shleifer，1997；Shleifer，Vishny，1998；Cheung et al.，2005）；政治关联企业 IPO 3 年后的股票收益率低于无政治关联企业（Fan et al.，2008）；政治关联企业的销售增长、盈利能力、公司治理状况也较低（Boubakri，2008；Chen，2005；Fan et al.，2007）；政治关联企业的其他绩效指标，如 ROE（净资产收益率）（Boubakri，2008；邓建平，曾勇，2009）、投资效率（Hung et al.，2008）等都明显低于无政治关联企业（Boubakri et al.，2008；Claessens et al.，2008；Faccio，2004）。

可见，政治关联企业在其获得的资源投入与其相应产出绩效之间并不匹配。该如何认识政治关联对企业运营的影响，下述三个问题的提出构成本研究的立论基础和现实背景。

（1）经济转型背景下我国企业寻求建立和维持与政府部门的联系受哪些因素影响？

在我国，企业政治关联深受传统文化的影响。费孝通先生认为，中国传统社会中存在的“差序格局”，即“关系”特性，深深根植于人们日常的经济政治文化生活中，人们在处理事务时往往会不自觉地依据关系的远近亲疏来决定采用何种对待方式。当这种特性投射在企业与政府处理彼此之间的关系时就表现为，政府官员往往会依据关系的远近亲疏而区别对待不同企业（张建君，张志学，2005）。此时，政治关联企业更方便也更有可能获得被政府掌控的资源。

制度经济学及法与金融理论的研究成果表明，政府对企业运营会产生十分重要的影响。我国在积极推进中国特色社会主义市场经济体制建设，但由于市场经济运行机制尚需进一步完善，目前各级政府依然保留了部分经济资源的支配权，尤其是某些战略性资源的支配权（如金融资源、政府订单、政府援助）、多数大型项目的行政审批权和资源配置的决定权等。政府行政力量主导资源再分配的直接后果是增强了政府干预企业经营活动的强度，也加大了干预范围。在此影响下，企业运营将不得不更多依赖政府的配给、监督和规定。政治关联企业/经营者拥有的政治资源和由此带来的社会网络资源使得企业在与政府管理机构沟通协商方面更有优势，更容易获得相关机构和部门的理解与支持，往往能以更便利的渠道和更低的成本获得稀缺资源，而且政治关联企业在寻租中也处于有利地位。可见一方面政府的干预使得企业可能会更多使用非市场化手段获取资源，而另一方面企业对行政主导配置资源的更多依赖进一步促使行政部门出台更多措施加强对资源的分配和管控。如此在企业与政府的互动过程中并没有形成很好的市场机制下企业相互竞争的局面，而是形成企业间为获取更多政府掌控的资源而展开的相互竞争，此时企业有强烈动机寻求建立及维持政治关联，以期获得从法律和正式制度中得不到的支持和保护（徐细雄等，2010）。

我国企业所有权结构的特点也是企业建立政治关联值得关注的因素。一方面，国有企业和非国有企业的所有权属性差异决定了这两类企业的政治关联并非同质。我国很多国有企业脱胎于计划经济下政府部门的生产单位，即使改制后，这种天然的“血缘”关系也使得这类企业方便与政府部门沟通，也有利于获取政府掌控的信息和资源。但其存在的问题也很明显，由于国有企业或国有控股企业终极控制人的缺位、各级国资委作为二级委托人又缺乏有效监督的现实，使得国有企业的高级管理者作为代理人反而掌握了企业的实际控制权。而政治关联所具有的政治地位及声誉威望很可能诱使管理者耗费过多精力用于开展可以拉近与政府的关系、增加其政治资本但无益于企业价值增值的活动。可以想象，这类企业中的政治关联管理者将存在更多如高额在职消费、聘用关系户等行为，他们会为了维系自己的管理地位和荣誉身份而投资那些可能损害投资者利益的项目。可见对这类企业，所有权和经营权的高度分离使其面临的突出问题是全体股东与管理者之间的利益冲突。而政治关联带来的政治地位和声誉威望，可能诱发这类企业管理者更严重的道德风险问题，这将影响企业寻求政治关联。

另一方面，股权分置改革后，虽然实现了股票全流通，“同股同权同利”，但在我国，不论国有企业还是非国有企业，尤其是民营企业股权结构中普遍存在一股独大的现象，导致当前我国企业存在的主要利益冲突突出的表现在以下方面：由于大股东掌握企业实际控制权，在自利和机会主义驱动下，大股东可能伺机运用企业控制权进行损害中小股东利益的活动，如关联交易等大股东掏空行为。这引发了第二类委托代理问题（Gomes，Novaes，2005；冯根福，2004；涂国前，刘峰，2010）。为了追求自身利益最大化，这类企业的大股东作为实际经营者有动力积极主动开展政治关联活动，在获得更多资源投入后投资那些可能损害中小股东利益而对大股东有利的项目。在这个意义上，中小股东与大股东之间形成的委托代理关系因大股东代理问题导致的道德风险将进一步加剧企业寻求政治关联。

综合上述分析，如果将传统文化和外部环境等视为我国企业/经营者积极主动追求建立政治关联的客观环境影响因素，管理者和大股东这两类代理人的道德风险则是其寻求政治关联的主观影响因素。之前的研究大多过于偏重关注其中某一种诠释角度，而现实中政治关联很可能同时受上述两种因素的影响。此时自然而然的问题是，这两种影响因素之间如何相互作用并影响政治关联？是否构成我国企业寻求政治关联的动因？厘清这两个有密切联系的问题，将有助于理解和认识目前我国诸多企业/经营者政治关联的深层影响。从这个意义上来看，这是一个值得研究的现实问题。

（2）政治关联对企业绩效产生怎样的影响？更进一步来说，在更广的范围上，政治关联企业获得的便利对其他无政治关联企业、投资者利益、社会总福利的影响又如何？

最近的研究说明，政治关联企业获得资源便利和竞争优势的同时并没能抵消该类企业在销售增长、盈利能力、公司治理水平、ROE、投资效率等方面表现较差的事实。可见，政治关联对关联企业绩效的影响已经表现出两面性。更值得注意的是，当置于更大的研究视野时，政治关联企业通过非公平竞争和非市场化资源配置的途径获得资源优势和竞争优势，这对经营者可能有利（如更多融资、政府补贴等），但总体上这类企业经营绩效更低的事实则说明在资源稀缺的前提下，这种非市场化资源配置方式剥夺了其他无政治关联企业公平获得资源的机会，降低了资源配置效率。可见，从更广的意义上看，政治关联对企业运营的影响损害了社会整体市场机制的正常有效运行，进而损害社会总福利。因此，对第二个问题的深入分析，有助于社会各界对政治关联的经济影响形成直观和理性的认识。

（3）如何在我国现实背景下，应用可行的市场化手段（本书主要关注不同金融工具）有效缓解政治关联的消极影响、保护投资者利益、提高社会总福利则是本书探讨的最后一个问题。

回顾诸多政治关联的研究文献，更多的是对之前提到的两个问题的现实现象描述和经验验证。如何应用市场机制引导企业行为，弱化和缓解政治关联的消极经济影响，保护投资者利益，我们认为这是一个更重要且更具实际意义的问题。有关研究表明，政治关联主要便利企业对资源的获取，尤其体现在资金获取的渠道和额度方面。而已有诸多研究表明，包含对交易双方差异化激励约束的各种金融契约，尤其是不同类型融资契约具有一定治理作用。基于此，我们认为投资者选择合适的金融工具是目前应用市场机制改善企业融资环境、提高资源配置效率，以缓解政治关联消极影响的可行方式。为此本书将选择三种金融契约，即债权、股权和可转换债券融资契约作为对比分析的金融工具载体，考察不同融资方式对投资者、关联经营者投入以及社会总福利的影响，最终为使用多元化的金融契约缓解政治关联的消极经济影响，降低我国企业依附政治关联影响提供可实施的解决思路和方法。对该问题的探讨，将为最终淡化政治关联对企业运营的影响、保护投资者利益、构建真正遵循市场规律运行的我国资本市场乃至整体市场经济体系提供有益思考和知识贡献。

### 1.1.2 理论背景

对企业政治关联行为，社会资本理论认为，企业诉求政治关联是为了获得更多的社会资本，旨在改善企业绩效。因此聘任有政治关联的人员加入董事会或直接担任企业管理者，有助于企业利用这些个人的政治关系资源来增加、拓展企业的社会资本（Hambrick，Mason，1984；Li，Zhang，2007）。Li和Atuahene-Gima（2001）甚至认为企业管理者的政治关系已然成为转型环境下一种独特的企业社会资本。积累政治关系资源有利于企业获得并开发其他资源，进而获得更多的资源优势和竞争优势。

资源依赖理论则关注政治关联企业在资源获取和资源配置方面的特征。该理论认为，作为开放系统的组织必须从外部环境或其他组织获取企业发展所需的资源。目前我国大部分的重大资源还是经由审批等行政手段配置，因此，企业经营者会倾向于同政府部门或官员建立并保持良好关系或缔结一定意义上的政治联盟，而这些将直接或间接通过制度环境对社会经济交易活动产生影响。因此研究认为，此时企业与政府的这种关系提供了一种灵活变通的资源配置方式（Morck et al.，2005；Acemoglu et al.，2007）。

近年来，法与金融理论研究方兴未艾，学者们注意到制度环境和政府行为对企业经营和治理产生重要影响。研究表明，寻租、侵占和保护是政府干预的重要目标。Acemoglu 和 Johnson（2005）对多个国家的经验研究检验证明，在产权保护不足、政府侵占约束不严的国家，资本投资收益相对比较低，而且资本市场发展也比较滞后。Chen 等（2005）及 Li 等（2008）的研究也显示，在金融市场发展不健全、法律保护不强的地区，私营企业家开展政治关联活动会更多。

对上述现有理论的简要回顾注意到，这些理论更多是从企业外部客观环境对企业诉求政治关联的解读。但正如之前提到的，政治关联除受以上客观环境影响外，委托代理问题引发的经营者道德风险也是另一重要的主观影响因素。

不同于以上理论，契约理论认为组织内部、组织之间可以看成是由各种契约形成的集合体。契约中各参与方在综合考虑内外部环境影响下（参与约束和激励相容约束条件），以最大化自身收益为前提做出决策。可见契约理论较好地将代理人面临的客观影响因素（包括诸如传统文化、制度环境等）和主观影响因素（包括道德风险）很好地集合在一个统一的分析框架下进行考察。由此本书将以契约理论为基本分析框架，从一个崭新的角度考察客观因素和主观因素对企业经营者政治关联的影响、政治关联带来的经济后果以及如何缓解政治关联的消极影响，对这三个问题给予理论分析和诠释。基于之前现实背景中已经分析的内容，下述部分研究将构成本书的立论基础和理论背景。

（1）委托代理理论下政治关联的影响因素及经济影响后果。

现实环境的复杂多变性，尤其在经济转型背景下我国企业面临更多不确定性，加之契约双方由于有限理性（Maskin，2002）、信息不对称（Rasmussen，2001），以及交易费用（Tirole，1999）等因素的存在，使得契约缔结双方无法预测到所有可能出现的情况，这导致契约的不完全。而事后的信息不对称则引发了代理人道德风险问题。

解决道德风险是契约理论和组织理论中主要关注的内容（Hart，Holmstrom，1987）。在模型中，一般通过最大化委托人期望收益并设定代理人参与约束条件，即满足代理人参与约束及激励相容约束条件来刻画和解决道德风险问题（Fan et al.，2006）。Holmstrom 和 Milgrom 的研究（1991）进一步发展出多任务委托代理模型，模型假设委托人有多项不同的任务由一个代理人承担，或者一项任务需要代理人同时在多个维度进行投入。不同于单一维度的委托代理问题，多任务委托代理模型较好地刻画了代理人在其所承担的风险（如外部不确定因素的风险）和收益激励之间（包含道德风险带来的私人收益）进行权衡的过程。Baker（2002）和 Gibbons（2005）基于多任务委托代理模型，以变量 $\cos\theta$ 度量了契约双方收益的不一致性程度，并就这种不一致性对公司价值的影响进行了分析。Baker 还研究了外部环境变化 $\sigma^2$ 作为不可控风险对公司价值的影响。研究得出，管理者有效激励依赖于该不一致性程度和外部环境风险的大小。

政治关联两面性特点不能很好地由单任务委托代理模型解释，而多任务委托代理模型的研究框架启发我们，在企业层面政治关联的种种问题可纳入不完全契约背景下多任务委托代理人激励问题加以研究。在契约理论分析框架下，应用多任务委托代理模型，本书对政治关联的影响因素的理论模型研究显示，目前我国企业寻求政治关联既受代理人面临的外部复杂多变不可控客观环境因素的影响，也是代理人追求自身利益最大化的结果。因此，目前我国企业寻求政治关联的动因可能是经营者为了获得更多资源投入，减少外部环境影响和追求自身利益最大化。政治关联的经济影响后果的理论模型和经验研究显示，政治关联虽然为单个关联企业带来融资便利，但也降低了企业资本配置效率，企业绩效更低。由此研究认为，政治关联企业以非市场化配置方式获得的资源优势和竞争优势妨碍了其他无政治关联企业公平公正获得有限资源的权利，这有损于社会总福利的提高，无益于我国市场经济的正常运行。这部分研究结果将有助于企业经营者、投资者（包括中小股东、外部投资者、政府部门和社会各界）对目前我国企业/经营者积极寻求政治关联的经济影响有更清醒、更理性的认识。

（2）基于金融契约缓解政治关联消极经济影响，降低我国企业依附政治关联影响的解决思路。

Jensen 和 Meckling（1976）率先从资本结构视角研究代理问题，他们认为企业或项目的价值并不是固定不变的，它受管理者行动选择的影响，尤其是其私人收益行动的影响。Grossman 和 Hart（1982，1986）明确提出可以将资本结构视为一种管理层激励机制。Jensen（1986）提出的“自由现金流”理论分析了负债的激励约束效应，他认为，负债要求企业用现金支付本息，这将减少经营者可以自由支配的“自由现金流”，因而有利于抑制经营者的“奢华生活、过度浪费”等私有收益行动。Stulz（1990）的研究表明，当企业内部现金流（对外部投资者不可观测）很高时，经营者可能会产生过度投资；但当现金流很低时则可能发生投资不足。

以上研究表明，影响企业资本结构的各种融资契约因内含不同激励约束机制而具有治理效应。而且相对于政府干预下的资源配给方式，融资契约更能体现市场配置资源公平和效率的特点。这提醒我们可以从金融契约的角度寻求缓解政治关联消极影响的解决思路。本书将从信息不对称和多任务的角度，探讨不同金融契约下由于现金流在契约双方之间不同分配机制而激发的激励约束机制，以此缓解政治关联带来的道德风险问题和收益冲突问题。研究的理论和实验研究结果表明，可转换债券融资方式下的社会总福利高于股权和债权融资的情形，而且该种融资契约下经营者非生产性活动水平更低而投资者监督投入水平更高。可见正是由于可转换债券融资中存在项目质量信息的修正和转换期权的设计，有效降低了信息不对称程度，同时又激励契约双方在不同阶段进行价值创造活动。因此本书认为，可转换债券的可转换特性有效实现了政治关联经营者和投资者双方动态渐变的协调博弈过程。在这一过程中，契约双方的利益和权力得以有效保护和制衡，尤其是投资者利益得到有效保护，实现了互惠相容的博弈均衡。而之后的实验研究使得本书的研究结论具有一定的实践指导意义。

## 1.2 研究问题

### 1.2.1 问题的提出

尽管国内外关于政治关联的研究已取得大量的成果，但通过之前简要回顾可知，对企业政治关联影响后果的研究存在悖论。一方面从诸如社会资本、资源依赖和法与金融理论的角度出发，认为政治关联有利于企业获得诸多资源便利和竞争优势，进而得出政治关联企业价值更高的结论。另一方面从政府干预、寻租的角度得出政治关联降低企业绩效的结论。本书认为，这正是由于对企业政治关联影响因素解释角度不同而导致研究结果的不同，甚至是相悖的。而基于契约理论这样一个统一的分析框架下揭示政治关联对企业运营两面性的研究鲜见有文献涉及。在基于政治关联企业/经营者面临更多外部环境影响、更严重代理问题以及将政治关联视为经营者非生产性活动的认识下，我们认为在企业层面，政治关联企业出现的种种现象其本质可以从承担生产性和非生产性活动多任务委托代理人的视角展开研究。因此基于多任务委托代理模型研究主观和客观两种因素对企业政治关联的影响以及政治关联带来的经济影响，将成为本书优先解决的两个问题。

针对第三个问题，即如何缓解政治关联消极经济影响，保护投资者利益，现有关于政治关联研究中可供借鉴的结论极少。我们将借鉴金融契约内含不同激励约束机制的研究结论，主要考察不同融资契约带来的现金流分配机制不同，并由此激发出的激励约束机制在缓解政治关联消极经济影响中的作用。然后，通过对比不同金融契约激励约束效应的差异，揭示不同融资契约缓解政治关联消极经济影响的作用路径和机理，从而为使用多元化的金融契约，尤其是使用具有期权转换特性的金融工具缓解政治关联消极经济影响、保护投资者利益、增进社会总福利提供可实施的解决思路和方法。这也是本书最终需要实现的研究目标。

图 1－1 是本书的研究问题示意。

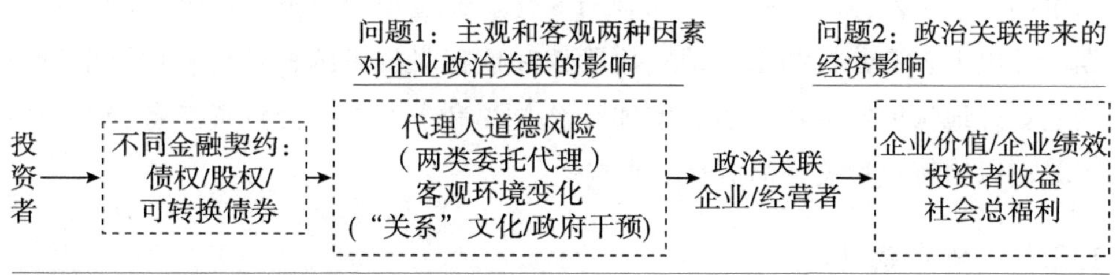


**图 1－1 研究问题示意**

### 1.2.2 研究目的

本书通过“模型＋实验＋经验研究”的方法，在契约理论分析框架下，以多任务委托代理模型为基础理论模型探讨企业政治关联的影响因素及政治关联的经济影响后果，对比分析了三种可行的融资契约对缓解政治关联消极影响、保护投资者利益的作用效果差异。本书在统一分析框架下对政治关联与企业经营的关系给予分析和阐释，并且指出可以利用金融契约内嵌的激励约束机制缓解政治关联具有的消极经济影响，结论具有一定的理论和现实意义。总体上看，本书实现了以下研究目的。

（1）从理论上对政治关联影响因素给予阐释。基于契约理论分析框架下的多任务委托代理模型，将企业外部客观环境变化和代理人道德风险的影响统一在理论模型中。分析表明，目前我国企业政治关联既受外部多变不可控客观环境的影响，也受代理人主观道德风险的影响，这两种因素相互作用并影响经营者决策。

（2）对政治关联带来经济影响后果给予理论分析。研究分析了外部环境变化和政治关联经营者道德风险对经营者收益、投资者收益及社会总福利变化的影响。在此基础上通过经验研究比较我国上市公司股权、债权和可转换债券三种融资契约下政治关联企业的资产收益率及政治关联对企业融资额度和资本配置效率的影响，以检验理论分析结果。

（3）对不同金融契约缓解政治关联消极经济影响，保护投资者利益和提高社会总福利的差异及作用机理作出理论分析。本书从理论上比较分析了股权、债权和可转换债券三种蕴含不同激励约束机制的融资契约对契约双方的激励约束效果差异以及社会总福利的变化。通过经验数据对比及实验研究数据验证以下理论分析结果，即对比股权和债权融资契约，可转换债券融资契约能更好地保护投资者利益和增加社会总福利，可以作为投资者备选的金融工具用以缓解政治关联消极经济影响。

### 1.2.3 研究意义

政治关联普遍存在于世界各国企业经营活动中，中国企业积极寻求政治关联的行为十分普遍。但目前各界对政治关联的认识并不一致。本书以此为现实背景，借鉴契约理论和公司金融理论前沿研究成果和经验研究方法，对主观和客观两种因素对企业政治关联的影响、政治关联带来的经济影响以及如何缓解政治关联消极影响，这样逻辑上相关的三个问题展开研究，为保护投资者利益、增加社会总福利贡献知识。本书的理论意义和现实意义有以下几方面。

理论意义：①基于契约理论分析框架和多任务委托代理模型，本书在一个统一的分析框架下得出以下结论：政治关联受外部客观环境变化以及代理人主观道德风险两个因素相互作用的影响。政治关联对经营者和投资者收益的影响有一体两面性，但对社会总福利具有消极影响。以契约理论分析框架和多任务委托代理模型分析政治关联，不仅拓宽了以上理论的相关应用范围，而且还极大丰富了政治关联研究领域的理论研究成果。②创新性地将金融契约作为缓解政治关联消极经济影响、保护投资者利益和增加社会总福利的解决思路，这对于加强经济学前沿理论研究成果的应用研究具有较强的理论意义。③本书使用经济学领域已认可并应用的实验研究方法，通过实验研究对不同融资契约对契约双方的激励效应差异和社会总福利的变化来验证理论分析结果，这也有助于丰富未来该领域的相关研究方法。

现实意义：①在实践中，政治关联能带给企业某些资源的投入优势，因此有些经营者不惜耗费大量成本结交政府官员，甚至将企业与政府关系紧密程度视为“核心竞争力”，而忽视真正可以提高企业核心竞争力的项目，如设备的技术升级改造、新产品的研发、新技术的创新等。但本书揭示，政治关联公司的投资回报率更低，而且政治关联显著降低了企业资本配置效率。这表明政治关联带给经营者的资源投入便利是以牺牲投资者利益、市场配置资源的公平有效性乃至社会总福利为代价。这一结论有助于投资者、政府部门和社会各界对目前我国企业/经营者积极寻求政治关联的后果有更清醒、更深刻的认识。②利用融资契约缓解政治关联的消极经济影响、降低企业对政治关联影响的依附，进而达到保护投资者利益和提高社会总福利的解决思路，研究认为这是目前我国现实背景下可行的以市场机制减少政府对资源配置的直接介入，改善企业微观融资市场环境，最终缓解政治关联影响的突破口。这对利用金融工具进行市场化资源配置，指导投资者如何选择政治关联企业进行投资决策、提高这类企业效率并最终提高社会总福利具有一定的现实指导意义。

## 1.3 基本概念的界定

### 1.3.1 政治关联

“政治关联”的英文表述主要有 political connections、political relationship、political connected，国内文献称之为“政治关联”“政治关系”“政治联系”或“政治资源”，甚至“政府背景”。国外文献最初将企业与政府首脑之间的密切私人关系视为企业的政治关联。之后诸多学者对政治关联进行了多种定义，并用不同的方法度量政治关联，但至今也没有对政治关联给出一个统一明确的界定。这种不同于一般的政企密切关系在不同的政治体制下会有不一样的表现形式，既可以是企业与政治人物的密切私人关系，也有可能表现为政治人物参与企业经营或企业关键人物参与政治生活。

Fan 等（2006，2007）认为，如果企业中至少有一个股东或一名高管曾经或现在是中央政府、地方政府或军队的官员，那么该企业被定义为具有政治关系的企业。Faccio（2006）认为，公司大股东或高管之一为国会议员、州长、政府部长或与政府高官关系密切，则该企业即被视为政治关联企业。结合我国现实，国内研究政治关联的学者倾向于综合 Fan 等（2006，2007）和 Faccio（2006）对政治关联的定义：企业只要董事长或总经理具备以下两个条件之一，①曾任或现任各级政府部门官员；②曾任或现任各级人大代表和政协委员，就将该企业定义为政治关联企业，该管理者定义为政治关联管理者。

本书将遵循目前国内研究普遍对政治关联的这一定义。由定义注意到，本书关注那些能明确表明其政治关联特征的企业/经营者，对于那些隐含的诸如经营者亲属或朋友有政治背景的企业，在经验研究中由于数据难以获得因此无法明确。不过我们认为，如果亲属或朋友有政治背景的企业/经营者会更有可能获得上述明确的政治关联身份。此外，模型研究时关注具备这类特征的企业/经营者，因此隐含的政治关联对理论分析结果基本无影响。

有学者（胡旭阳，2010；杜兴强，等，2010）认为，由于我国政府对企业在行政上实行“超强控制”，认为人大代表/政协委员与官员两类政治关联的建立方式和动机存在差异，对企业经营活动所起的作用也存在差别，需要进一步细分刻画。本书在经验研究中也对这两类政治关联进行了区分记录。

此外在模型分析时，会将有政治关联的管理者/大股东代表统称为政治关联经营者，该定义将与契约关系中的代理人相匹配、对应。在经验研究中，在企业层面上为表征政治关联，一般使用有/无政治关联企业加以区分。

另外需要说明的是，从环境不可控变化和代理人道德风险对项目收益影响的角度，我们认为，有政治关联企业和无政治关联企业都面临客观环境变化和代理人道德风险的影响，因此在这两类企业之间并无本质的差异而只是影响程度的差异。结合我国现实，本书认为政治关联企业/经营者面临更多变的客观环境影响和更严重的代理人道德风险问题。

### 1.3.2 第二类委托代理

之前对我国企业特征的分析可以看出，一方面，终极委托人为全民所有而导致所有者虚位的国有企业，其所有权和经营权高度分离使得这类企业中管理者掌握公司实际控制权，而各级国资委作为二级委托人又缺乏有效监督，此时国有企业管理者更可能出现一般意义上的第一类委托代理问题。另一方面，我国不同性质的企业，尤其是民营企业中普遍存在一股独大的特点，此时大股东掌握公司实际控制权，在自利和机会主义驱动下大股东可能伺机运用公司控制权进行损害中小股东利益的活动，如关联交易等大股东掏空行为，这引发了第二类委托代理问题。由此本书认为，两类委托代理问题都会引发更广泛意义上的代理人道德风险问题，这会减少委托人利益。因此在模型分析中所定义的代理人含义即为上述更宽泛意义上的代理人概念，有时也以经营者表述。此定义下的代理人概念使本书的理论模型更具一般意义。与此对应委托人（投资者）含义也相应具有一般性，即在第一类委托代理关系中委托人（投资者）指股东及外部投资者，而在第二类委托代理关系中委托人（投资者）则指中小股东及外部投资者。

国内对政治关联的很多经验研究将样本范围限制在民营企业（张敏，等，

2010；李维安，徐业坤，2012；邓建平，曾勇，2011），认为民营企业的政治关联更符合国外对政治关联的定义。但在我国目前经济活动构成中，国有企业不论在质量上还是数量上仍旧占有重要分量，而且国有企业董事或高管中存在不少的前任或现任政府官员类的政治关联，而这些特征必将对企业经营活动产生重要影响。如果将国有企业剔除在研究样本之外，不免缺失了对我国经济生活有重要作用的这部分样本的考察。而且目前我国企业治理中这两类企业普遍存在大股东掏空行为。基于此点考虑，在经验研究中本书并没有剔除国有企业样本，回归分析时对该特征以虚拟变量加以控制，以降低政治关联和国有企业性质两者之间的内生性影响。

### 1.3.3 政府干预与政治关联

政府干预指政府部门为达到其公共目标，或官员个人出于私欲，采用各种措施干预企业经营活动，如价格/税收管制、进出口限制、市场管制、没收、征用等（冯彦超，2011），通过这些手段实现利用企业资源但服务于其政治利益的目的。

政治关联是企业主动采取措施建立与政府部门的联系，以实现企业某种利益或其他目的为诉求。

政府干预与政治关联既有不同又相互联系。若将政治关联行为的施动方视为企业，则政府干预行为的施动方为政府。不过政治关联大大增加了关联企业受政府干预的可能性。

### 1.3.4 金融契约

本书所指金融契约即为具有契约属性的融资契约，包括常见的债权、股权融资方式及可转换债券等具有转换特性的融资衍生工具。融资契约以市场配置资源为导向，因此相较于行政主导的资源配置方式，融资契约能有效体现市场配置资源的效率和公平的特点。这对缓解政治关联企业以非市场化方式获得资源有重要意义。

此外，鉴于在我国企业实际运行中，政治关联一般会成为企业追求的“资源”，这类高管被替换的可能性较低。因此本书主要考察股权、债权和可转换债券三种不同类型金融契约内含的现金流权对关联经营者和投资者产生的显性激励约束效应。因此本书更关注从现金流视角分析不同金融契约产生的治理效应。相应投资者则可依据不同金融契约类型所确定的现金流分配而采取相应对策。

## 1.4 研究内容和研究框架

第 1 章为绪论，主要包括本书的研究背景、研究问题、基本概念的界定以及研究内容和研究框架等。

第 2 章为文献综述。首先综述了政治关联对企业经营活动的影响，认为目前研究大多对政治关联的两面性分别进行考察，而且以经验研究为主，由此指出缺乏一个统一视角下对政治关联的影响因素及其带来的经济影响进行理论分析的框架。之后通过对委托代理理论分析框架综述以及不同金融契约对经营者激励约束研究进展的梳理和归纳，指出本书的理论基础和研究起点：①借鉴契约理论分析框架中对委托代理问题的分析思路，重新考察和刻画基于多任务委托代理模型的政治关联问题。将从多任务委托代理的角度考察代理人道德风险和外部环境变化对政治关联的影响以及政治关联对经营者、投资者收益和社会总福利的影响。②利用不同融资契约内含现金流在缔约双方之间分配差异带来的不同激励约束效应，考察不同金融契约对弱化和缓解政治关联消极影响、保护投资者利益和增加社会总福利的可行性。

第 3 章主要借鉴 George Baker（2002）和 Robert Gibbons（2005）的多任务委托代理模型研究代理人道德风险和外部环境变化对经营者政治关联的影响及政治关联的经济影响后果。模型结论表明：①在我国经济转型背景下，“大政府”以及计划经济的“路径依赖”使得当前我国企业/经营者面临的外部环境变化（变量 $\sigma_\phi^2$）较大。此时政治关联经营者更多道德风险行为（即增加夹角 $\theta$）反而可以抵消环境不确定变化引起的自身收益减少。这说明当前我国企业积极诉求政治关联既是经营者为应对客观环境多变而采取的措施，也是经营者追求自身利益最大化的结果。因此本书认为目前我国企业寻求政治关联的动因是经营者为了获得更多资源投入，减少外部环境影响和追求自己利益最大化。②经营者道德风险加剧时，投资者收益迅速大幅度下降。而对比之下，投资者收益对外部环境变化的影响不敏感。这在一定程度上解释了为什么当前我国投资者对企业追求政治关联普遍持有一定的包容态度。③外部环境变化以及经营者道德风险总是会降低社会总福利。

进一步对比有无政治关联的影响，模型分析结果表明：①对比无政治关联，政治关联有效减缓了外部环境变化对经营者收益降低的影响，而且提高了经营者对外部环境变化的敏感性，即此时只要外部环境变化稍有增多，关联经营者偏离行为就可提高其自身收益。②对比无政治关联，政治关联降低了投资者收益。③对比无政治关联，政治关联降低了社会总福利。最后的模拟数值对比分析直观形象地展示了上述分析结果。

第 4 章为经验研究。根据第 3 章的理论分析，本章以我国 A 股上市公司通过公开增发股票、发行可转换债券以及在银行间债券市场发行短期融资券和中期票据融资的数据，以经验研究的方法考察了政治关联对企业融资和资本配置效率的影响。结果发现，对比无政治关联企业，在三种融资契约下政治关联企业都获得更多融资。但同时也发现，对比无政治关联企业，政治关联企业的 ROE 更低，政治关联显著降低了企业资金配置效率。此外，经验研究结果表明，我国两种不同的政治关联方式，即官员类政治关联和委员类政治关联，对企业不同融资契约的融资量和无效投资影响存在差异：官员类政治关联有利于公司债券融资，委员类政治关联有利于公司公开增发股票融资。在发行债券和公开增发股票融资契约下，官员类政治关联对企业过度投资有正向影响、对投资不足有负向影响；而委员类政治关联只在公开增发股票融资契约下对企业投资不足有负向影响。

第 5 章主要借鉴 Kirilenko（2001）对不同融资方式下项目收益和项目风险概率分布形式的设定，从金融契约缓解政治关联消极经济影响、保护投资者利益和提高社会总福利的视角，研究不同融资契约对政治关联经营者、投资者的激励约束差异及社会总福利的影响。模型结论表明：①三种融资契约下，政治关联经营者在生产性活动和非生产性活动投入的努力水平存在如下关系，债权 > 可转换债券 > 股权。②三种融资契约下，投资者监督投入水平的关系为债权 < 股权 ≤ 可转换债券。③三种融资契约下，社会总福利存在的关系为股权 < 债权和可转换债券，而债权和可转换债券之间无法明确区分。④此外应用第 4 章数据，对比三种融资契约下政治关联企业无效投资程度的结果表明，可转换债券融资契约下政治关联企业无效投资程度最低。

第6章为实验研究。基于第3章和第5章理论模型研究结果，本章通过实验研究检验了不同融资契约对契约双方的激励约束差异和社会总福利的影响。通过实验研究发现：①三种融资契约下，政治关联经营者生产性活动和非生产性活动投入水平存在如下特性：股权融资时两类活动投入双低，债权融资时两类活动投入双高，只有可转换债券融资时经营者生产性活动投入较高，而其非生产性活动投入又较低。具体表现为，对比股权融资契约，政治关联经营者生产性活动和非生产性活动投入在债权和可转换债券融资契约下都更高。进一步可转换债券融资下政治关联经营者的非生产性活动投入显著低于债权融资，而生产性活动在债权和可转换债券融资契约间则无明显差异。②投资者监督投入。对比债权融资，投资者监督投入水平在可转换债券融资和股权融资下显著更高。由于股权融资事前已确定收益份额且可转换债券融资存在没有转股的情况，因此与理论分析不同，对比可转换债券，股权融资下投资者监督投入水平显著更高。③从增加社会总福利的角度，可转换债券融资契约对政治关联经营者和投资者在不同阶段分别有激励效果，社会总福利最高。这说明可转换债券能较好地缓解政治关联消极影响，保护投资者利益。进一步通过实验数据对可转换债券激励约束机制的深入研究发现，可转换债券融资契约下多任务经营者生产性活动投入虽然有所减少，但同时政治关联经营者非生产性活动投入得以有效抑制和减少，并且激励了投资者监督投入的增加。投资者是否实施转换期权，受多任务经营者非生产性活动的减少以及投资者监督投入水平增加的显著影响。最后依据以上理论分析、经验检验和实验研究结果，本书提出如下政策建议：投资者（包含第一类委托代理问题下的股东和外部投资者以及第二类委托代理问题下的中小股东和外部投资者）应选择政治关联企业发行的具有可转换性质的金融产品进行投资，而金融机构则应创新开发和推广具有可转换性质的证券产品以满足投资者需求；政府应减少对企业经济活动的干预程度和范围，保持相关政策的稳定性和连续性，以降低客观环境变化对企业运营的影响；发展我国控制权市场以及职业经理人市场，形成对不合适经营者的监督压力，最终缓解我国企业过多依附政治关联影响而对投资者利益、社会总福利造成的消极影响。

第7章为结论与讨论。对本书所做的工作和取得研究成果进行了总结并对主要创新点加以归纳，最后指出本书的研究不足和未来研究方向。

本书的研究框架如图 1－2 所示。

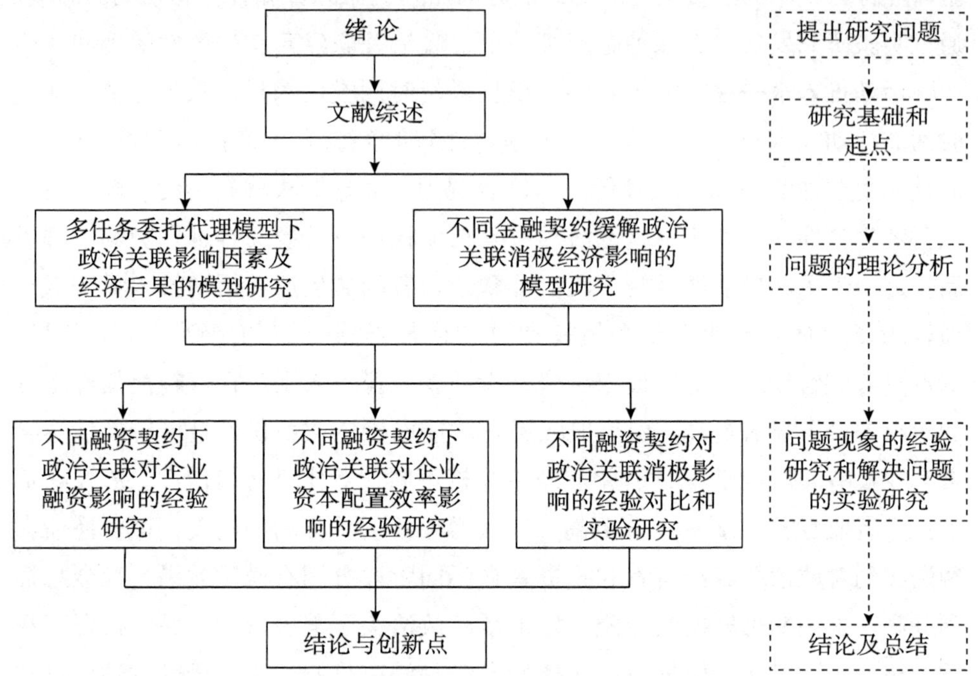


**图 1－2　研究框架**

# 2 文献综述

本章从综述政治关联对企业经营活动的影响开始，提出现有对企业政治关联的研究缺乏统一理论分析框架。在将企业视为各种契约集合体时，本章基于委托代理理论分析框架，对目前国内外该理论的研究前沿和不同金融契约的激励约束研究现状进行评述，并据此引申出本书的研究起点。

## 2.1 政治关联与企业运营

### 2.1.1 政治关联与企业价值/绩效

研究发现，政治关联会对企业价值/绩效产生重要影响。一方面，政治关联公司获得更多资源投入，如更优惠的银行贷款、更低的税率、更多的政府救援和补贴等（Faccio et al., 2006, 2007; Khwaja, Mian, 2005; Charumilind et al., 2006; Agrawal, Knoeber, 2001; Claessens et al., 2008; Dinc, 2005; Adhikari et al., 2006）。另一方面，对比无政治关联企业，政治关联企业的绩效产出并不更好，如更低的销售增长、更弱的盈利能力和更差的公司治理状况。可见建立和维系额外的关系而带来更多的成本支出构成对企业现有价值的攫取（Shleifer, Vishny, 1994），这对企业价值和经济增长造成负面影响（Boubakri et al., 2008; Frye, Shleifer, 1998; Fan et al., 2007; Hung et al., 2008; Dewenter, 2001; 余明桂，等，2010）。

**1. 政治关联对公司价值的积极影响**

Krueger（1974）指出，企业家花费成本与政府官员建立关系是因为能给企业带来利益。后来学者研究发现确实如此，尤其是一些经济转型国家，在法律保护不健全、政府官员腐败以及国家垄断行业进入壁垒较高的情况下，建立政治关联能为企业创造价值。Hillman（2005）总结了政治关联的几个潜在有利性：①信息优势。政治关联帮助企业获得有关公共政策和影响商业活动程序的特别信息。②渠道优势。政治关联方便企业与政府部门，尤其是政策制定关键人物的沟通，这有助于引导企业利润方向。③企业合法性。政治关联增强了企业在外部投资者眼中的合法性。

Johnson 和 Mitton 对 1997—1998 年东南亚金融危机期间马来西亚 400 多家上市公司的研究发现，实施政府资本管制促使那些之前没有在国际资本市场融资且与总统有政治关联的公司市场价值增加了 50 亿美元，其中大约有 16 亿美元源于这种关联。Faccio（2006）以 47 个国家的多家上市公司为样本的研究发现，当政治家进入公司董事会时股价没有显著波动，但当企业家取得政治地位后股价则显著上升。Voth 和 Ferguson（2008）以 1933 年德国 751 家上市公司为样本（其中 119 家公司与纳粹党有关联），发现 1933 年 1 月至 3 月这些政治关联公司的股票收益率比无政治关联公司的高出 5% ~8%。Dombrovsky（2008）以 1996—2005 年拉脱维亚的企业为样本，发现股东或者董事有政治背景的企业在发生困境时获得了更多政府补贴。Goldman 等（2006）对 1996—2000 年美国标准普尔 500 强公司董事会成员是否为两党成员的研究结果表明，市场对宣布有政治关联董事被任命反应积极。Claessens 等（2008）以 1998 年和 2002 年巴西竞选中企业捐献额度度量政治关联程度，研究发现在公布竞选结果前后，企业股票回报率与竞选捐献额度正相关。当企业支持的候选人在竞选中获胜时这种情况更明显。Boubakri 等（2012）认为企业在建立政治关联后业绩和负债得以提高，而且政治关联与企业杠杆率的改变和运营绩效密切相关。

在我国市场中也观察到政治关联的这种作用。Li 等（2008）以 2002 年中国 2000 多家私有企业调查问卷为样本，研究发现私营企业家的党员身份与企业绩效正相关，这种影响尤其在市场发育和法律保护不完善的地区更明显。潘红波等（2008）以 2001—2005 年发生的地方国有上市公司收购非上市公司的事件为样本，研究政府干预、政治关联对企业并购绩效的影响。研究发现，地方政府干预负面影响体现在盈利样本公司的并购绩效中，而正面影响则更多地在亏损样本公司的并购绩效中得以体现。

**2. 政治关联对公司绩效的消极影响**

Dewenter 和 Malatesta（2001）研究发现，非金融类世界 500 强企业中的国有企业绩效比私有企业要差；国有企业雇用了更多职员。他们认为国企被动赋予政治关联而担负着更多政治目标，如雇用更多职员以提高就业率。Cheung 等（2005）将国有企业定义为政治关联，结果表明企业与国有股东的关联交易带来 34% 的损失，而且国有股东存在“掏空”行为，证明政治关联损害了企业中小股东利益。Chen 等（2006）研究发现 CEO 存在政治关联的企业 IPO 后 3 年的股票收益率较无政治关联的企业低 37% 。Bertrand 等（2006）对法国企业的研究表明，CEO 有政治关联的企业 ROA 更低，认为这是由于此类企业为现任官员连任提供选票而扩大工厂规模、招募更多员工，因此担负了超额工资支付。Aggarwal 等（2007）研究发现企业政治捐献与企业股票异常回报率负相关，政治捐献企业会从事更多并购活动，但并购绩效更差。Boubakri 等（2008）以 1980—2002 年来自发达国家和发展中国家的 200 多家私有化企业（其中 87 家有政治关联）为样本，研究发现，无政治关联企业的 ROS、ROA 和 ROE 的均数 6. 36% 、2. 43% 和 4. 86% ，显著高于政治关联企业相应指标 1. 82% 、0. 85% 和 -1. 56% 。

对中国企业的研究，Fan 等（2007）研究了 CEO 政治关联企业 IPO 后的业绩表现。结果表明，政治关联企业的股票收益率在 IPO 后 3 年比无政治关联企业低 18% ，销售增长、盈利能力也较无政治关联企业差。Hung 等（2008）研究了中国海外上市国有企业 1991—2005 年的表现，发现这些企业海外上市主要不是为了扩大融资和销售额，而是出于政治需要。由于海外投资者要求严格，这类企业财务报告质量和治理水平会较好，但其股票业绩、投资效率与政治关联显著负相关，Hung 等认为这是由于政治关联企业追求更多的政治目标。

### 2. 1. 2 政治关联与企业治理

Chen 等（2006）及 Fan 等（2007）的研究都发现 CEO 存在政治关联的企业管理层和董事会中具有专业背景或从商经历的董事比例很低，反而聘任了更多政府官员，此外代表中小股东利益的董事基本没有，即关联企业的治理水平相对更差一些。Aggarwal 等（2007）研究发现，治理结构差的企业会进行更多政治捐献，结果导致企业绩效更差。Agrawal 和 Knoeber（2001）用来自美国 264 家制造业公司的证据表明，当公司产品销售给政府的比例越高，则该公司具有政治背景的外部董事人数越多。Chang 等（2004）对上市公司基层党委与公司绩效的关系研究发现，党委决策权超过控股大股东时，因其减少大股东侵占而对企业绩效有积极影响；党委决策权超过经理时，因经理更关注公司的绩效而党委更关注政治目标从而对企业绩效有消极影响。但总体看，党委在上市公司中决策权对公司绩效有负面影响。刘慧龙等（2010）以是否为国有企业作为政治关联的特征变量，研究发现政治关联经营者的报酬业绩敏感性较低，员工冗余程度高，这表明不同所有制公司员工配置效率存在差异。而 You 和 Du（2012）的研究表明，即使企业绩效不佳，但政治关联经营者也基本不可能被解雇，而依据业绩其被强制替换的敏感性也非常低。他们认为在经济转型背景下，政治关联经营者倾向利用其政治资源为自己谋求利益。雷光勇等（2009）研究认为外部审计可以发挥外部的公司治理功能，但受制度背景尤其是政治关联的影响；公司所在地区法治化程度越低，政治关联对公司价值影响越大；同时，外部审计质量的优劣作为传导机制与实现途径作用于政治关联对公司价值影响的过程。

### 2.1.3 政治关联与企业投融资

在债务融资方面，Khwaja 和 Mian（2005）对 1996—2002 年巴基斯坦 93316 家企业贷款的数据分析发现，国有银行给政治关联企业的贷款金额 2 倍于无政治关联企业，而政治关联企业的违约率是无政治关联企业的 1.5 倍。但私有银行较少提供这种贷款。Oberholzer - Gee 和 Leuz（2006）研究发现，由于海外融资要接受严格的审查和较高信息披露程度，政治关联企业不倾向于海外融资的原因是向国内的银行（特别是国有银行）融资成本更低。Boubakri（2008）研究发现，无政治关联企业的资产负债率平均为 38.4%，而政治关联企业的资产负债率较之高出 14.5%。Fan 等（2006）以中国 23 位省部级官员腐败案例展开政治关联对公司资本结构选择以及债务期限结构选择的影响的研究，发现当腐败官员落马后，相对没有政治关联的公司，政治关联对公司资产负债率和债务的期限结构有负向影响，即资产负债率大幅下降，债务期限结构明显缩短。Bai 等（2006）研究发现，在那些产权保护较弱地区难获得银行贷款的私营企业家通过参与政治、建立政治关联使其银行贷款明显增多。Li 等（2008）研究发现，私营企业家的党员身份与其从国有银行和其他国有金融机构获得的贷款正相关，且企业一般有较高的财务杠杆比率。

余明桂和潘红波（2008）研究结果发现，政治关联与企业银行贷款和债务期限结构正相关。特别在市场化进程较低，如政府侵害产权越严重、金融发展越滞后和法制越不健全的地区，这种融资便利效应体现得越显著。黄建新和王婷（2011，2012）发现，政治关联有利于企业获得更多“贷款续新”，只是在制度环境好的地区，银行为了规避贷款风险而更倾向拒绝这类企业的续贷申请。

在权益融资方面，Francis 等（2009）研究公司 IPO 与政治关联的关系。结果表明，政治关联企业的 IPO 报价更高，抑价较低，固定成本也较低，即具有政治关联企业在 IPO 过程中得到了优惠待遇。

此外，胡旭阳（2006）以 2004 年浙江省民营企业 100 强为样本的研究显示，在我国转轨过程中企业高质量的信号可由民营企业家的政治身份体现，这降低了民营企业进入金融业的壁垒。Lu（2008）研究认为，政治关联克服了产权保护制度和契约不完善，有利于企业扩大市场份额，而企业市场份额与政治关联程度正相关。胡旭阳和史晋川（2008），蔡地和万迪昉（2009）的研究都表明，民营企业多元化程度与企业政治资源之间显著正相关，而且企业越有可能在政府管制的行业中实施多元化。李善民等（2009）的研究也证明政治关联对企业进行多元化并购并进入与主业无关而利润高的行业有正向影响。

### 2.1.4 政治关联与企业财务

企业实际税率。Adhikari 等（2006）研究发现，相对于市场型，政治关联企业实际税率在关系型特征市场中显著低于无政治关联企业。吴文锋、吴冲锋和芮萌（2008）研究发现，公司所得税适用税率和实际所得税率在企业税外负担较重的地区，有无政府背景公司间差异显著，前者显著低于后者；而且在税外负担越重的地区，这种税收优惠越明显。

财务困境公司的政府救援。Faccio 等（2006）研究发现，企业在遇到财务困境时，政治关联企业更可能获得政府救援，特别是得到来自国际货币基金组织（IMF）或世界银行（WB）的金融援助。不过在得到救援及此后两年里，政治关联企业的财务状况并没有好转。潘越等（2009）研究发现，在民营企业中政治关联对 ST 企业获取政府补助有显著影响，但这种影响在国有企业中则不显著。从补助效果看，获政府补助的公司业绩在当年有明显改善，但长期来看，这种提升作用因政治关联程度和企业性质不同而存在差异：政府补助能显著提高政治关联较弱的民营企业长期业绩，但这种作用对国有企业以及政治关联较强的民营企业不显著。这说明政治关联导致企业低效运作政府补助资金。

信息质量。Chaney 等（2011）研究发现，政治关联公司会计质量显著更低，尤其是那些通过大股东与高层政府官员建立关联的公司更明显。由于关联经营者对市场压力不敏感而没有动力提高信息质量，使这类公司盈余质量较低。Bushman（2001）发现国有股权损害信息透明度。杜兴强等（2009a，2009b，2010）的研究表明，政治关联降低了企业信息透明度和会计稳健性。

### 2.1.5 政治关联与制度环境

对影响政治关联因素的研究大多考虑了制度、市场以及企业特征的作用（Fisman et al.，2007）。Faccio（2006）和 Fan 等（2006）的研究都认为政治关联与一国的金融市场、投资者保护程度、法律制度完善等因素密切相关。夏立军和陈信元（2007）认为，制度情境中已体现管理者政治关联，因此企业家政治关联的重要原因即为制度环境，公司治理研究的基础是了解公司行为如何受到制度环境影响。罗党论和唐清泉（2009）对政治关联影响因素进行研究，认为民营上市公司积极形成政治关联更多在金融发展水平越落后、政府干预越大以及地方产权保护越差的地区。这是民营企业在市场不完善下的替代保护机制，是转型期这类企业自发形成的机制。冯天丽和井润田（2009）认为，转型期私营企业获取组织合法性的重要途径之一就是建立政治关联。研究发现，私营企业家政治联系意愿在那些商品市场、劳动力市场和资本市场发展水平越高的地区越弱；私营企业家所感知的制度环境越有改进，越可能认识到政府授予组织合法性能力的强大，则其政治联系意愿越强。罗明新和马钦海（2011）认为，在政治市场中，企业因素、产业因素、制度环境和热点问题共同决定了政治关联的产生。此外，公司政治战略、非市场战略、市场与非市场战略的整合是有效保证政治关联发挥其功效的关键。高伟等（2011）在归纳国内外现有对企业政治关联测量的基础上，提出正式制度的完善情况、资源配置市场化程度、文化传统和所有权性质差异等是影响企业政治关联的因素。任广乾和汪敏达（2010）以权力距离和持股比例对十大股东予以赋值并界定政治关联度，认为东中西部不同地区、行业性质及竞争程度对关联有影响，而且企业政治关联度与绩效之间存在倒 U 形的关系。

### 2.1.6 政治关联的数理理论模型研究

从政府干预的角度，Shleifer 和 Vishny（1994，1998）考虑了官员同时追求政治收益和贿赂时的行为，他们假设官员提高选民对自己政治支持的途径是向企业提供补贴而要求企业聘用额外的员工，政府对企业提高补贴则可通过企业管理者向官员行贿实现。由此官员在获得政治利益的同时还获得了货币收入（贿赂）。Frye 和 Shleifer（1997）建立了一个理论模型说明当相对国家所有权，私人所有权对资源配置更有效率时，私人持有更高所有权将是政治家首选。如此政治家通过受贿以及要求私人雇用更多的职员而实现其政治目的。郭广珍（2009）构造了一个带约束的古诺模型，将追求货币收入纳入官员的目标函数，并将政治激励也嵌入其中，在此基础上分析了经济绩效与官员对自己精力和时间的分配关系。以上研究都在模型理论上直接或间接从政府干预的角度对政治关联的“掠夺之手”进行了经济学解释。

从企业角度，罗党论和甄丽明（2008）认为在软预算约束下，国有企业和国有金融机构的金融沟通依赖国家自上而下建立的纵向联系，而对民营企业则需一种横向的信用联系来实现与金融机构的沟通，他们认为政治关联有助于建立这种信用联系。由此笔者将政治关联作为一种社会资本构建了简单模型以体现政治关联在缓解民营企业融资困境中的作用。Choi 和 Thum（2007）理论模型表明，努力支持现有政府并维持其稳定有助于政治关联企业进入利润高的行业，同时可减少政府剥夺。不过他们强调政府与政治关联企业之间互惠的行为只有在一定政治环境下才会发生。

赵娜等（2012）基于双重委托—代理模型研究我国企业政治关联方式的博弈分析研究结果表明，通过对比两种政治关联方式（项目合作方式和聘用形式），项目合作方式的政治关联优势是企业不必参与管理和监督，也无须承担项目前期操纵风险，不过该种方式的期望效益不如聘用形式。因此笔者认为我国企业管理层政治关联多的根本原因是企业倾向于选择期望效益更大的聘用形式进行政治关联。但该研究在研究问题及内容方面都与本书大相径庭。

### 2.1.7 简要评述和启示

综合以上研究结果可发现，目前政治关联对企业经营活动影响的研究存在以下不足：①政治关联对企业经营的两面性影响都是分别基于社会资本、声誉的角度以及寻租、政府干预等角度给予解释，并没有一个统一框架，从而在理论基础上解释企业建立政治关联的影响因素以及政治关联对投资者收益和社会总福利到底带来怎样的影响。②对政治关联两面性经济影响的认识还局限在企业层面。政治关联对单个企业获取资源貌似有利，这也是目前我国众多企业积极寻求政治关联的原因。而政治关联企业虽获得更多资源投入但绩效产出并没有更好，这说明政治关联企业通过非公平竞争途径获得资源优势和竞争优势其实对企业绩效提升并无贡献。而这种非公平公正的资源配置方式无疑破坏了更大范围意义上投资者利益和市场体系整体的正常有效运行，进而损害社会总福利。基于此，我们才试图从契约理论框架下重新审视和分析企业政治关联，并从金融契约缓解政治关联消极影响的研究视角进行后续研究。

## 2.2 委托代理理论分析框架综述

### 2.2.1 委托代理理论基本分析框架

契约理论认为企业、组织是各种契约的集合体，并以信息经济学和博弈论作为基本分析工具从契约的角度对组织中的各种激励问题进行分析（Jensen, Meckling, 1976; Ross, 1973; Holmstrom, 1999; Grossman, Hart, 1983）。站在经济学角度上，委托代理关系就是处于信息优势与信息劣势的市场参与者之间的相互作用关系。其中拥有更多信息（或具相对信息优势）的缔约方称为代理人，对应拥有信息较少（或具相对信息劣势）的缔约方称为委托人（徐延利和刘丹，2010）。而解决缔约过程中不对称信息问题是契约理论主要关注和研究的核心内容。不对称信息问题又可分为隐藏信息问题（又称逆向选择）和隐藏行动问题（又称道德风险）。其中道德风险问题可归结为如下委托代理关系中的契约问题：委托人聘用代理人完成一项任务；代理人选择努力水平并付出成本，但其付出影响绩效。可见，此时代理人行为起到两重作用：一是衡量用于分享总剩余的大小；二是委托人用于辨别代理人行动的信号（Salanié，2008）。由于代理人的努力无法通过观察考量，委托人的激励契约依赖于含有代理人努力信息的绩效变量，但绩效还受随机因素的影响（Bolton，Dewatripont，2008）。不过经过学者们的不懈努力，目前对委托代理关系中道德风险问题分析已形成一套成熟的基本分析框架。解决道德风险问题可被看成是契约双方在信息不对称下的阶段博弈过程。第一阶段，委托人/代理人设计一种激励方案。这里的激励方案即一个博弈规则。第二阶段，另一方选择接受或不接受该激励方案。如果选择不接受，则只获得保留效用。若选择接受，则双方根据规定进行博弈。参与方接受契约需要满足其参与约束与激励相容约束。其中 Grossman 和 Hart（1983）通过用代理人收益函数的一阶条件替换其激励相容条件，找到不用对代理人收益函数施加过于严格限制条件的方法。第三阶段，双方进行博弈并发出信号，按预先设定的方案决定最终配置结果。因此，不同激励契约方案将形成不同的激励机制和均衡结果。

### 2.2.2 委托代理理论进展

学者们从缔约方数量、多个缔约方之间串谋、契约的动态性以及加入行为因素后对委托代理问题进行了扩展。

首先，研究将简单不对称信息下的道德风险问题由单边缔约拓展至多边缔约的情形。此时委托人的契约设计难点是预测博弈如何进行，而这主要与贝叶斯均衡概念密切相关。Holmstrom 和 Milgrom（1990）认为，此时竞争机制的引入可以使委托人降低对代理人的激励问题，如采用代理人绩效的相对评价机制，而锦标赛制作为最常见的相对绩效评价形式其优势是降低了委托人事后操纵产出的激励，不过，这种安排会鼓励代理人之间的恶性竞争，因此在相反条件下，成果共享制度可能最优。

其次，另一个多边缔约下的道德风险问题是团队串谋问题。Holmstrom（1982）的研究认为，存在团队道德风险问题时，有效激励是存在一个预算平衡的破坏者。而 Tirole（1992）对委托人—监督者—代理人这样一个结构中的串谋问题研究说明，预防串谋激励机制的结果是代理人激励不足，而监督者的激励则有所提高。

最后，拓展至考虑激励契约的长期性和动态性。虽然看上去长期契约中代理人的可选择行动集合变动更大，也更复杂，这使得道德风险问题更严重，但学者们研究发现，随着聘用关系的持续，相应有约束作用的激励集合也变大，反而使长期激励契约与代理人最终累积产量呈现线性关系。此时，缔约方承诺不在未来对契约进行再谈判将为代理人提供高的事前激励。因此在持续的契约关系中，一些很复杂的隐性激励将起重要的补充作用，如无限期的关系契约、有限期的职业生涯考虑，雇主为员工好的绩效兑现奖金或职位晋升的承诺，公司兑现支付股息的承诺等就是例子。

而最近研究发现，一些被认为不具激励效率的做法，如工资趋同，员工持股计划在现实中屡见不鲜，学者们认为在委托代理关系中还需要考虑社会心理和人际因素对缔约方的影响。对激励问题的分析也应该关注那些貌似不理性但无遗憾的行为（Bénabou，Tirole，2003）。Azar（2007）认为，现有激励理论潜在的假设是代理人偏好固定不变，并且对其认知模式以“黑箱”处理，如此之下将缔约方行为决策简化为“约束条件下的变化”。忽视了影响行为的文化、制度、情感等因素，笔者认为这不仅限制了激励理论分析的范围，而且容易导致与现实不一致甚至错误的结论。汪丁丁（2003）和黄再胜（2008）则认为在激励理论构建中应强调代理人动机的多样性和其偏好的内生性，关注影响缔约方行为选择的环境和认知能力，这有助于认识到行为异质性导致的缔约方行为决策的复杂性。可见，在未来激励契约设计中如何将缔约方偏好、信念和行为的诸多社会心理因素对各自效用函数中自变量和约束变量的影响纳入考虑范围，将有助于打破之前对缔约方的同质性刻画，增强激励理论的解释力度和解决代理问题的实用性。

### 2.2.3 多任务委托代理模型及应用

Holmstrom 和 Milgrom（1991）发展出多任务委托代理模型。模型假设委托人有多项不同的任务由一个代理人承担，或者一项任务需要代理人同时在多个维度进行投入。不同于单一维度的委托代理问题，多任务委托代理模型较好地刻画了代理人在其所承担的风险和收益激励之间进行权衡的过程。目前，多任务委托代理模型提供了在更宽泛领域内考察诸如资产所有权、工作设计和权利配置等多种问题的理论分析框架。

Baker（2002）和 Gibbons（2005）应用多任务委托代理模型指出，管理者激励如果只应用简单的绩效测度有时并不可行，因为实际工作中绩效测度的不一致会降低对管理者的激励强度。Corts（2007）通过多任务委托代理模型研究考察了工作设计是集体负责制还是个人负责制的问题，模型说明，当多任务问题很严重或风险问题不是很重要时，以联合绩效为考核的集体负责制比较适合，而且有些时候在多个代理人之间分担难以测度的任务也是合适的。Kaarboe 和 Siciliani（2011）应用多任务委托代理模型对医疗供给研究表明，即使可证实和不可证实服务质量之间是替代关系，医疗价格也应该等于可证实服务质量的边际收益。

袁江天和张维（2006）应用多任务委托代理模型对国企经理同时从事经营性、政治性和满足上级偏好三项代理任务的最优激励契约设计认为，若多工作任务努力的成本之间相互独立，则国企经理的最优业绩薪酬也应相互独立。但当成本相互依存时则国企经理的政治性活动和满足上级偏好的最优激励契约为“门槛型激励合约”，即只有经理的业绩超过一定阈值时，对其激励为正向，否则为负向。孔峰和刘鸿雁（2009）应用多任务委托代理模型研究了声誉激励（当前业绩）和报酬激励（未来业绩）对经理提高未来业绩的激励问题。研究认为努力成本、两项任务间的关联性对经理选择有重要影响，要激励经理应该减少其长期努力成本或弱化当前激励。除以上对企业经理人的研究外，聂辉华（2006）、张万宽和焦燕（2010）还应用多任务委托代理模型研究了政策变化及绩效考核对地方政府行为的影响。

## 2.3 现金流视角下的金融契约与经营者激励约束

### 2.3.1 债务和权益金融契约对经营者激励约束效应研究

Jensen 和 Meckling（1976）通过放松无破产成本和代理成本等假设条件，开创了基于契约理论研究资本结构的视角。他们认为达到最优资本结构时管理者股权边际代理成本和债务边际代理成本相等。如此，企业或项目的价值将受管理者行动选择，尤其是不对称信息引发道德风险问题的影响。Myers 和 Majluf（1984）则分析了当内部人和外部投资者关于企业真实价值或投资机会存在信息不对称而发生逆向选择时对资本结构的影响，并由此发展了融资优序理论。值得注意的是，上述研究都有一个潜在假设：管理者只会实施 NPV（净现值）为正的项目来最大化现有股东收益，但现实中管理者追求私利屡见不鲜。而契约理论的发展使学者们注意到管理者自利对公司金融产生重要影响。

Grossman 和 Hart（1982）就已明确提出可以将资本结构视为一种管理层激励机制。他们从企业破产的角度认为，由于破产对管理者代价巨大（如损失声誉、失去获取私利的机会等），因此债务融资能促使管理者投入努力进行更多的企业价值增值活动。从自由现金流的角度，Jensen（1986）以及 Hart 和 Moore（1998）从债务融资能减少管理者可支配“自由现金流”，进而有效抑制管理者构建商业帝国、奢华生活、过度浪费等私有收益行动的角度分析了债务融资对管理者的激励约束效应。Stulz（1990）的研究则表明，当相对外部投资者不可观测的企业内部现金流较高时，管理者将产生过度投资，反之则可能发生投资不足。

从私有收益信息和事后监督成本的角度，Hart 和 Moore（1998）讨论了动态情境下债务融资的属性，考察了什么样的契约安排可保障债务人将不可证实收入转移给借贷者。其模型分析结果表明，在不履行责任发生时给予债权人清算权就能解决该问题。与此结果类似，Harris 和 Raviv（1990）则更关注债务融资的信号传递功能：按时偿还债务的企业很好地向外部投资者传递了该企业经营现状良好的信号。当企业无法按时还债时，破产清算使债权人可以获得更多关于企业经营的信息。不同于 Stulz（1990）模型关注现金流多少，Wu 和 Wang（2001）的分析则指出，管理者控制权私人收益对过度投资和投资不足分别产生相反的作用结果，一定水平的管理者私人收益有利于降低投资不足而增加企业价值。基于这一研究结果，Wu 和 Wang（2005）通过引入控制权私有收益的代理成本进一步分析了企业的财务结构和治理变量是如何影响管理者的投资决策。结果显示，企业融资变量对投资不足和过度投资影响不同甚至有相反的影响效果。内部人所有权增加有利于过度投资的减少，但同时也加剧了投资不足。当控制权私有收益较小时，内部人所有权加剧了投资不足，而当控制权私有收益较大时，内部人所有权有很强的激励效果。

Williamson（1988）明确指出，负债和权益不单单是两种“融资工具”，而是两种不同的“治理结构”。Douglas（2002）对企业内部的管理者与所有者代理冲突以及不同投资者、股东与债权人代理冲突的分析结果显示，随着企业资本结构的变化，以上两种代理冲突将相互影响、相互转化，企业需要在这两种代理冲突间进行权衡以确定适合企业的资本结构，从而促成对管理者的有效激励约束。Dewatripont 和 Tirole（1994）、Berkovitch 和 Israel（1996）的研究则通过构建模型，从更严格的意义上揭示了企业财务结构是如何通过适宜的外部干预而对管理者产生有效的激励约束效应。

Dewatripont 和 Tirole（1994）以外部投资者可实施干预行为出发构建模型，分析结果显示：权益投资者仅对管理者有“软约束”作用；而债务投资者对管理者有“硬约束”作用。不过与该结论相反，Berkovitch 和 Israel（1996）通过在模型中设定投资者可替换管理者而认为权益投资者对管理者反而更具危险性。因为用一个不了解其能力的新任管理者来替代已有管理者，这增加了企业现金流风险。Childs 等（2005）研究了当股票与债券所有者在投资决策中有冲突时，融资灵活性促使公司选择能降低投资不足和过度投资代理成本的短期债务。

在经验研究方面，Campbell 等（2004）的研究结果表明，企业债务水平，尤其是短期债务能显著降低企业代理成本，增加企业价值。Hernan（2007）研究了直接债务和可转换债权对 CEO 薪酬的影响。结果表明，企业债务水平与 CEO 薪酬绩效敏感系数呈负相关。笔者认为这与债务融资通过发挥监督效应、破产威胁和降低自由现金流等途径降低了管理者与股权投资者之间的代理成本有关；还与股东和债权人之间代理冲突有关。D'Mello 和 Miranda（2010）验证了长期债务通过减少管理者控制的自由现金流、提高杠杆率而降低过度投资。Chiou 等（2010）的研究也证实债权融资有利于降低管理者的机会主义行为，促使其降低经营风险和现金流风险水平。不过当处于债务违约边缘时，管理者很可能通过高盈利、高风险项目摆脱债务约束，这导致企业的风险增加。

田利辉（2004）的研究表明，企业银行贷款形式的债务融资并没有提高企业效率和企业价值，反而增加了管理人员的代理成本。在此基础上，田利辉（2005）进一步区分企业性质后发现，国有企业的银行贷款规模和经理层公款消费、资源现金流间存在正相关，而在民营企业中这种关系不显著。结果说明在我国杠杆治理扭曲的制度原因是预算软约束。基于自由现金流角度，刘昌国（2006）探讨了三种治理机制，即独立董事、机构投资者持股和经理人股权激励与过度投资行为的关系。结果表明，我国上市公司治理机制在抑制自由现金流量的过度投资行为的功能较弱。黄乾富和沈红波（2009）考察了现金流非效率投资状况以及债务对过度投资的约束作用。结果表明，我国制造业上市公司投资对现金流的敏感既不完全是代理成本引发的过度投资，也不完全是信息不对称引起的投资不足，而是两者共存。债务融资能较好地约束企业过度投资行为，但具体细分后，仅商业信用具有约束作用，而受政府干预的银行贷款则缺失这种约束。此外，缩短债务期限能较好遏制企业的过度投资行为。吴超鹏等（2012）研究发现风险投资可以增加企业短期有息债务融资。黄珺和黄妮（2012）对我国房地产企业的研究发现债务融资对企业投资效率有调节作用。

### 2.3.2 可转换债券融资契约对经营者激励约束效应研究

在委托代理分析框架下，诸多学者探讨了可转换债券融资契约对企业管理者的激励约束机制。Green（1984）认为对比单独使用债务融资，债务和普通权益融资的联合应用能更有效地减少风险企业家的过度冒险行为。Bruno 和 Casamatta（1999）则基于“委托—代理”解释框架认为，可转换债券在有利于促使管理者提供更高努力水平的同时，还可有效降低管理者承担的无效风险。在风险资本融资中，Casamatta（2003）考察了投资者和企业家的双边道德风险问题，结果表明，相对于权益融资，向风险投资者发行可转换债券更能有效促使企业家提高努力水平。

除分析道德风险问题外，Bergemann 和 Hege（1998）分析了风险资本融资中可转换债券还能诱导管理者真实披露信息，有利于投资者进行有效的决策，保护投资者利益。这一结果揭示了可转换债券在解决逆向选择问题中的意义。从“财务报表粉饰”的角度，Cornelli 和 Yosha（2003）的研究认为，可转换债券内嵌的转股期权特性大大降低了企业家操纵信号的价值。这是由于如果企业家进行“财务报表粉饰”则向外传递了利好信息，这将促使风险投资者行使转股期权而最终降低企业家的自身收益。

随着公司金融契约理论的兴起，诸多学者尝试从金融契约视角分析可转换债券的激励约束效应。Berglof 和 Ernst（1994）基于不完全契约模型分析了退出机制对风险企业家的影响，认为可转换债券能较好地同时保护投资者和企业家双方利益免受损失。Isagawa（2000）指出，以债务融资解决“自由现金流”引发的过度投资问题，很可能由于单纯负债带来的“破产威胁”而引发另一种会损害股东长远利益的情况，即投资不足。Isagawa构建的简单模型论证了带有可赎回条款的可转换债券可有效抑制管理者机会主义行为，体现在当发生过度投资时可转换债券所有人不会执行转换期权，而当债务过多导致投资不足时，实施转换期权有利于减少杠杆率而缓解投资不足，可见这种相机转换的特性靠单纯的债务或股权融资是无法实现的。Isagawa（2002）进一步研究比较了债务—权益转换与可转换债券作为有效抑制管理者机会主义行为的两种金融工具发生作用的机理差异。分析显示，债务—权益转换融资不但需要股东和债权人达成共识而且仅在管理者作出决策前改变企业杠杆率，而可转换债券因其含有的转换期权使投资者在管理者决策后仍旧能改变企业债务水平。可见在投资决策前后的动态相机性决定了可转换债券在解决管理者道德风险问题中有独到之处。

Schmidt（2003）则集中分析了可转换证券的激励特征，将可转换证券视为内源性的现金流配置权，而该现金流是外部环境状态以及企业家努力的函数。如此特性可有效促使企业家和风险资本进行有效率的投资活动，而且该结果在考虑了再谈判、改变投资时机以及信息流的情况下仍旧成立。由此笔者认为，相比标准的债务或权益契约，合理设计的可转换债券融资契约在抑制管理者机会主义行为方面将严格占优。Hernan（2007）通过实证研究发现，由于可转换债券有利于降低权益投资者与债务投资者之间的代理冲突，故在债务水平一定的情形下，发行可转换债券企业的CEO薪酬绩效敏感系数更高。

近几年，随着我国可转换证券市场的发展，国内学者也开始关注可转换债券融资契约的激励约束效应。基于我国公司再融资后普遍存在的将获得的资金挪作他用且融资前后业绩下滑的现实，何佳等（2005）构建的可转换债券模型显示，持有可转换债券的投资者可利用回售条款将可转换债券变为短期债券，这将使内部投资者无法获利。因此会对原有内部投资者产生较强的约束作用。徐细雄和万迪昉（2007）则构建了可转换债券视角下的高管人员激励模型。结果显示，当行使转换期权后管理者对企业价值增长的分享比例仍旧保持在特定的区间，这就能有效避免管理者在投资决策中的机会主义倾向，而可转换债券融资契约中的回售和赎回条款则是确保管理者分享价值增长激励和其保障性收益之间均衡的主要因素。郭文新和曾勇等（2010）则研究了风险投资中的证券设计。其研究结果表明，即使合约不完全，可转换债券融资契约中缔约方根据信号配置清算权和转换权的特性使其既可降低契约的不完全程度，也能激励双方的价值创造活动。屈文洲和林振兴（2009）以可转换债券发行公告的财富效应为切入点，考察了我国企业发行可转换债券的动因，结果表明，我国上市公司可转换债券融资是一种典型的为了降低逆向选择成本而进行的权益融资，即虽然公司没有直接进行权益融资，但实质上却达成了权益融资的结果。

## 2.4 研究启示

本章在综述了政治关联对企业经营活动影响的基础上认为，目前研究大多只对政治关联积极影响或消极影响的某一面进行考察，并且以经验研究为主，这方面的理论研究也主要从社会资本、声誉、寻租或政府干预的角度分别给予论述性探讨，缺乏在统一视角下对政治关联两面性进行理论分析。此外，较少研究将政治关联的影响后果放在更广阔视野下，如在投资者利益保护、市场配置资源的有效性乃至社会总福利的角度考察政治关联带给个别企业的便利是以牺牲上述更广范围的利益为代价。最关键的是，在观察到政治关联会带来消极影响的背景下，目前已有研究还没有提出如何应用市场化手段有效缓解政治关联消极影响、保护投资者利益的可行性方法。

在将政治关联企业视为各种契约集合体时，本书将应用契约理论和公司金融理论作为基本分析框架，重新审视企业政治关联这一现象。笔者通过对委托代理理论分析框架以及金融契约对经营者激励约束研究的梳理和归纳，描绘了本书的理论基础和研究起点：①借鉴契约理论分析框架中对委托代理问题的分析思路，重新考察和刻画基于多任务委托代理模型的政治关联问题。本书将从多任务委托代理的角度考察经营者道德风险和外部环境变化的影响以及政治关联对经营者、投资者收益和社会总福利的影响。②利用不同融资契约内含现金流在缔约双方之间分配差异带来的不同激励约束效应，考察不同金融契约在弱化和缓解政治关联带来道德风险问题和收益冲突问题，以及其在保护投资者利益、增加社会总福利中的作用。

# 3

# 多任务委托代理模型下政治关联影响因素及经济后果分析

已有经验研究证据表明，政治关联虽然有助于政治关联企业获得融资便利，但也引起诸如销售增长缓慢、盈利能力不强、会计信息质量不佳、公司治理水平较低和股票业绩也较低的消极经济后果。学者们大多从政治关联经营者的社会资本、声誉的角度解释政治关联带来的便利，而从寻租、政府干预等角度解释政治关联的消极经济影响，但目前还没有在统一框架下分析政治关联在为企业带来融资便利的同时又引发企业绩效降低的这种一体两面性。经典的单任务委托代理模型对经营者活动的划分并不能同时刻画政治关联经营者的攫取行为和支持行为。不同于以往研究，笔者将基于契约的思想从契约理论分析框架下多任务委托代理模型的视角，重新审视外部复杂客观环境变化和经营者道德风险对政治关联经营者的影响并展开相关研究。

通过第 1 章对我国企业特征的分析，本书认为，不论是所有权和经营权高度分离的国有企业出现传统意义上的委托代理问题，还是我国不同性质企业，尤其是民营企业普遍存在一股独大特点导致的第二类委托代理问题，这两类委托代理问题都会引发一般意义上代理人道德风险。因此在本章模型构建中，代理人道德风险包含了上述两类委托代理问题。

## 3.1　相关模型介绍和研究拓展

本章模型将主要借鉴 George Baker（2002）和 Robert Gibbons（2005）基于多任务委托代理模型，考虑外部环境变化风险时管理者和投资者收益不一致对管理者激励的研究，借助他们的分析思路考察政治关联的影响因素及政治关联的经济影响。

### 3.1.1　George Baker（2002）和 Robert Gibbons（2005）模型简介

传统代理理论认为管理者激励问题与其高的风险溢价密切相关，因此可测的绩效测度被广泛应用。但 Baker（2002）和 Gibbons（2005）基于多任务委托代理模型的研究指出，这种简单预测有时并不可行，因为实际中管理者与股东收益的不一致性也会降低对管理者的激励强度。为此二位学者的研究都基于多任务委托代理模型，以变量 $\cos\theta$ 度量管理者收益和投资者收益之间不一致时的偏离程度。此外，Baker 还研究了外部环境变化 $\sigma^2$ 作为不可控风险部分对公司价值的影响。其研究得出，激励契约中管理者收益测度的有效性依赖于变量 $\cos\theta$ 和外部风险的大小。若 $\cos\theta$ 较小并且 $\sigma^2$ 较高，则管理者努力对增加企业价值的贡献越小，因而应该越少使用这种激励契约。Baker 推测对规模较大的公司和对剩余要求权定义不充分的组织，扭曲的管理者收益方案更可能被实施。Gibbons 除考察了管理者承担两个任务时 $\cos\theta$ 对管理者激励的变化外，他进一步认为双方收益函数中不可控因素 $\varepsilon$ 和 $\omega$ 与管理者的激励相关。由此 Gibbons 提出，对于管理者有效的激励除依赖于 Baker 提到的偏差程度，即 $\cos\theta$ 大小外，还与管理者分享比例 $b$（与不可控因素 $\varepsilon$ 和 $\omega$ 相关）的调整相关。

### 3.1.2 模型拓展

上述模型更关注管理者绩效测度，因此注重对变量 $\cos\theta$ 与管理者分享比例 $b$ 的分析。与此不同，我们的研究将更关注 $\cos\theta$ 和 $\sigma^2$ 对契约双方收益及社会总福利的影响。笔者将借鉴上述基于多任务委托代理模型研究管理者收益和投资者收益存在偏差的分析思路，考察以下问题：①在研究政治关联影响因素时，通过关注变量 $\cos\theta$ 在 0 ~ 1 之间变化的特性对应于政治关联在融资时点的支持行为和运营时间段的掠夺行为。而且由于 $\cos\theta$ 度量了契约双方收益不一致程度，结合代理问题内涵，本书将该变量视为度量代理人道德风险问题严重程度的变量。此外，由于 $\sigma_\varepsilon^2$ 的大小反映了客观环境变化对项目收益的干扰程度，因此将该变量与企业面临的环境变化相对应。而由于本书主要关注我国由于政府干预企业带来的外部环境变化的影响，因此此处设定 $\sigma_\varepsilon^2$ 的大小主要反映来自政府干预的影响。②在研究政治关联经济影响后果，即分析对比有无政治关联差异时，注意到政治关联经营者要花费更多时间和精力用于维系这种关系，如更频繁地跑门路、拉关系、聘用官员的关系户等，因此在其他条件相同的情形下，本书将关联经营者收益与投资者收益的不一致性

度量变量由 $\cos\theta$ 变为 $\cos\lambda\theta$ 。同时鉴于我国政治关联企业面临更多政府干预的现实，如行业发展规划，承担更多的税收任务、地方发展、解决就业等额外任务，因此政治关联经营者将面临更大的外部环境变化影响，设定在相同情形下，政治关联企业受外部环境变化的影响更严重，即外部环境变化的影响由 $\sigma_\phi^2$ 增加为 $\eta\sigma_\phi^2$ ，以此进一步讨论有无政治关联对投资者及社会总福利的经济影响。

此外，考虑到在实践中，投资者对企业后续的运营其实能发挥主动选择和监督作用，本书将在上述两部分模型中引入投资者监督投入水平 $a$ 。如此一来，使得笔者的研究在理论上得以解释，正是由于外部环境变化同样降低了投资者收益，现实中投资者才会对政治关联经营者道德风险产生的消极影响持有一定程度的包容态度。

## 3.2 简单多任务委托代理模型

典型的代理问题由代理人道德风险引发，因此道德风险问题成为契约理论和组织理论中主要关注的内容之一（Hart，Holmstrom，2007）。该问题假设在委托—代理关系中，代理人的行动不可观测，委托人不能无成本地监督代理人的工作，因此代理人的行动成为私人信息。委托人不能观测到代理人的行动导致了契约设计的不完全和复杂化，以致委托人仅能影响一定条件下代理人可观测产出部分的收益（Fan，2006）。

在模型中，道德风险问题一般通过最大化委托人期望收益并设定代理人参与约束条件，即满足代理人参与约束和激励相容约束来解决。为解决最大化问题，研究者经常设定几个假设前提，例如，风险中性的委托人、风险规避的代理人和对代理人可分割的偏好（Harris，Raviv，1990；Grossman，Hart，1983）。Holmstrom 和 Milgrom（1987）构建了简单的代理模型。在该模型中，他们认为由于代理人有相当多的行动空间，效用函数为指数形式，收益的干扰项为正态分布以及成本函数为二次函数。这使得合适的效用函数形式就是线性函数，而且这种函数形式作为绩效信号也是合适的。从此代理人线性的效用函数模型被广泛采用。

先考虑如下简单的线性项目产出函数：

$$V(e,a,\varepsilon) = fe + ha + \varepsilon \tag{3-1}$$

此处 $V$ 是项目产出价值，$\boldsymbol{e}$ 是代理人（经营者）可实施的 $n$ 个维度的行为向量 $\{e_1, e_2, \cdots, e_n\}$，$\boldsymbol{f}$ 是代理人在 $n$ 个维度的上述行为的边际产出向量 $\{f_1, f_2, \cdots, f_n\}$。此时向量元素作为代理人可选择的行为结果。$ha$ 表示委托人（投资者）监督带来的项目价值的增加。为后续分析简单，假设投资者只投入单一维度的监督努力 $a$，则其监督努力的边际产出为 $h$。现实中，项目价值的增加主要来自经营者的投入水平，因此可以合理假设代理人边际产出向量 $\boldsymbol{f} > h$。

$\varepsilon$ 代表不受代理人控制的随机影响。该随机影响服从 $\varepsilon \in N(0, \sigma_\varepsilon^2)$，其中 $\sigma_\varepsilon^2$ 的大小反映了客观环境变化（主要指政府干预企业带来的影响）对项目运行干扰程度的大小。

可见，项目价值取决于代理人行为选择（行为向量 $\boldsymbol{e}$）、委托人投入的监督努力（$a$）和不可控随机事件（$\varepsilon$）的影响。委托人是风险中性的，而代理人是风险规避的（$\gamma$ 为其风险规避系数）。设代理人和委托人的成本函数分别为 $\sum_{i=1}^{n} e_i^2/2$ 和 $\frac{1}{2}a^2$。则代理人收益函数为：

$$CE_{m1} = s + b_V V - \gamma \mathrm{var}(s + b_V V) - \sum_{i=1}^{n} e_i^2/2 = s + b_V V - \gamma b_V^2 \sigma_\varepsilon^2 - \sum_{i=1}^{n} e_i^2/2 \tag{3-2}$$

可见，代理人效用函数包含正的期望补偿、风险溢价和在其行动空间代理人付出的努力成本。期望补偿来自基本工资（$s$）和项目价值 $V$ 的一部分 $b_V$。$b_V$ 可以理解为代理人拥有的股份。由于 $CE_m{}'(e_i) > 0$，$CE_m{}''(e_i) < 0$，即代理人收益函数是严格凹的、递增的和二阶可微的函数。此时，依据阿罗－普拉特给出的计算代理人绝对风险规避系数的公式 $\gamma(e_i) = -\frac{CE_m{}''(e_i)}{CE_m{}'(e_i)}$，可以得到在以上设定条件下，代理人的风险规避系数 $\gamma > 0$。因此代理人将在其参与约束条件下，采取最大化其效用的行为。

在确定了代理人的期望效用后，则相应委托人收益形式如下：

$$CE_{p1} = E\left[(1 - b_V) - s - \frac{1}{2}a^2\right] \tag{3-3}$$

此时委托人的问题是在满足代理人参与约束与激励相容约束的条件下，最大化其效用。如此，委托人的问题可写为：

$$\underset{b_V,e_i,a}{\text{Maximize}}U_{p1} = E[(1-b_V)V - s - \frac{1}{2}a^2] \tag{3-4}$$

$$\text{s. t. } e_i \in \text{argmax}[s + b_V V - \gamma b_V^2 \sigma_\varepsilon^2 - \sum_{i=1}^{n} e_i^2/2] \tag{3-5}$$

$$s + b_V V - \gamma b_V^2 \sigma_\varepsilon^2 - \sum_{i=1}^{n} e_i^2/2 \geqslant 0 \tag{3-6}$$

由式（3-4）、式（3-5）和式（3-6）可得，在如此契约条件下，其实可认为是最大化委托人和代理人的联合剩余。此时委托人问题式（3-4）可以重新改写为：

$$\underset{b_V,e_i,a}{\text{Maximize}}CE_{j1} = CE_{m1} + CE_{p1} = V - \gamma b_V^2 \sigma_\varepsilon^2 - \sum_{i=1}^{n} e_i^2/2 - \frac{1}{2}a^2 \tag{3-4'}$$

解得代理人的最优行动为 $e_i^*(b_V) = f_i b_V$。委托人和两者联合效用最大化时，可得：$a^* = h(1-b_V)$ 和 $b_V^* = \frac{F^2}{F^2 + 2\gamma\sigma_\varepsilon^2 + h^2}$，将 $b_V^*$ 带入 $e_i^*$ 和 $a^*$，则有：

$$e_i^*(b_V) = f_i \frac{F^2}{F^2 + 2\gamma\sigma_\varepsilon^2 + h^2} \tag{3-7}$$

$$a^* = h\left(1 - \frac{F^2}{F^2 + 2\gamma\sigma_\varepsilon^2 + h^2}\right) \tag{3-8}$$

其中，$F$ 是代理人行动的边际产出向量模长，$F = \|f\| = \sqrt{\sum_{i=1}^{n} f_i^2}$。$\gamma$ 是代理人绝对风险规避系数，$\sigma_\varepsilon^2$ 是生产函数中随机干扰项的方差。

## 3.3 两任务模型下政治关联影响因素及各方收益分析

在我国社会经济面临转型升级的大背景下，企业经营活动受到诸多政府干预，不论是出于应对我国不完善的投资者保护制度，还是寄希望政治关联能获得更多的政府照顾（如政府项目、补贴和政策倾斜等），企业都积极与政府部门保持一定的关联。但现实中，诸多对企业政治关联的经验研究结果表明，政治关联虽然能带来更多的资源投入，但从产出看，政治关联反而成为降低企业投资效率、减少企业价值的重要诱因之一，而经典单任务委托代理模型并不能很好的同时解释政治关联的这种两面性。本节研究通过设定政治关联经营者和投资者收益不一致性，以两个边际产出向量形成夹角 $\theta$ 的连续变化来度量典型委托代理关系下经营者道德风险问题的严重程度。此外，在将 $\sigma_{\varepsilon}^{2}$ 作为表征政府干预企业运营的外部环境变化代理变量，笔者还将考察不可控因素变动方差 $\sigma_{\varepsilon}^{2}$ 的影响。本部分将主要分析以上两个主要变量的变化对各方收益的影响。

具体建模时为分析简单，研究将经营者从事的活动划分为生产性活动和非生产性活动，其中将经营者从事的政治关联行为，包括建立、维持和利用政治关联的诸多活动视为一种非生产性活动。而经营者生产性活动则包括诸如改进项目生产流程、技术创新和日常监督管理等直接与项目增值相关的活动。

### 3.3.1 两任务模型设定和各方收益函数

假设经营者从事两种行为或活动，即生产性活动 $e_1$ 和非生产性活动 $e_2$ 。与3.2节的分析思路一样，设定投资者认为的项目收益表达式为：

$$V = f_1e_1 + f_2e_2 + ha + \varepsilon \tag{3-9}$$

$\boldsymbol{e}$ 是代理人（经营者）在生产性活动和非生产性活动两个维度实施的行为向量 $\{e_1,e_2\}$ , $\boldsymbol{f}$ 是投资者持有的管理者在上述两个维度的边际产出向量 $\{f_1, f_2\}$ , $ha$ 表示委托人（投资者）监督带来的项目价值的增加。$a$ 为投资者投入的单一维度的监督努力，则其监督努力的边际产出为 $h$ 。同样由于项目价值的增加主要来自经营者的投入水平，因此可以设 $f_i > h$ 。

$\varepsilon$ 代表投资者认为项目外部环境对项目产出的随机影响。该影响服从 $\varepsilon \in N(0,\sigma_{\varepsilon}^{2})$ ，其中 $\sigma_{\varepsilon}^{2}$（主要指政府干预企业带来的影响）的大小反映了客观环境变化对其收益的干扰程度。

不同于投资者，经营者知道项目产出函数为：

$$M = g_1e_1 + g_2e_2 + ha + \phi \tag{3-10}$$

$\boldsymbol{e}$ 是经营者在生产性活动和非生产性活动两个维度实施的行为向量 $\{e_1, e_2\}$ ，$\boldsymbol{g}$ 是经营者收益中自己在上述两个维度的边际产出向量 $\{g_1,g_2\}$ 。$ha$ 含义与之前一样，同样设 $g_i > h$ 。$\phi$ 定义与 $\varepsilon$ 类似，其分布满足 $\phi \in N(0,\sigma_{\phi}^{2})$ 。

此时经营者的收益可写成如下形式：

$$\begin{aligned} CE_m &= s + b_mM - c(e_1,e_2) - \gamma\mathrm{var}(s + b_mP) \\ &= s + b_m(g_1e_1 + g_2e_2 + ha) - \frac{1}{2}e_1^2 - \frac{1}{2}e_2^2 - \gamma b_m^2\sigma_{\phi}^2 \end{aligned} \tag{3-11}$$

其中 $s$ 为经营者的固定收益，$b_m M$ 为其绩效收益，$\frac{1}{2}e_1^2+\frac{1}{2}e_2^2$ 为经营者的努力成本，$\gamma b_m^2\sigma_\phi^2$ 为经营者在其风险规避系数 $\gamma$ 下的风险溢价要求。与 3.2 节一样，同样有 $CE_m{}'(e_i)>0$，$CE_m{}''(e_i)<0$，且 $\gamma>0$。

此时，投资者收益为：

$$\begin{aligned} CE_p &= V - s - b_m M - \frac{1}{2}a^2 \\ &= f_1e_1 + f_2e_2 + ha - s - b_m(g_1e_1 + g_2e_2 + ha) - \frac{1}{2}a^2 \end{aligned} \tag{3-12}$$

在满足经营者参与约束和激励相容约束条件下，投资者最大化其收益，则投资者问题如下：

$$\underset{b_m,e_i,a}{\text{Maximize}} CE_p = V - s - b_m M - \frac{1}{2}a^2 \tag{3-13}$$

$$\text{s. t. } e_i \in \arg\max\left[s + b_m(g_1e_1 + g_2e_2 + ha) - \frac{1}{2}e_1^2 - \frac{1}{2}e_2^2 - \gamma b_m^2\sigma_\phi^2\right] \tag{3-14}$$

$$s + b_m(g_1e_1 + g_2e_2 + ha) - \frac{1}{2}e_1^2 - \frac{1}{2}e_2^2 - \gamma b_m^2\sigma_\phi^2 \geqslant 0 \tag{3-15}$$

同样可认为有效契约将最大化两者的个人剩余总和，即联合剩余。此时，投资者问题可以重新改写为：

$$\begin{aligned} \underset{b_m,e_i,a}{\text{Maximize}} CE_j &= CE_m + CE_p \\ &= f_1e_1 + f_2e_2 + ha - \frac{1}{2}e_1^2 - \frac{1}{2}e_2^2 - \gamma b_m^2\sigma_\phi^2 - \frac{1}{2}a^2 \end{aligned} \tag{3-16}$$

$$\text{s. t. } e_i \in \arg\max\left[s + b_m(g_1e_1 + g_2e_2 + ha) - \frac{1}{2}e_1^2 - \frac{1}{2}e_2^2 - \gamma b_m^2\sigma_\phi^2\right] \tag{3-17}$$

$$s + b_m(g_1e_1 + g_2e_2 + ha) - \frac{1}{2}e_1^2 - \frac{1}{2}e_2^2 - \gamma b_m^2\sigma_\phi^2 \geqslant 0 \tag{3-18}$$

在上述两任务模型下，关联经营者选择行动 $e_1$、$e_2$ 最大化其收益。则经营者的最优动选择是 $e_1^* = b_m g_1$ 和 $e_2^* = b_m g_2$，投资者的最优监督投入水平为 $a^* = h(1-b_m)$。代入联合剩余最大化公式后可得：

$$b_m^* = \frac{FG\cos\theta}{G^2 + 2\gamma\sigma_\phi^2 + h^2} \tag{3-19}$$

$\theta$ 是经营者和投资者收益测度之间的夹角，即 $\boldsymbol{f}$ 和 $\boldsymbol{g}$ 两个边际产出向量之间的夹角，度量了经营者产出收益相对投资者收益的不一致程度。

$$\cos\theta = \frac{f_i g_i}{\| f \| \ \| g \|} \tag{3-20}$$

其中

$$F = \| f \| = \sqrt{\sum_{i=1}^{n} f_i^2} \text{ 和 } G = \| g \| = \sqrt{\sum_{i=1}^{n} g_i^2} \tag{3-21}$$

将 $b_m$ 代入后得：

$$e_1^* = g_1 \frac{FG\cos\theta}{G^2 + 2\gamma\sigma_\phi^2 + h^2} \tag{3-22}$$

$$e_2^* = g_2 \frac{FG\cos\theta}{G^2 + 2\gamma\sigma_\phi^2 + h^2} \tag{3-23}$$

$$a^* = h\left(1 - \frac{FG\cos\theta}{G^2 + 2\gamma\sigma_\phi^2 + h^2}\right) \tag{3-24}$$

将式（3－22）、式（3－23）和式（3－24）代入经营者收益函数（3－11），则经营者的收益如下：

$$CE_m = s + \frac{1}{2}(G^2 - 2\gamma\sigma_\phi^2 - 2h^2)\left(\frac{FG}{G^2 + 2\gamma\sigma_\phi^2 + h^2}\right)^2 \cos^2\theta + \frac{h^2 FG}{G^2 + 2\gamma\sigma_\phi^2 + h^2}\cos\theta \tag{3-25}$$

依据式（3－12），相应投资者收益函数为：

$$CE_p = \frac{\left(2\gamma\sigma_\phi^2 + \frac{3}{2}h^2\right)F^2G^2}{(G^2 + 2\gamma\sigma_\phi^2 + h^2)^2}\cos^2\theta - \frac{h^2 FG}{G^2 + 2\gamma\sigma_\phi^2 + h^2}\cos\theta + \frac{1}{2}h^2 - s \tag{3-26}$$

依据式（3－16），投资者和关联经营者联合剩余，即社会总福利函数为：

$$CE_j = \frac{1}{2}\frac{F^2G^2}{G^2 + 2\gamma\sigma_\phi^2 + h^2}\cos^2\theta + \frac{1}{2}h^2 \tag{3-27}$$

### 3.3.2 变量 $\cos\theta$ 的理解

对比 3.2 节中的式（3－7）和式（3－8），注意到本节相应的解式出现了新的变量 $\theta$。

从两个向量关系的角度，$\theta$ 是 $\boldsymbol{f}$ 和 $\boldsymbol{g}$ 两个边际产出向量之间的夹角。可见，

$\theta$ 其实度量了代理人（经营者）产出收益相对委托人（投资者）收益的偏离，即不一致程度。结合委托代理理论中代理人道德风险的内涵，我们认为该变量恰当地代表了代理人道德风险高低的程度。而 $\cos\theta = \frac{\sum f_i g_i}{\|f\| \ \|g\|}$ 在 $0° \leqslant \theta \leqslant 90°$ 时，有 $1 \geqslant \cos\theta \geqslant 0$ 。当 $\theta = 0°$ 时，$\cos\theta = 1$ ，表示委托人和代理人的收益一致（如融资时点），此时代理人会采取委托人希望其采取的行动。当 $\theta = 90°$ 时，$\cos\theta = 0$ ，表示委托人和代理人收益完全不一致，完全偏离或扭曲，此时代理人采取的行动与委托人希望代理人采取的行动完全不相干甚至相反。因此，我们认为当 $\theta$ 逐渐变大，即 $\cos\theta$ 变小时，表明代理人和委托人之间收益不一致性越来越大，也可认为此时经营者从事过多非生产性活动，其道德风险加剧。

值得注意的是，此处 $\cos\theta$ 随夹角 $90° \geqslant \theta \geqslant 0°$ 变化而在［0，1］相应逐渐变动的特性，我们认为很好地贴合了在融资时点和运营时间段，政治关联既为项目（企业）带来融资便利后续又引发项目（企业）价值降低的两面性特点。

### 3.3.3 经营者道德风险（变量 $\cos\theta$ ）的影响分析

以下分析分别是对经营者、投资者和社会总福利表达式对变量 $\cos\theta$ 求一阶导后的结果展开分析。

1. **经营者收益**

**命题 1：**

①当 $\sigma_\phi^2 < \frac{3G^2 - 3h^2}{2\gamma}$ ，即外部环境变化较小时，随着经营者与投资者收益之间偏离程度的增加（ $\theta$ 增加而 $\cos\theta$ 降低），经营者收益减少。

②当 $\sigma_\phi^2 > \frac{3G^2 - 3h^2}{2\gamma}$ ，即外部环境变化较大时，随着经营者与投资者收益之间偏离程度的增加（ $\theta$ 增加而 $\cos\theta$ 降低），经营者收益增加。

**证明：**根据式（3－25）经营者收益对 $\cos\theta$ 求一阶导，可得：

$$\frac{\mathrm{d}CE_m}{\mathrm{d}\cos\theta} = (G^2 - 2\gamma\sigma_\phi^2 - 2h^2)\left(\frac{FG}{G^2 + 2\gamma\sigma_\phi^2 + h^2}\right)^2\cos\theta + \frac{h^2FG}{G^2 + 2\gamma\sigma_\phi^2 + h^2}$$

$$= \frac{(G^2 - 2\gamma\sigma_\phi^2 - 2h^2)F^2G^2\cos\theta + h^2FG(G^2 + 2\gamma\sigma_\phi^2 + h^2)}{(G^2 + 2\gamma\sigma_\phi^2 + h^2)^2}$$

由于 $\cos\theta = \frac{\sum f_i g_i}{\|f\| \|g\|}$ 及 $f_i > h$ 和 $g_i > h$，则 $\|f\| \|g\| \cos\theta = \sum f_i g_i = f_1 g_1 + f_2 g_2 > 2h^2$。可将上式化简如下：

$$\frac{\mathrm{d}CE_m}{\mathrm{d}\cos\theta} > \frac{[2(G^2 - 2\gamma\sigma_\phi^2 - 2h^2) + (G^2 + 2\gamma\sigma_\phi^2 + h^2)]h^2 FG}{(G^2 + 2\gamma\sigma_\phi^2 + h^2)^2} = \frac{(3G^2 - 2\gamma\sigma_\phi^2 - 3h^2)h^2 FG}{(G^2 + 2\gamma\sigma_\phi^2 + h^2)^2}$$

容易证明，当 $\sigma_\phi^2 < \frac{3G^2 - 3h^2}{2\gamma}$ 时，$\frac{\mathrm{d}CE_m}{\mathrm{d}\cos\theta} > 0$，即当外部环境变化小于契约双方边际产出差值与经营者风险溢价的比值时，随着经营者与投资者之间偏离程度的增加（$\theta$ 增加，则 $\cos\theta$ 降低），经营者收益（$CE_m$）减少；反之当 $\sigma_\phi^2 > \frac{3G^2 - 3h^2}{2\gamma}$ 时，容易得 $\frac{\mathrm{d}CE_m}{\mathrm{d}\cos\theta} < 0$，说明此时随着经营者与投资者之间偏离程度的增加（$\theta$ 增加，则 $\cos\theta$ 降低），经营者收益（$CE_m$）增加。

**证毕。**

其实将命题条件变形后可写为 $3G^2 > 2\gamma\sigma_\phi^2 + 3h^2$，也可认为当经营者边际产出 $G^2$ 高于其风险溢价 $\gamma\sigma_\phi^2$ 和投资者边际产出 $h^2$ 之和，即经营者边际产出能力较高时，随着经营者与投资者之间偏离程度的增加（$\theta$ 增加，则 $\cos\theta$ 降低），经营者收益（$CE_m$）减少。反之则经营者收益增加。可以说，当外部环境变化影响较小或者经营者边际产出较高时，经营者与投资者收益最好保持一致，因为此时若经营者偏离增加（$\theta$ 增加，则 $\cos\theta$ 降低），其自身收益反而降低。只有当外部环境变化较大或经营者边际产出较低时，经营者更多道德风险行为才会增加其自身收益。

**2. 投资者收益**

**命题 2：**

①当 $\sigma_\phi^2 < \frac{G^2 - 5h^2}{6\gamma}$ 时，即当外部环境变化较小时，随着经营者与投资者收益之间偏离程度的增加（$\theta$ 增加而 $\cos\theta$ 降低），投资者收益增加。

②当 $\sigma_\phi^2 > \frac{G^2 - 5h^2}{6\gamma}$ 时，即当外部环境变化较大时，随着经营者与投资者收益之间偏离程度的增加（$\theta$ 增加而 $\cos\theta$ 降低），投资者收益减少。

**证明：**根据式（3 - 26）投资者收益对 $\cos\theta$ 求一阶导，可得：

$$\frac{\mathrm{d}CE_p}{\mathrm{d}\cos\theta} = \frac{(4\gamma\sigma_\phi^2 + 3h^2)F^2G^2}{(G^2 + 2\gamma\sigma_\phi^2 + h^2)^2}\cos\theta - \frac{h^2FG}{G^2 + 2\gamma\sigma_\phi^2 + h^2}$$

$$= \frac{(4\gamma\sigma_\phi^2 + 3h^2)F^2G^2\cos\theta - h^2FG(G^2 + 2\gamma\sigma_\phi^2 + h^2)}{(G^2 + 2\gamma\sigma_\phi^2 + h^2)^2}$$

由于 $\cos\theta = \frac{\sum f_i g_i}{\|f\| \ \|g\|}$ 及 $f_i > h$ 和 $g_i > h$，则 $\|f\| \ \|g\| \cos\theta = \sum f_i g_i = f_1g_1 + f_2g_2 > 2h^2$。可将上式化简如下：

$$\frac{\mathrm{d}CE_p}{\mathrm{d}\cos\theta} > \frac{(4\gamma\sigma_\phi^2 + 3h^2)2h^2FG - h^2FG(G^2 + 2\gamma\sigma_\phi^2 + h^2)}{(G^2 + 2\gamma\sigma_\phi^2 + h^2)^2} = \frac{(6\gamma\sigma_\phi^2 + 5h^2 - G^2)h^2FG}{(G^2 + 2\gamma\sigma_\phi^2 + h^2)^2}$$

容易证明，当 $\sigma_\phi^2 < \frac{G^2 - 5h^2}{6\gamma}$ 时，$\frac{\mathrm{d}CE_p}{\mathrm{d}\cos\theta} < 0$，即当外部环境变化较小时，随着经营者与投资者之间偏离程度的增加（$\theta$ 增加，则 $\cos\theta$ 降低），投资者收益（$CE_p$）并未减少；反之当 $\sigma_\phi^2 > \frac{G^2 - 5h^2}{6\gamma}$ 时，容易得 $\frac{\mathrm{d}CE_p}{\mathrm{d}\cos\theta} > 0$，说明此时随着经营者与投资者之间偏离程度的增加（$\theta$ 增加，则 $\cos\theta$ 降低），投资者收益（$CE_p$）降低。

**证毕。**

同样命题条件可改写为当 $G^2 > 5h^2 + 6\gamma\sigma_\phi^2$，即当经营者边际产出能力较高时，即使经营者存在偏离行为，但投资者收益并不会减少。而当经营者边际产出能力较低时，投资者收益随经营者偏离行为而下降。

此外结合命题 1 的结论，说明当外部环境变化在一定范围内时，该区间可表述为 $\frac{G^2 - 5h^2}{6\gamma} < \sigma_\phi^2 < \frac{3G^2 - 3h^2}{2\gamma}$ 时，会出现投融资双方收益对经营者道德风险变动反应一致的局面：经营者若发生偏离行为则对其自身收益和投资者收益都带来负向影响。而当环境变化进一步增大时，经营者有动力采取扭曲偏离的行为，此时仅对经营者收益有利，而损害投资者收益。

**3. 社会总福利**

**命题 3**：随着经营者和投资者收益之间偏离程度的增加，社会总福利减少。

**证明**：根据式（3－27）经营者和投资者联合收益对 $\cos\theta$ 求一阶导，由于 $0° \leqslant \theta \leqslant 90°$，则 $\frac{\mathrm{d}CE_j}{\mathrm{d}\cos\theta} = \frac{F^2G^2}{G^2 + 2\gamma\sigma_\phi^2 + h^2}\cos\theta > 0$，说明随着经营者与投

资者之间偏离程度的增加（$\theta$ 增加，则 $\cos\theta$ 降低），投资者收益（$CE_m$）降低。

**证毕。**

该命题说明由于经营者和投资者收益不一致将导致随着经营者道德风险问题的加剧，经营者和投资者联合收益即社会总福利减少。

### 3.3.4 外部环境变化（方差 $\sigma_\phi^2$）的影响分析

从经营者和投资者以及两者联合收益可看出，除变量 $\cos\theta$ 对收益产生影响外，影响收益的外部干扰因素方差 $\sigma_\phi^2$（主要指政府干预企业带来的影响）是另一个重要的外部因素。本节将对该影响因素加以考察。

1. **经营者收益**

**命题4**：随着外部环境不确定因素影响的增大，经营者收益减少。

**证明**：根据式（3－25）经营者收益对外部干扰因素方差 $\sigma_\phi^2$ 求一阶导，可得：

$$\frac{dCE_m}{d\sigma_\phi^2}=\frac{1}{2}F^2G^2\cos^2\theta\left[\frac{-2\gamma}{(G^2+2\gamma\sigma_\phi^2+h^2)^2}-\frac{(G^2-2\gamma\sigma_\phi^2-2h^2)4r}{(G^2+2\gamma\sigma_\phi^2+h^2)^3}\right]+\frac{h^2FG\cos\theta(-2\gamma)}{(G^2+2\gamma\sigma_\phi^2+h^2)^2}$$

$$=\frac{\gamma FG\cos\theta[FG\cos\theta(2\gamma\sigma_\phi^2+3h^2-3G^2)-2h^2(G^2+2\gamma\sigma_\phi^2+h^2)]}{(G^2+2\gamma\sigma_\phi^2+h^2)^3}$$

由于 $\cos\theta=\frac{\sum f_i g_i}{\|f\|\ \|g\|}$ 及 $f_i>h$ 和 $g_i>h$，则 $\|f\|\ \|g\|\cos\theta=\sum f_i g_i=f_1g_1+f_2g_2>2h^2$。可将上式化简如下：

$$\frac{dCE_m}{d\sigma_\phi^2}>\frac{\gamma FG\cos\theta[2h^2(2\gamma\sigma_\phi^2+3h^2-3G^2)-2h^2(G^2+2\gamma\sigma_\phi^2+h^2)]}{(G^2+2\gamma\sigma_\phi^2+h^2)^3}$$

$$=\frac{\gamma FG\cos\theta\cdot 2h^2(2h^2-4G^2)}{(G^2+2\gamma\sigma_\phi^2+h^2)^3}$$

由于 $G=\|g\|=\sqrt{\sum_{i=1}^{n}g_i^2}$ 和 $g_i>h$，则有 $\frac{dCE_m}{d\sigma_\phi^2}<0$，即当外部环境变化影响 $\sigma_\phi^2$ 增大时，经营者收益（$CE_m$）减少。

**证毕。**

2. **投资者收益**

**命题5：**

①当 $\sigma_{\phi}^{2} < \frac{3G^{2}-3h^{2}}{2\gamma}$，即当外部环境变化较小时，随着外部环境变化的增大，投资者收益增加。

②当 $\sigma_{\phi}^{2} > \frac{3G^{2}-3h^{2}}{2\gamma}$，即当外部环境变化较大时，随着外部环境变化的增大，投资者收益减少。

**证明：**根据式（3－26）投资者收益对外部干扰因素方差 $\sigma_{\phi}^{2}$ 求一阶导，可得：

$$\begin{aligned}\frac{dCE_{p}}{d\sigma_{\phi}^{2}} &= F^{2}G^{2}\cos^{2}\theta\left[\frac{-2\gamma}{(G^{2}+2\gamma\sigma_{\phi}^{2}+h^{2})^{2}}-\frac{(2\gamma\sigma_{\phi}^{2}+\frac{3}{2}h^{2})4r}{(G^{2}+2\gamma\sigma_{\phi}^{2}+h^{2})^{3}}\right]+\frac{h^{2}FG\cos\theta(-2\gamma)}{(G^{2}+2\gamma\sigma_{\phi}^{2}+h^{2})^{2}}\\ &= 2\gamma FG\cos\theta\frac{FG\cos\theta(G^{2}-2\gamma\sigma_{\phi}^{2}-2h^{2})+h^{2}(G^{2}+2\gamma\sigma_{\phi}^{2}+h^{2})}{(G^{2}+2\gamma\sigma_{\phi}^{2}+h^{2})^{3}}\end{aligned}$$

同样由于 $\cos\theta=\frac{\sum f_{i}g_{i}}{\|f\|\ \|g\|}$ 及 $f_{i}>h$ 和 $g_{i}>h$，则 $\|f\|\ \|g\|\cos\theta=\sum f_{i}g_{i}=f_{1}g_{1}+f_{2}g_{2}>2h^{2}$。可将上式化简如下：

$$\begin{aligned}\frac{dCE_{p}}{d\sigma_{\phi}^{2}} &> 2\gamma FG\cos\theta\frac{2h^{2}(G^{2}-2\gamma\sigma_{\phi}^{2}-2h^{2})+h^{2}(G^{2}+2\gamma\sigma_{\phi}^{2}+h^{2})}{(G^{2}+2\gamma\sigma_{\phi}^{2}+h^{2})^{3}}\\ &= 2\gamma FG\cos\theta\cdot h^{2}\frac{3G^{2}-2\gamma\sigma_{\phi}^{2}-3h^{2}}{(G^{2}+2\gamma\sigma_{\phi}^{2}+h^{2})^{3}}\end{aligned}$$

容易证明，当 $\sigma_{\phi}^{2} < \frac{3G^{2}-3h^{2}}{2\gamma}$ 时，$\frac{dCE_{p}}{d\sigma_{\phi}^{2}}>0$，即当外部环境变化较小时，随着外部环境变化 $\sigma_{\phi}^{2}$ 稍微增大，投资者收益（$CE_{p}$）反而会有所增加。反之，当 $\sigma_{\phi}^{2} > \frac{3G^{2}-3h^{2}}{2\gamma}$ 时，$\frac{dCE_{p}}{d\sigma_{\phi}^{2}}<0$，说明当外部环境变化较大时，投资者收益则会随外部环境变化增大而减少。

**证毕。**

由于如下关系 $\frac{G^{2}-5h^{2}}{6\gamma} < \sigma_{\phi}^{2} < \frac{3G^{2}-3h^{2}}{2\gamma}$ 成立，结合命题2则此时投资者

收益有 $\frac{\mathrm{d}CE_p}{\mathrm{d}\cos\theta} > 0$ 和 $\frac{\mathrm{d}CE_p}{\mathrm{d}\sigma_\phi^2} > 0$ ，即此时经营者道德风险已经在降低投资者收益，而由于环境变化较小，此时仍对投资者收益变化有正向影响。可见投资者收益变化对经营者道德风险更为敏感。

同样结合命题2，将命题条件转换为 $h^2 + \frac{2}{3}\gamma\sigma_\phi^2 < G^2 < 5h^2 + 6\gamma\sigma_\phi^2$ ，即经营者边际产出处于中间值时，环境变化和经营者扭曲对投资者收益的影响存在正负相反的效果。

3. **社会总福利**

**命题6**：随着环境不确定因素影响的增加，社会总福利减少。

**证明**：依据式（3－27）经营者和投资者联合剩余收益对外部干扰因素方差 $\sigma_\phi^2$ 求一阶导，可得：$\frac{\mathrm{d}CE_j}{\mathrm{d}\sigma_\phi^2} = -\frac{\gamma F^2 G^2 \cos^2\theta}{G^2 + 2\gamma\sigma_\phi^2 + h^2} < 0$ ，说明随着外部环境不确定因素影响 $\sigma_\phi^2$ 的增加，经营者和投资者联合剩余收益（ $CE_j$ ）降低。

**证毕**。

结合命题6和命题3的结论，说明经营者的扭曲和外部环境变化都降低了经营者和投资者的联合剩余，即这两个因素的增加都降低了社会总福利。

### 3.3.5 小结

本节模型分析有助于理解为什么目前我国企业经营者会积极追求政治关联。在我国目前经济转型背景下，企业除了面临复杂多变的微观小环境和中观行业层面激烈的竞争外，计划经济的“路径依赖”使得当前政府部门仍旧掌握了大量的行政审批权，因此当前我国企业经营者面临更多和更严重的外部环境影响，即企业运营的外部环境变化 $\sigma_\phi^2$（主要指政府干预企业带来的影响）较高。

结合命题1和命题4可以得到，当 $\sigma_\phi^2$ 较高时，经营者增加夹角 $\theta$ ，即经营者更多道德风险行为反而可以抵消环境变化引起的其收益减少，有助于增加经营者收益。对应到经营者的行为上，此时经营者从事更多非生产性活动，即经典委托代理理论中代理人加大道德风险行为将有利于增加其收益。此时经营者有积极诉求政治关联的主观动力。

由命题2和命题5可以得到，环境变化程度或经营者边际产出是影响投资者收益的主要因素。当环境变化较小或经营者能力较高时，即使经营者存在道德风险行为，此时投资者收益并未下降。这在一定程度上解释了为什么目前我国投资者对企业追求政治关联持有一定包容的态度。反之当环境变化程度较高或经营者能力较低时，随着经营者不一致性（即道德风险）增加和外部环境变化加剧都会降低投资者收益。不过相比环境变化的影响，投资者收益对经营者扭曲更为敏感。

最后，由命题3和命题6可以得到，外部环境变化（主要指政府干预企业带来的影响）较大以及经营者道德风险总是会降低经营者和投资者的联合剩余，即降低社会总福利。

综上所述，在我国目前政府干预较多（$\sigma_{\phi}^2$ 较高）、代理人问题严重（$\cos\theta$ 较低）的情况下，经营者一方面为应对客观环境的多变性，获得更多资源投入，另一方面出于追求自身利益最大化总是会积极建立与政府部门的联系，取得政治关联，而这也构成了我国企业寻求政治关联的动因。但从整体社会总福利的角度来看，不论是外部环境的过大变化或者经营者的道德风险都造成社会总福利的损失。

## 3.4　有无政治关联的两任务模型设定及各方收益对比分析

### 3.4.1　有无政治关联的两任务模型设定

在我国经济转型的背景下，我国有无政治关联的企业都面临相同的外部环境变化和代理人道德风险问题，因此在这两类企业之间并无本质的差异而只是影响程度不同。目前政府主导经济及存在两类委托代理问题，在其他条件相同的情况下，政治关联企业/经营者面临更多环境变化和更严重的代理人道德风险问题。

依据之前分析，经营者和投资者边际产出向量$\boldsymbol{f}$和$\boldsymbol{g}$之间的夹角$\theta$测度了经营者对投资者价值的偏离程度。政治关联经营者由于要维系和发展这种与政府部门的联系，会有更频繁地跑门路、拉关系、聘用官员的关系户等此类活动。因此对比无政治关联经营者，设定政治关联经营者会从事更多非生产性活动具有合理性。为了简化后续分析，需要满足即使政治关联经营者与投资者收益的不一致性时夹角 $\lambda\theta$ 也在 $0^\circ \leqslant \theta \leqslant 90^\circ$ 区间内，此处设在其他条件相同情形下，政治关联经营者收益相对投资者收益不一致的影响系数为 $\lambda$，且有 $1 \leqslant \lambda < \frac{\pi}{2\theta}$。基于此，设定在其他条件相同情形下，对比无政治关联，政治关联经营者和投资者之间的不一致性夹角 $\theta$ 会更大，设此时政治关联经营者和投资者之间的夹角为 $\lambda\theta$，即此时政治关联经营者收益与投资者收益的不一致性度量由 $\theta$ 变为 $\lambda\theta$。该系数作为连续变量处理的优点是目前我国现实中政治关联是具有层次性，例如，县、市、省、国家级不同级别政治关联对企业经营的影响程度肯定有所差异，$\lambda$ 连续变化能较为贴合地反映这种层次性，而若将该系数作为常数设定则不能较好地反映这种特性。此外，若将其设为常数后将不能更好地进一步分析政治关联对契约双方收益和社会总福利的影响。

此外，之前分析表明，经营者和投资者收益还受外部环境变化 $\sigma_\phi^2$（主要指政府干预企业带来的影响）的影响。已有经验研究也表明，政治关联企业受政府干预较多，如承担更多的就业、税收和地方发展等负担，因此在其他条件相同情形下，政治关联企业较无政治关联企业受外部环境变化影响 $\sigma_\phi^2$ 更大。由此设定对比无政治关联企业，政治关联企业受外部环境变化影响的系数为 $\eta$，且有 $\eta \geqslant 1$，即对比无政治关联，政治关联经营者收益受外部环境变化的影响为 $\eta\sigma_\phi^2$。

在进行了上述变化后，研究进一步讨论政治关联，即考察系数 $\lambda$ 和 $\eta$ 对契约双方收益及社会总福利的影响。

依据之前的分析思路，对比政治关联影响的多任务委托代理模型仍是在满足经营者参与约束和激励相容约束条件下，投资者最大化其收益，则投资者问题如下：

$$\underset{b_m, e_i, a}{\text{Maximize}} CE_j = CE_m + CE_p = f_1 e_1 + f_2 e_2 + ha - \frac{1}{2}e_1^2 - \frac{1}{2}e_2^2 - \gamma b_m^2 \eta \sigma_\phi^2 - \frac{1}{2}a^2$$

$$\text{s. t. } e_i \in \operatorname{argmax}\left[ s + b_m(g_1 e_1 + g_2 e_2 + ha) - \frac{1}{2}e_1^2 - \frac{1}{2}e_2^2 - \gamma b_m^2 \eta \sigma_\phi^2 \right] \tag{3-28}$$

$$s + b_m(g_1 e_1 + g_2 e_2 + ha) - \frac{1}{2}e_1^2 - \frac{1}{2}e_2^2 - \gamma b_m^2 \eta \sigma_\phi^2 \geqslant 0$$

此时得 $b_m^{pc*} = \frac{FG\cos\lambda\theta}{G^2 + 2\gamma\eta\sigma_\phi^2 + h^2}$，则政治关联经营者和投资者的最优投入

水平如下：

$$e_1^{pc*} = g_1 \frac{FG\cos\lambda\theta}{G^2 + 2\gamma\eta\sigma_\phi^2 + h^2} \tag{3-29}$$

$$e_2^{pc*} = g_2 \frac{FG\cos\lambda\theta}{G^2 + 2\gamma\eta\sigma_\phi^2 + h^2} \tag{3-30}$$

$$a^{pc*} = h\left(1 - \frac{FG\cos\lambda\theta}{G^2 + 2\gamma\eta\sigma_\phi^2 + h^2}\right) \tag{3-31}$$

相应依据式（3-24）、式（3-25）、式（3-26），政治关联经营者、投资者和两者联合收益分别为：

$$CE_m^{pc} = s + \frac{1}{2}(G^2 - 2\gamma\eta\sigma_\phi^2 - 2h^2)\left(\frac{FG}{G^2 + 2\gamma\eta\sigma_\phi^2 + h^2}\right)^2 \cos^2\lambda\theta + \frac{h^2 FG}{G^2 + 2\gamma\eta\sigma_\phi^2 + h^2}\cos\lambda\theta \tag{3-32}$$

$$CE_p^{pc} = \frac{\left(2\gamma\eta\sigma_\phi^2 + \frac{3}{2}h^2\right)F^2G^2}{(G^2 + 2\gamma\eta\sigma_\phi^2 + h^2)^2}\cos^2\lambda\theta - \frac{h^2 FG}{G^2 + 2\gamma\eta\sigma_\phi^2 + h^2}\cos\lambda\theta + \frac{1}{2}h^2 - s \tag{3-33}$$

$$CE_j^{pc} = \frac{1}{2}\frac{F^2G^2}{G^2 + 2\gamma\eta\sigma_\phi^2 + h^2}\cos^2\lambda\theta + \frac{1}{2}h^2 \tag{3-34}$$

### 3.4.2 有无政治关联的各方收益对比分析

**1. 各方努力投入水平**

**命题 7：**

①对比无政治关联的情况，政治关联经营者投入的努力（$e_1^{pc*}, e_2^{pc*}$）低于最优水平（$e_1^*, e_2^*$），且分享比例（$b^{pc*}$）也低于最优水平（$b^*$）。

②对比无政治关联的情况，政治关联投资者的监督投入水平（$a^{pc*}$）应高于最优水平（$a^*$）。

**证明：**依据 3.2.1 中有关 $e_1^*$、$e_2^*$ 和 $b^*$ 的表达式以及本节式（3-29）、式（3-30）、式（3-31）很容易证明，当 $1 \leqslant \lambda < \frac{\pi}{2\theta}$ 和 $\eta \geqslant 1$ 时，下列各式成立，即

$$b_m^{pc*} = \frac{FG\cos\lambda\theta}{G^2 + 2\gamma\eta\sigma_\phi^2 + h^2} \leqslant \frac{FG\cos\theta}{G^2 + 2\gamma\sigma_\phi^2 + h^2} = b_m^*$$

$$e_1^{pc*} = g_1 \frac{FG\cos\lambda\theta}{G^2 + 2\gamma\eta\sigma_\phi^2 + h^2} \leqslant g_1 \frac{FG\cos\theta}{G^2 + 2\gamma\sigma_\phi^2 + h^2} = e_1^*$$

$$e_2^{pc*} = g_2 \frac{FG\cos\lambda\theta}{G^2 + 2\gamma\eta\sigma_\phi^2 + h^2} \leqslant g_2 \frac{FG\cos\theta}{G^2 + 2\gamma\sigma_\phi^2 + h^2} = e_2^*$$

$$a^{pc*} = h\left(1 - \frac{FG\cos\lambda\theta}{G^2 + 2\gamma\eta\sigma_\phi^2 + h^2}\right) \geqslant h\left(1 - \frac{FG\cos\theta}{G^2 + 2\gamma\sigma_\phi^2 + h^2}\right) = a^*$$

**证毕。**

命题7说明，在有政治关联的情况下，一方面，高管要花费精力、时间和财物以建立和维持这种政治关系，这无疑增加了经营者和投资者之间的不一致性程度（$\lambda\theta$），此时政治关联经营者会发生更严重的代理问题从而降低其投入的努力。另一方面，由于企业面临更多来自外部环境的影响（$\eta\sigma_\phi^2$）（主要指政府干预企业带来的影响），如政府的干预和额外的负担等，这也导致政治关联经营者更低的努力投入水平。不过需要注意的是，此时政治关联经营者在生产性活动 $e_1$ 和非生产性活动 $e_2$ 两个维度上的投入水平都会降低。同时投资者为了确保其收益只有投入更多努力进行监督。

2. **政治关联经营者收益**

**命题8：**

①当 $\sigma_\phi^2 > \frac{3G^2 - 3h^2}{2\gamma\eta}$，即外部环境变化较大时，对比无政治关联，政治关联经营者更多偏离行为（$\lambda\theta$）将提高其收益；反之当 $\sigma_\phi^2 < \frac{3G^2 - 3h^2}{2\gamma\eta}$ 时，政治关联经营者更多偏离行为将降低其收益。

②对比无政治关联，更多外部环境变化（$\eta\sigma_\phi^2$）降低了政治关联经营者收益。

**证明：**对式（3－32）分别以 $\lambda$ 和 $\eta$ 求一阶导，即可得对比无政治关联情况下，政治关联经营者不一致程度（夹角 $\lambda\theta$）和外部环境变化（$\eta\sigma_\phi^2$）对政治关联经营者收益的影响。求导结果如下：

$$\frac{\mathrm{d}CE_m^{pc}}{\mathrm{d}\lambda} = \frac{\theta FG\sin\lambda\theta}{(G^2 + 2\gamma\eta\sigma_\phi^2 + h^2)^2}\left[-(G^2 - 2\gamma\eta\sigma_\phi^2 - 2h^2)FG\cos\lambda\theta - h^2(G^2 + 2\gamma\eta\sigma_\phi^2 + h^2)\right]$$

$$\frac{\mathrm{d}CE_m^{pc}}{\mathrm{d}\eta} = \frac{\gamma\sigma_\phi^2 FG\cos\lambda\theta}{(G^2 + 2\gamma\eta\sigma_\phi^2 + h^2)^3}\left[FG\cos\lambda\theta(2\gamma\eta\sigma_\phi^2 + 3h^2 - 3G^2) - 2h^2(G^2 + 2\gamma\eta\sigma_\phi^2 + h^2)\right]$$

由于 $\cos\theta = \dfrac{\sum f_i g_i}{\|f\| \ \|g\|}$ 及 $f_i > h$ 和 $g_i > h$ ，则 $\|f\| \ \|g\| \cos\theta = \sum f_i g_i = f_1 g_1 + f_2 g_2 > 2h^2$ 。可将以上两式变形为：

$$\frac{\mathrm{d}CE_m^{pc}}{\mathrm{d}\lambda} > \frac{\theta FG\sin\lambda\theta}{(G^2 + 2\gamma\eta\sigma_\phi^2 + h^2)^2}[-(G^2 - 2\gamma\eta\sigma_\phi^2 - 2h^2)2h^2 - h^2(G^2 + 2\gamma\eta\sigma_\phi^2 + h^2)]$$

$$= \frac{h^2\theta FG\sin\lambda\theta}{(G^2 + 2\gamma\eta\sigma_\phi^2 + h^2)^2}(2\gamma\eta\sigma_\phi^2 + 3h^2 - 3G^2)$$

$$\frac{\mathrm{d}CE_m^{pc}}{\mathrm{d}\eta} > \frac{2h^2\gamma\sigma_\phi^2 FG\cos\lambda\theta}{(G^2 + 2\gamma\eta\sigma_\phi^2 + h^2)^3}[(2\gamma\eta\sigma_\phi^2 + 3h^2 - 3G^2) - (G^2 + 2\gamma\eta\sigma_\phi^2 + h^2)]$$

$$= \frac{2h^2\gamma\sigma_\phi^2 FG\cos\lambda\theta}{(G^2 + 2\gamma\eta\sigma_\phi^2 + h^2)^3}(2h^2 - 4G^2)$$

由于 $0° \leqslant \theta \leqslant 90°$ 且 $1 \leqslant \lambda < \dfrac{\pi}{2\theta}$，则 $\sin\lambda\theta > 0$ ，$\cos\lambda\theta > 0$ 。此时，

①当 $\sigma_\phi^2 > \dfrac{3G^2 - 3h^2}{2\gamma\eta}$ 时，$\dfrac{\mathrm{d}CE_m^{pc}}{\mathrm{d}\lambda} > 0$ ，说明当外部环境变化较大时，政治关联经营者的收益高于无政治关联经营者的收益。可见，此时政治关联有助于经营者规避外部环境变化带来的风险而提高其收益。

②当 $\sigma_\phi^2 < \dfrac{3G^2 - 3h^2}{2\gamma\eta}$ 时，$\dfrac{\mathrm{d}CE_m^{pc}}{\mathrm{d}\lambda} < 0$ 。说明当外部环境变化较小时，政治关联经营者的收益低于无政治关联经营者的收益。此时政治关联并不有助于经营者规避外部环境变化带来的风险。

③由于 $g_i > h$ ，则 $\dfrac{\mathrm{d}CE_m^{pc}}{\mathrm{d}\eta} < 0$ ，外部环境更多的变化，如更多政府干预，降低了政治关联经营者收益。

**证毕。**

同样将命题条件变换为 $2\gamma\eta\sigma_\phi^2 + 3h^2 > 3G^2$ ，表示从经营者能力角度，当其能力较高时，政治关联经营者并不能从更多的不一致中获益。而当经营者能力较低时，政治关联经营者反而可以从更多的不一致中获益，此时政治关联经营者收益将高于无政治关联经营者收益。

由上述分析可以得出，虽然更多的外部环境变化会降低政治关联经营者收益，但对比命题 1 条件有 $\dfrac{3G^2 - 3h^2}{2\gamma\eta} < \dfrac{3G^2 - 3h^2}{2\gamma}$ ，表明政治关联降低了该

阈值，这提高了政治关联经营者对环境变化的敏感性，将有助于减缓经营者收益的降低。

3. **投资者收益**

**命题9：**

①当 $\frac{3G^2 - 3h^2}{2\gamma\eta} < \sigma_\phi^2$，即当外部环境变化较大时，政治关联经营者的偏离行为（$\lambda\theta$）和更多环境变化（$\eta\sigma_\phi^2$）降低了投资者收益。

②当 $\frac{G^2 - 5h^2}{6\gamma\eta} < \sigma_\phi^2 < \frac{3G^2 - 3h^2}{2\gamma\eta}$，即当外部环境变化处于中间范围时，更多环境变化（$\eta\sigma_\phi^2$）和政治关联经营者的偏离行为（$\lambda\theta$）对投资者收益影响正负相反。

③当 $\frac{G^2 - 5h^2}{6\gamma\eta} > \sigma_\phi^2$，即当外部环境变化较小时，政治关联经营者的偏离行为（$\lambda\theta$）和环境变化（$\eta\sigma_\phi^2$）对投资收益反而有正向影响。

**证明：**对式（3－33）分别以 $\lambda$ 和 $\eta$ 求一阶导，即可得对比无政治关联情况下，政治关联经营者不一致程度（夹角 $\lambda\theta$）和外部环境变化（$\eta\sigma_\phi^2$）对投资者收益的影响。求导结果为：

$$\frac{\mathrm{d}CE_p^{pc}}{\mathrm{d}\lambda} = \frac{\theta FG\sin\lambda\theta}{(G^2 + 2\gamma\eta\sigma_\phi^2 + h^2)^2}[-(4\gamma\eta\sigma_\phi^2 + 3h^2)FG\cos\lambda\theta + h^2(G^2 + 2\gamma\eta\sigma_\phi^2 + h^2)]$$

$$\frac{\mathrm{d}CE_p^{pc}}{\mathrm{d}\eta} = \frac{2\gamma\sigma_\phi^2 FG\cos\lambda\theta}{(G^2 + 2\gamma\mu\sigma_\phi^2 + h^2)^3}[FG\cos\lambda\theta(G^2 - 2\gamma\eta\sigma_\phi^2 - 2h^2) + h^2(G^2 + 2\gamma\eta\sigma_\phi^2 + h^2)]$$

由于 $\cos\theta = \frac{\sum f_i g_i}{\|f\| \ \|g\|}$ 及 $f_i > h$ 和 $g_i > h$，则 $\|f\| \ \|g\| \cos\theta = \sum f_i g_i = f_1 g_1 + f_2 g_2 > 2h^2$。可将以上两式变形为：

$$\frac{\mathrm{d}CE_p^{pc}}{\mathrm{d}\lambda} > \frac{\theta FG\sin\lambda\theta}{(G^2 + 2\gamma\eta\sigma_\phi^2 + h^2)^2}[-(4\gamma\eta\sigma_\phi^2 + 3h^2)2h^2 + h^2(G^2 + 2\gamma\eta\sigma_\phi^2 + h^2)]$$

$$= \frac{\theta h^2 FG\sin\lambda\theta}{(G^2 + 2\gamma\eta\sigma_\phi^2 + h^2)^2}(G^2 - 6\gamma\eta\sigma_\phi^2 - 5h^2)$$

$$\frac{\mathrm{d}CE_p^{pc}}{\mathrm{d}\eta} > \frac{2\gamma\sigma_\phi^2 FG\cos\lambda\theta}{(G^2 + 2\gamma\eta\sigma_\phi^2 + h^2)^3}[2h^2(G^2 - 2\gamma\eta\sigma_\phi^2 - 2h^2) + h^2(G^2 + 2\gamma\eta\sigma_\phi^2 + h^2)]$$

$$= \frac{2h^2\gamma\sigma_\phi^2 FG\cos\lambda\theta}{(G^2 + 2\gamma\eta\sigma_\phi^2 + h^2)^3}(3G^2 - 2\gamma\eta\sigma_\phi^2 - 3h^2)$$

由于 $0° \leqslant \theta \leqslant 90°$ 且 $1 \leqslant \lambda < \frac{\pi}{2\theta}$（当 $\theta = 90°$ 时 $\lambda = 1$），则 $\sin\lambda\theta > 0$，$\cos\lambda\theta > 0$。

①当 $\frac{3G^2 - 3h^2}{2\gamma\eta} < \sigma_\phi^2$，此时 $\frac{dCE_p^{pc}}{d\lambda} < 0$，且 $\frac{dCE_p^{pc}}{d\eta} < 0$，说明当外部环境变化较大时，此时对比投资无政治关联的情形，政治关联经营者更多的道德风险和外部环境变化加大都将降低投资者收益。

②当 $\frac{G^2 - 5h^2}{6\gamma\eta} < \sigma_\phi^2 < \frac{3G^2 - 3h^2}{2\gamma\eta}$，此时 $\frac{dCE_p^{pc}}{d\lambda} < 0$，而 $\frac{dCE_p^{pc}}{d\eta} > 0$，说明对比投资无政治关联的情形，政治关联经营者更多的道德风险将降低投资者收益，但此时外部环境变化的加大并没有降低投资者收益。可以看出，对比环境变化对投资收益的影响，政治关联经营者不一致程度即道德风险水平对投资者收益影响更持久。

③当 $\frac{G^2 - 5h^2}{6\gamma\eta} > \sigma_\phi^2$，此时 $\frac{dCE_p^{pc}}{d\lambda} > 0$，且 $\frac{dCE_p^{pc}}{d\eta} > 0$，说明当外部环境变化较小时，政治关联经营者不一致和环境变化反而使投资者收益有所提高。

**证毕。**

同样将命题条件变形后，当 $G^2 < \frac{2}{3}\gamma\eta\sigma_\phi^2 + h^2$ 时有 $\frac{dCE_p^{pc}}{d\lambda} < 0$，且 $\frac{dCE_p^{pc}}{d\eta} < 0$，说明当政治关联经营者边际产出能力较低时，此时对比投资无政治关联的情况，政治关联经营者更多的道德风险和外部环境变化加大都将降低投资者收益。当 $6\gamma\eta\sigma_\phi^2 + 5h^2 > G^2 > \frac{2}{3}\gamma\eta\sigma_\phi^2 + h^2$ 时有 $\frac{dCE_p^{pc}}{d\lambda} < 0$ 和 $\frac{dCE_p^{pc}}{d\eta} > 0$，说明当政治关联经营者边际产出能力处于中等水平时，对比投资无政治关联的情况，政治关联经营者更多的道德风险将降低投资者收益，但此时外部环境变化加大并没有降低投资者收益。当 $G^2 > 6\gamma\eta\sigma_\phi^2 + 5h^2$ 时有 $\frac{dCE_p^{pc}}{d\lambda} > 0$ 和 $\frac{dCE_p^{pc}}{d\eta} > 0$，说明当政治关联经营者边际产出能力较高时，即使政治经营者此时道德风险较高，或者外部环境变化较大时，相对投资无政治关联经营者，投资者的收益并未减少。

由上述投资者收益的变化分析可看出，在本命题条件①和条件②下，投资者收益对政治关联经营者的道德风险行为十分敏感，而比较之下，投资者收益对外部环境变化较不敏感。

此外对比命题8、命题1、命题4，以及命题9、命题2、命题5，由于$\lambda$，$\eta \geqslant 1$，有$\frac{G^2-5h^2}{6\gamma\eta}<\frac{G^2-5h^2}{6\eta}$和$\frac{3G^2-3h^2}{2\gamma\eta}<\frac{3G^2-3h^2}{2\eta}$，这说明政治关联降低了经营者和投资者对外部环境变化的承受力，也可以说增强了对外部环境变化的敏感性。

4. **社会总福利**

**命题10**：对比无政治关联，政治关联降低了社会总福利。

**证明**：对式（3－34）分别以$\lambda$和$\eta$求一阶导，即可得对比无政治关联情况下，政治关联经营者相对投资者的不一致程度（夹角$\theta$）和外部环境变化（$\sigma_{\phi}^2$）对经营者和投资者联合收益的影响。求导结果为：

$$\frac{\mathrm{d}CE_j^{pc}}{\mathrm{d}\lambda}=-\frac{\theta F^2 G^2\cos\lambda\theta\sin\lambda\theta}{G^2+2\gamma\eta\sigma_{\phi}^2+h^2}$$

$$\frac{\mathrm{d}CE_j^{pc}}{\mathrm{d}\eta}=-\frac{2\gamma\sigma_{\phi}^2\cdot F^2G^2\cos^2\lambda\theta}{(G^2+2\gamma\eta\sigma_{\phi}^2+h^2)^2}$$

由于$0°\leqslant\theta\leqslant 90°$且$1\leqslant\lambda<\frac{\pi}{2\theta}$（当$\theta=0°$时$\lambda=1$），则$\sin\lambda\theta>0$，$\cos\lambda\theta>0$。此时，$\frac{\mathrm{d}CE_j^{pc}}{\mathrm{d}\lambda}<0$且$\frac{\mathrm{d}CE_j^{pc}}{\mathrm{d}\eta}<0$。这说明，对比无政治关联，政治关联经营者更多的道德风险和更大的外部环境变化都降低了经营者和投资者的联合收益，即政治关联降低了社会总福利。

**证毕。**

结合之前分析结论，虽然政治关联在一定条件下对契约双方收益分别有利，但整体上降低了社会总福利。

## 3.5 有无政治关联收益函数的数值模拟对比

为了对结论有更直观的认识，依据3.3节和3.4节中的两任务模型设定，图3－1是关联经营者和投资者收益不一致时的简明示意图。由图3－1可看出，虽然经营者收益（$M=g_1e_1+g_2e_2+ha$）和投资者收益（$V=f_1e_1+f_2e_2+ha$）

都来自经营者在两个维度 $e_1$、$e_2$ 上投入的努力，但收益并不一致。两个向量模长的夹角 $\theta$ 度量了经营者和投资者收益之间的不一致程度。可见，只有当 $f_1=g_1$，$f_2=g_2$ 时，政治关联经营者和投资者收益之间才会完全一致，否则经营者和投资者的收益之间必定存在不一致性。为了进一步同时考察夹角 $\theta$ 和外部环境影响 $\sigma_\phi^2$ 的影响，下面将用 Maple 13 软件对以上两个因素对经营者收益 $CE_m$ 、投资者收益 $CE_p$ 和两者的联合收益 $CE_j$ 的影响进行数值模拟分析研究。各收益函数由式（3-25）、式（3-26）和式（3-27）及式（3-32）、式（3-33）和式（3-34）确定。

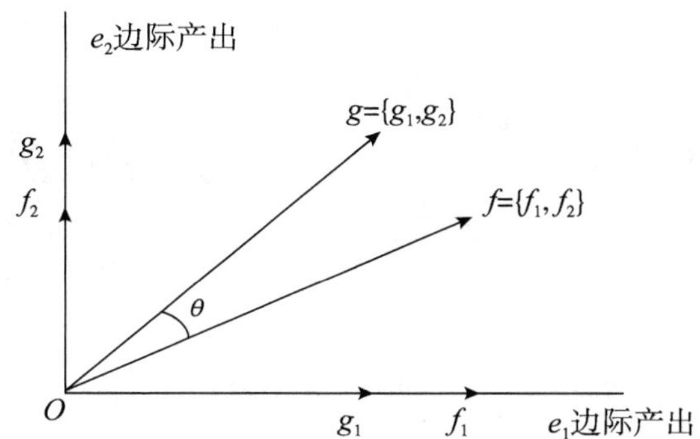


**图 3-1 委托人和代理人收益测度之间的偏差示意**

数值模拟中各参数设置如下：

$f_1=1$，$f_2=0.4$，$s=0.1$，$g_1=0.8$，$g_2=0.8$，$h=0.2$，$\gamma=3$，$\eta=2$，$\lambda=1.5$

由之前分析可得，$\theta$ 取值范围为 $\theta\in\left[0,\frac{\pi}{2}\right]$。在上述参数设置下，$\cos\theta=\frac{f_i g_i}{\|f\|\ \|g\|}=0.919\in[0,1]$，此时 $\theta$、$\lambda\theta$ 夹角度在预定范围内，说明参数设置合理。

### 3.5.1 经营者收益模拟和分析

依据式（3-25）以及命题 1、命题 4，图 3-2（a）是对经营者收益函数的模拟三维结果。由命题 4 结论 $\frac{dCE_m}{d\sigma_\phi^2}<0$ 得出，随着 $\sigma_\phi^2$ 的增加，经营者收益 $CE_m$ 迅速减少。由命题 1 结论可知，当 $\sigma_\phi^2$ 在一定范围内变动，数值模拟

中 $\sigma_{\phi}^{2}<0.56$ 时，随 $\theta$ 的增加，即 $\cos\theta$ 降低，经营者收益 $CE_m\left(\frac{dCE_m}{d\cos\theta}>0\right)$随之降低。但当 $\sigma_{\phi}^{2}>0.56$ 时，随 $\theta$ 的增加，即 $\cos\theta$ 降低，经营者收益 $CE_m$ $\left(\frac{dCE_m}{d\cos\theta}<0\right)$反而增加。

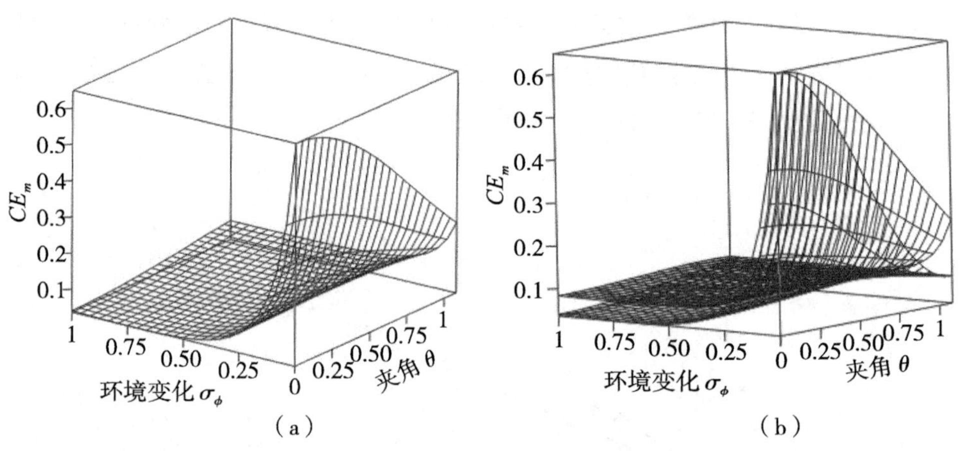


**图 3－2　经营者收益函数模拟三维结果**

依据式（3－32）以及命题 8，图 3－2（b）是在图 3－2（a）的基础上考虑有政治关联时的函数模拟三维结果。由图 3－2（a）与图 3－2（b）对比可得，在外部环境相同影响程度下，对比无政治关联，政治关联提高了经营者收益。而对经营者道德风险的影响则如同命题 8 所述，当在数值模拟中 $\sigma_{\phi}^{2}>0.28$ 时，对比无政治关联，政治关联经营者偏离行为反而提高其收益。反之 $\sigma_{\phi}^{2}<0.28$ 时，无政治关联经营者的收益更高。

由图 3－2 表明，夹角 $\theta$ 和外部环境变化 $\sigma_{\phi}^{2}$ 对经营者收益影响的强度并不一致。相比夹角 $\theta$，随着外部环境变化 $\sigma_{\phi}^{2}$ 的增加，经营者收益急剧下降，这说明经营者收益对外部环境的影响更敏感。但由图 3－2 可以看出，当 $\sigma_{\phi}^{2}$ 较大时，经营者收益维持在一个较低的水平，如果此时经营者加大夹角 $\theta$，即加剧偏离反而可以增加经营者收益。这说明，当外部环境变化较大时，经营者更多的道德风险行为反而有利于提高其收益。

对比有无政治关联的影响可看出，有政治关联后，经营者收益对环境变化的敏感性提高了，模拟中 $\sigma_{\phi}^{2}$ 由之前 0.56 下降到 0.28，即只要环境变化影响的轻微增加，政治关联经营者的偏离活动就能提高其收益。

### 3.5.2 投资者收益函数模拟和分析

依据式（3－26）、命题2和命题5，图3－3（a）是对投资者收益函数模拟三维结果。由命题2结论，当数值模拟中 $\sigma_\phi^2 < 0.053$ ，随着夹角 $\theta$ 的增大，$\cos\theta$ 降低，$\frac{dCE_p}{d\cos\theta} < 0$ ，由图3－3（a）可得投资者收益 $CE_p$ 在较窄的区间范围内随着夹角 $\theta$ 的增大并未下降。当 $\sigma_\phi^2 > 0.053$ 时，随着夹角 $\theta$ 的增大，$\cos\theta$ 降低，$\frac{dCE_p}{d\cos\theta} > 0$ ，由图3－3（a）可得投资者收益 $CE_p$ 在更宽的区间范围内随夹角 $\theta$ 的增大而快速降低。而依据命题5，数值模拟中 $\sigma_\phi^2 < 0.56$ ，投资者收益 $\frac{dCE_p}{d\sigma_\phi^2} > 0$，说明随外部环境变化 $\sigma_\phi^2$ 的增加投资者收益增加，但由于命题2中 $\sigma_\phi^2$ 变化的阈值更小，由图3－3（a）可看出此时投资者收益 $CE_p$ 在 $\sigma_\phi^2 < 0.053$ 的区间内快速增加，之后随即下降。

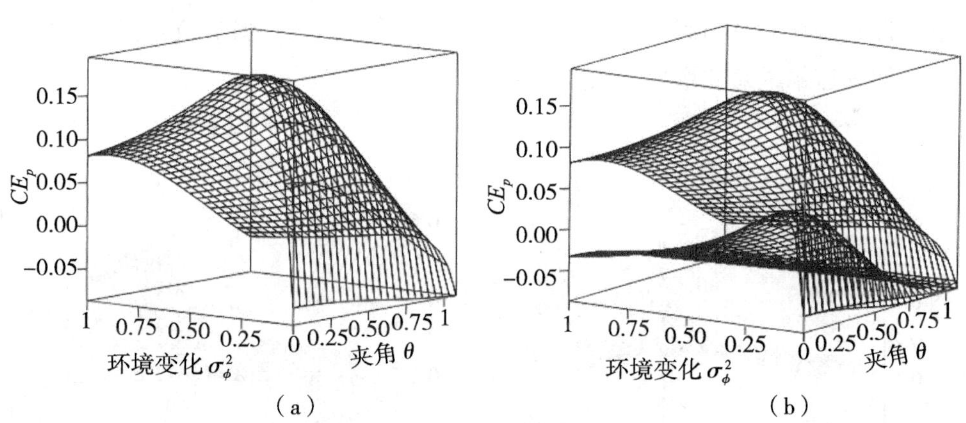


**图3－3 投资者收益函数模拟三维结果**

依据式（3－33）及命题9，图3－3（b）是在图3－3（a）的基础上考虑政治关联影响后的函数模拟三维结果。由图3－3（b）可得，投资者收益仅在很窄的范围，模拟中 $\sigma_\phi^2 < 0.027$ 时，对比无政治关联企业，投资政治关联企业的投资者收益较高，但之后投资者收益快速下降。整体上，政治关联降低了投资者收益。

通过图形可以直观地看出，与经营者收益一样，夹角 $\theta$ 和外部环境变化 $\sigma_{\phi}^{2}$ 对投资者收益影响的强度存在差异。相比外部环境变化 $\sigma_{\phi}^{2}$，随着夹角 $\theta$ 的增加，投资者收益迅速下降，即使在 $\sigma_{\phi}^{2} < 0.053$ 区间，投资者收益也会随着夹角 $\theta$ 的增大而急速下滑。这说明投资者对经营者的偏离行为更敏感，即相比较外部环境的变化，经营者的道德风险行为对投资者收益影响更大。而投资者对外部环境变化的不敏感，从另一个角度说明投资者可以容忍经营者为应对外部环境变化而从事的政治关联活动。

对比有无政治关联的影响可看出，有政治关联后，投资者收益整体降低。

### 3.5.3 社会总福利函数模拟和分析

依据式（3－27）、命题3和命题6，图3－4是对社会总福利函数模拟三维结果。由命题3的结论 $\frac{dCE_j}{d\cos\theta} < 0$ 和命题6的结论 $\frac{dCE_j}{d\sigma_{\phi}^{2}} < 0$，经营者和投资者联合剩余随夹角 $\theta$ 和外部环境变化 $\sigma_{\phi}^{2}$ 的增加而下降。这说明不论是经营者代理问题引发的道德风险或者外部环境大的变化都将降低两者的联合剩余收益，即减少社会总福利。不过，由图3－4可看出，联合剩余随经营者扭曲行为，即其道德风险的增加而快速下降。

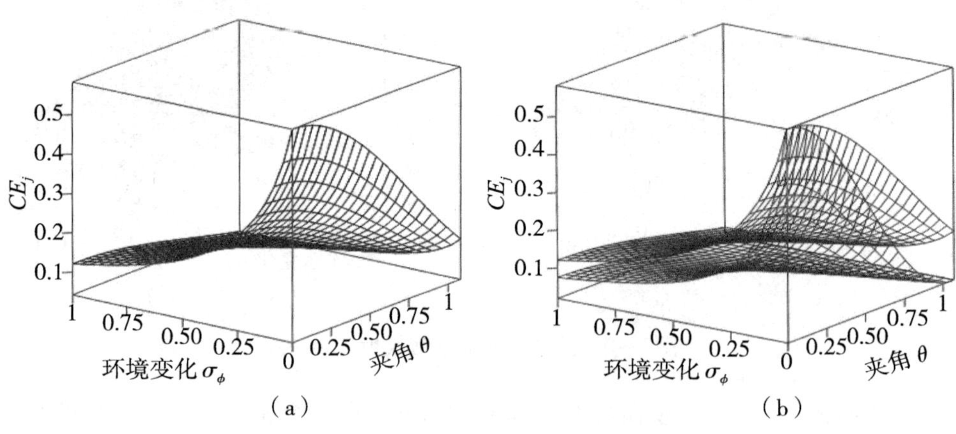


**图3－4　社会总福利函数模拟三维结果**

依据式（3－34）及命题10，图3－4（b）是在图3－4（a）的基础上考虑政治关联影响后函数模拟三维结果。由图3－4可得，对比无政治关联，政治关联的社会联合收益较低，即政治关联降低了社会总福利。

## 3.6　提出假设

如前所述，相比无政治关联企业，政治关联企业由于要面临更多的外部环境的影响，如政府干预、行业发展规划等，此时企业要承担更多的税收、地方发展、解决就业等额外任务，因此政治关联经营者将面临更大的外部环境变化影响，即 $\eta\sigma_{\phi}^{2}$ 较高。结合命题 1、命题 4 和命题 8 分析可得，当面临多变的外部环境时，政治关联经营者从事更多的扭曲行为，即加大夹角 $\lambda\theta$ 反而将增加自身收益。政治关联经营者道德风险增加的直接体现是企业代理成本提高，由此提出假设 1。

**假设 1（H1）**：对比无政治关联企业，政治关联企业管理费用（代理成本）更高。

实践中，企业外部环境的影响虽然无法直接度量，但在我国国有企业和非国有企业的所有权的性质差异决定了这两类企业所面临的政府干预程度并不一致，现实和经验研究都表明国有企业承担了更多的社会任务。因此可以将企业性质作为外部环境对企业运营影响的代理变量，因此在假设 1 基础上可以提出假设 2。

**假设 2（H2）**：对比非国有且无政治关联企业，国有政治关联企业管理费用（代理成本）更高。

由命题 2、命题 5 和命题 9 有关对投资者收益的分析可得，当政治关联经营者不一致夹角 $\lambda\theta$ 较小、$\cos\lambda\theta$ 较大时，投资者收益相对较高，但随着经营者不一致程度的增大，投资者收益降低。我们认为，$\cos\lambda\theta$ 渐变的过程有助于更好地理解为什么政治关联有利于企业获得更多融资便利，但这类企业绩效反而较低。

首先，在融资时点，由于融资在给企业带来运营资本、促进企业发展的同时，经营者将持有更多可以支配的现金流。从这个意义上，顺利融通到更多的资金是经营者和投资者一致的目标，此时经营者有动力保持与投资者之间的一致，即此时夹角 $\theta$ 可认为是 0。此外当政府部门还保有较多行政审批权时，一方面投资者希望促成政治关联经营者与政府部门联系，另一方面政治关联经营者也有动力发挥其这种身份优势，积极与相关行政部门沟通。如此，政治关联企业可能会获得政府更多的资金借贷配额，而且其与政府部门的良好关系也为企业在资本市场融资提供了隐形信誉支持，这都使得政治关联企业更容易获得资金支持。由此提出假设3。

**假设3（H3）**：对比无政治关联企业，政治关联企业会获得更多资金支持。

其次，不同于之前的融资阶段，随着融资结束，项目各种活动逐渐增多，经营者代理问题引发的道德风险问题越来越凸显，加之外部环境变化影响的持续作用，以上都加剧了经营者和投资者收益之间的不一致性。这些影响在政治关联经营者身上只会愈演愈烈，即此时夹角 $\lambda\theta$ 逐渐增大。由之前分析可得，夹角 $\lambda\theta$ 的增大将快速降低投资者收益，由此提出假设4。

**假设4（H4）**：对比无政治关联企业，政治关联企业投资回报（*ROE*）更低。

由命题3、命题6和命题10有关对联合收益的分析可得，外部环境大的变化和经营者道德风险都降低了社会总福利。如前所述，在获取资源的时点，政治关联有助于项目获得更多资源支持。但在资源有限的前提下，这种有利于政治关联企业获取资源的方式，必然以其他企业无法公平获得该资源为代价，成为一种低效的非市场化的资源配置方式。此外，命题9中②和③的情形表明，政治关联降低了投资者收益。更不要说，政治关联企业在获得这种优势时进行的大量非生产性活动所消耗的资源。因此，非公平和非市场化配置资源都将严重破坏正常市场经济体系运行效率。以上分析说明，政治关联降低了企业资金使用效率，造成社会整体财富的损失。由此提出假设5。

**假设5（H5）**：政治关联降低了企业资金配置效率。

## 3.7 小结

本章以多任务委托代理模型为基本分析框架，重新梳理和认识了外部环境变化和经营者道德风险两者共同作用对政治关联代理人、委托人和社会总福利的影响。主要结论如下。

企业外部运行环境不确定性高低和经营者道德风险高低对经营者、投资者和两者联合收益的影响并不相同。结论表明：①在我国经济转型和计划经济“路径依赖”影响下，当前我国企业经营者面临更多和更严重的外部环境影响，即企业运营的客观环境 $\sigma_{\phi}^{2}$ 较高。此时经营者增加不一致程度，即增大夹角 $\theta$ ，反而可以抵消环境变化引起的收益减少。如此，经营者有积极诉求政治关联的主观动力。可见，当前我国企业积极诉求政治关联既是经营者为应对客观环境的多变性而采取的措施，也是经营者追求自身利益最大化的结果。因此，目前我国企业寻求政治关联的动因可能是经营者为了减少外部环境影响，获得更多资源投入和追求自身利益最大化。②在经营者道德风险加剧时，投资者收益迅速大幅度下降。而对比之下，投资者收益对外部环境变化的影响并不敏感。这在一定程度上解释了为什么当前我国投资者对企业追求政治关联普遍持有一定的包容态度。③外部环境变化以及经营者道德风险总是会降低社会总福利。

对比有无政治关联的影响，结果表明：①政治关联有效减缓了外部环境变化对经营者收益降低的影响，而且提高了政治关联经营者对外部环境变化的敏感性，即此时只要外部环境变化稍有加大，政治关联经营者的偏离行为就能提高其自身收益。②对比无政治关联，政治关联降低了投资者收益。相比政治关联经营者道德风险的影响，投资者收益对外部环境变化影响不敏感。③政治关联降低了社会总福利。

本章从理论上研究了政治关联经营者的道德风险和外部环境变化的相互作用对经营者建立政治关联的影响及政治关联对契约双方收益及社会总福利的经济影响。接下来第 4 章将基于我国上市公司财务数据，从经验研究的角度考察政治关联对企业融资及资本配置效率的影响，由此验证假设 1 至假设 5。

# 4

# 不同融资契约下政治关联对企业融资及资本配置效率影响的经验研究

本章将利用我国上市公司使用的三种不同融资契约，即面向公众公开增发股票、可转换债券、在银行间债券市场发行中期票据和短期融资券的数据，通过经验研究验证第 3 章有关政治关联虽然有利于企业融资，但也降低了企业资本配置效率，企业绩效更低，即带来消极经济影响的结论，以验证第 3 章提出的假设 1 至假设 5。

## 4.1　政治关联与企业融资的经验研究

众多研究表明，政治关联在世界范围内广泛存在（Faccio，2006，2007；Krueger，1974）。企业高管拥有的政治关联使企业能够获得更多的资源优势和竞争优势，如企业经营领域的多元化（罗党论，刘晓龙，2009；蔡地，万迪昉，2009；李善民，等，2009）、税收优惠以及企业陷入困境时更易获得政府补贴等（余明桂，等，2010）。在融资方面，第 2 章综述中的大量文献已表明，不论是权益融资还是债权融资，政治关联都有助于企业获得融资便利。

### 4.1.1　理论分析及假设提出

在企业政治关联与负债融资方面已有研究指出，政治关联会给企业带来债务融资便利，体现在政治关联企业更容易获取国有银行贷款、更长的贷款期限、更优惠的贷款利率以及在企业陷入困境时更容易获取债务减免，更多的贷款和更长的债务期限①等优惠（Khwaja，Mian，2005；Charumilind，2006；余明桂，潘红波，2008；赵晓琴，万迪昉，付雷鸣，2011）。

① 由于企业具体贷款数据的不可获得性，已有研究大部分将贷款期限定义为企业资产负债表中长期贷款与银行贷款总额的百分比，即以资产负债表法衡量债务期限。但长期贷款与银行贷款总额的百分比更直接反映的是长期债务占总债务的比例，不能严格区分企业的债务期限和债务数量。

在我国，企业通过发行短期融资券和中期票据①进行直接债务融资业务的时间并不长，但截至2010年6月，我国非金融企业通过发行短期融资券和中期票据累计募集资金分别近18755.5亿元和8679.05亿元，而同期A股上市公司以增发、配股和发行可转换债券等方式在内的再融资规模近10627.43亿元（廖士光，2011），这说明通过短期融资券和中期票据融资已成为我国企业直接融资的重要来源之一。

按照目前企业债券发行的有关条款要求，不论发行短期融资券还是中期票据，都需要发债企业积极主动地与地方政府主管部门，尤其是与当地人民银行、交易商协会等做好汇报沟通工作，争取其支持。而获取更多资源投入也有利于政治关联经营者继续维持其管理位置，掌控企业。因此可以预见，政治关联企业拥有的政治资源使得企业在与管理机构沟通协商方面更有优势，更容易获得相关机构和部门的理解、支持。而企业政治关联经营者也愿意投入精力从事上述活动。基于以上分析，我们在第3章假设3的基础上提出假设3a，即政治关联对公司债券融资规模的影响。

**假设3a（H3a）**：对比无政治关联企业，政治关联企业会获得更多的债券（即短期融资券和中期票据）融资。

除债券融资外，企业在其持续经营过程中，会通过增发、配股等方式进行再融资。其中，增发融资又分为定向增发和公开增发两种方式。公开增发，又称非定向增发，是上市公司通过向任何符合条件的机构或个人投资者发行新的股票来筹集资金用于特定项目的再融资方式。对比定向增发，公开增发更可能体现市场各类参与者对公司经营形势的判断，也更能体现政治关联对公司再融资的影响。而政治关联对权益融资的影响研究（Faccio，2006）发现，当企业高管或大股东进入政界时，企业股票有着长期正向超额收益。Francis等（2009）的研究发现政治关联公司在上市过程中确实获得了显著的优惠。体现在当不考虑企业所有权性质的情况下，在公司上市过程中，更高级别的政治关联对应于公司更高的报价、更低程度的低估和更低的固定成本。

---

① 我国于2005年和2008年在银行间债券市场先后推出非金融企业短期融资券和中期票据融资业务。按照《银行间债券市场非金融企业短期融资券业务指引》和《银行间债券市场非金融企业中期票据业务指引》的规定，短期融资券约定在1年内还本付息，而中期票据期限一般为3年和5年。

至于可转换债券融资，截至目前并没有经验研究说明政治关联如何影响企业可转换债券的发行。研究更多集中在可转换债券如何在融资过程对投融资双方双边道德风险的防范和抑制，如何发挥此种金融安排的激励机制（何佳，夏晖，2005；Hennessy，Tserlukevich，2008；Jung，Sullivan，2009）。Zhu等（2009）认为，可转换债券兼具债性和股性的特点。从可转换债券兼具债性和股性这一特点，笔者预测，与上两者情形一样，政治关联企业也会获得更多可转换债券融资量。同样基于假设 3，提出假设 3b。

**假设 3b（H3b）**：对比无政治关联企业，政治关联企业会获得更多的股权（公开增发股票）和可转换债券融资。

### 4.1.2 样本选取

选取 2007—2011 年发行短期融资券和中期票据的 A 股上市公司为研究样本。债券信息来源于中国债券信息网（http：//www.chinabond.com.cn），以公司信息逐一确认是否为上市公司，在此基础上剔除了 ST 公司和缺失公司数据的样本，最后获得用于研究政治关联与债券发行规模的 684 个观测值。企业债券融资规模的样本统计规则：在不同会计年度内发行债券的上市公司，将其视为不同样本；在同一会计年度内发行超过一期债券的上市公司，加和其发行额度；对短期融资券和中期票据以虚拟变量记录类型。

对公开增发股票，本书选取 2004—2011 年进行公开增发的 A 股上市公司为研究样本，剔除缺失数据的样本，最后获得用于研究政治关联与公司公开增发股票规模的 115 个样本，其中有政治关联的公司共计 69 个样本。

对发行可转换债券，本书选取 2004—2011 年发行可转换债券的 A 股上市公司作为样本，剔除缺失数据的样本，最后获得用于研究政治关联与公司发行可转换债券的 74 个样本，其中有政治关联的公司共计 20 个样本，样本量比较少。

### 4.1.3 回归模型设定和变量定义

被解释变量，在发行债券融资契约中为上市公司债券发行量（*Bond*）占总资产的百分比；在公开增发股票融资契约中为上市公司公开增发股票融资量（*Addstock*）占总资产的百分比；在可转换债券融资契约中为上市公司可转换债券发行量（*Convert*）占总资产的百分比。

依据假设3，模型设定为多元回归模型1：

$$Bond/Addstock/Convert = \alpha_0 + \alpha_1 PC_i + \sum_{i=4}^{n} \alpha_i X_{ic} + \sum Year + \varepsilon \quad (4-1)$$

*PC* 是发债企业董事长/总经理/CEO是否具有政治关联的虚拟变量。其他有关变量的定义汇总如表4－1所示。

**表4－1　有关变量的定义**

| 变量名称 | 变量符号 | 变量定义 |
|---|---|---|
| 债券发行量 | *Bond* | 公司发债额度与总资产的百分比 |
| 可转换债券发行量 | *Convert* | 公司可转换债券发行额度与总资产的百分比 |
| 公开增发股票融资量 | *Addstock* | 公司公开增发股票额度与总资产的百分比 |
| 债券类型 | *MTN* | 发行中期票据为1，否则为0 |
| | *ShortB* | 发行短期融资券为1，否则为0 |
| 政治关联 | $PC_0/PC_1/PC_2$ | $PC_1$ 表示企业董事长或总经理因曾任或现任政府行政部门职位而建立的政治关联；$PC_2$ 表示企业董事长或总经理因曾任或现任人大/政协委员而建立的政治关联；$PC_0$ 为两者的综合。上市公司有政治关联为1，否则为0 |
| 企业规模 | *Size* | 总资产取自然对数 |
| 资产负债率 | *Lev* | 负债总额/总资产 |
| 净资产收益率 | *ROE* | 净利润/股东权益余额 |
| 营业收入增长率 | *Growth* | （营业收入－上一年营业收入）/上一年营业收入 |
| 第一大股东性质 | *State* | 如果为国有股则为1，否则为0 |
| 第一大股东持股比例 | *FSR* | 第一大股东所持股份/总股份 |
| 股权分散Z指数 | *Zindex* | 第一大股东和第二大股东持股比例之比 |
| 是否为管制行业 | *IC* | 公司属于管制行业为1，否则为0 |
| 年度变量 | *YC* | 2007—2010年虚拟变量 |

马晓维等（2010）和胡旭阳（2010）认为在我国转轨过程中，企业高管政治关联方式、建立方式并不相同，既有因现任职于或曾任职于政府部门而

建立的政治关联，也有企业经营者主动参政议政，成为各级人大/政协委员而形成的政治关联。杜兴强等（2009）则认为这两类政治关联的建立方式和动机存在差异，对企业经营活动所起的作用也存在差别。因此本书将对进行融资的上市公司高管政治关联方式加以区别后记录：$PC_1$ 表示企业董事长或总经理因曾任或现任政府行政部门职位而建立的政治关联；$PC_2$ 表示企业董事长或总经理因曾任或现任人大/政协委员而建立的政治关联；$PC_0$ 为两者的综合。当企业存在政治关联时 $PC=1$，否则 $PC=0$。根据假设，在模型 1 中 $PC$ 系数 $\alpha_1$ 为正。

根据以往研究（罗党论，刘晓龙，2009；余明桂等，2010；雷光勇等，2009；吴育辉等，2009；梅波，2009；肖作平，2010），研究选取企业规模（*Size*）、资产负债率（*Lev*）、净资产收益率（*ROE*）、第一大股东性质（*State*）、第一大股东持股比例（*FSR*）、股权分散 *Z* 指数（*Zindex*）、营业收入增长率（*Growth*）作为公司主要特征变量加以控制。企业财务数据为融资时间滞后一期的数据。此外，当上市公司所属行业为管制行业有可能更容易获得资金的支持，文章对发债公司是否为管制行业进行了区分（夏立军，陈信元，2007），如果公司所属证监会行业分类及代码为 B、C4、C6、D、F；G 则属于管制行业，定义为 1，否则为 0。

企业财务信息和高管信息来自国泰安（CSMAR）数据库，使用 Stata 10.0 处理数据。

### 4.1.4 政治关联与公司债券融资额度

#### 1. 样本描述性统计

表 4－2 列示了所有企业主要变量描述性统计结果和有无政治关联企业各变量差异性检验（非均衡样本均值 *t* 检验和 Mann－Whitney 非参数检验）。债券信息中，公司短期融资券（*ShortB*）和中期票据（*MTN*）的均值分别为 0.75 和 0.33，说明样本公司主要以发行短期融资券为主。对发债公司特征信息的统计说明，36% 的样本存在研究中定义的政治关联。此外，发债公司的资产负债率比较高，均值达到 55%。就公司性质而言，公司第一大股东为国有性质的样本比例高达 52%，说明在银行间债券市场上，国有企业还是受到金融机构的强力支持。而第一大股东持股比例（*FSR*）均值为 42.5% 以及第

一大股东和第二大股东持股比例之比（*Zindex*）均值为21.62%，说明发债公司中“一股独大”现象仍旧普遍。此外，政治关联公司净资产收益率（*ROE*）均值和中位数并不显著低于无政治关联公司净资产收益率，说明在债权融资中，第3章假设4：对比无政治关联企业，政治关联企业投资回报（*ROE*）更低，没有得到验证。

**表4-2 所有企业主要变量描述性统计结果和有无政治关联企业各变量差异性检验**

| 变量 | | 全部 $N=684$ | | | | | 政治关联企业（$PC_0=1$） | | | |
|---|---|---|---|---|---|---|---|---|---|---|
| | | | | | | | 无关联（$n=436$） | | 有关联（$n=248$） | |
| | | Mean | Median | SD | Min | Max | Mean | Median | Mean[a] | Median[b] |
| 债券信息 | *Bond* | 9.51 | 7.81 | 6.84 | 0.45 | 39.85 | 9.76 | 7.90 | 9.08 | 7.68 |
| | *ShortB* | 0.75 | 1 | 0.43 | 0 | 1 | 0.77 | 1 | 0.73 | 1 |
| | *MTN* | 0.33 | 0 | 0.47 | 0 | 1 | 0.31 | 0 | 0.36* | 0 |
| 公司特征信息 | $PC_0$ | 0.36 | 0 | 0.48 | 0 | 1 | — | — | — | — |
| | $PC_1$ | 0.20 | 0 | 0.40 | 0 | 1 | — | — | — | — |
| | $PC_2$ | 0.18 | 0 | 0.39 | 0 | 1 | — | — | — | — |
| | *Size* | 23.20 | 22.99 | 1.25 | 19.51 | 28.00 | 23.13 | 22.98 | 23.32* | 22.99 |
| | *Lev* | 0.55 | 0.579 | 0.16 | 0.08 | 0.89 | 0.56 | 0.59 | 0.54** | 0.54** |
| | *ROE* | 0.09 | 0.09 | 0.10 | -0.78 | 0.50 | 0.09 | 0.08 | 0.08 | 0.09 |
| | *Growth* | 0.54 | 0.09 | 5.24 | -1.41 | 126.80 | 0.36 | 0.09 | 0.85 | 0.09 |
| | *State* | 0.52 | 1 | 0.50 | 0 | 1 | 0.53 | 1 | 0.52 | 1 |
| | *FSR* | 42.50 | 43.41 | 16.89 | 4.49 | 86.29 | 42.47 | 43.81 | 42.54 | 42.34 |
| | *Zindex* | 21.62 | 7.43 | 44.89 | 1 | 608.79 | 25.75 | 9.39 | 14.34*** | 6.13*** |
| | *IC* | 0.50 | 1 | 0.50 | 0 | 1 | 0.52 | 1 | 0.46* | 0 |

注：a 均值列标有 * 表示经过非均衡样本均值 $t$ 检验的结果显著；b 中位数列标有 * 表示经过 Mann-Whitney 非参数检验的结果显著。显著性水平 * $p<0.1$，** $p<0.05$，*** $p<0.01$。

### 2. 回归结果及分析

为了消除异方差的影响，本书使用面板数据广义最小二乘法（xtgls）分析检验政治关联对公司债券融资规模的影响。

由表4-3回归结果可以看出，在控制了企业特征和行业属性的条件下，公司高管政治关联（$PC_0$）在10%显著性水平上增加了公司债券融资规模。说明在我国银行间债券市场中，高管政治关联为企业债权融资提供了便利，有利于企业发行更多债券、融通到更多的资金。结果说明，在债权融资中，假设3a：对比无政治关联企业，政治关联企业会获得更多的债券（即短期融资券和中期票据）融资，得到验证。

**表4-3　　　　政治关联对公司债券融资影响的回归结果**

| 变量 | 债券发行量（*Bond*）（*N*=684） | | |
|---|---|---|---|
| *cons* | 61.336（0.000）*** | 60.855（0.000）*** | 64.247（0.000）*** |
| $PC_0$ | 0.413（0.093）* | — | — |
| $PC_1$ | — | 1.599（0.000）*** | — |
| $PC_2$ | — | — | -2.674（0.120） |
| *ShortB* | 3.430（0.000）*** | 3.838（0.000）*** | 3.326（0.000）*** |
| *MTN* | 6.456（0.000）*** | 6.417（0.000）*** | 6.509（0.000）*** |
| *Size* | -2.258（0.000）*** | -2.278（0.000）*** | -2.335（0.000）*** |
| *Lev* | -9.564（0.000）*** | -8.641（0.000）*** | -9.034（0.000）*** |
| *ROE* | -3.555（0.000）*** | -3.246（0.000）*** | -2.607（0.000）*** |
| *Growth* | 0.118（0.000）*** | 0.108（0.000）*** | 0.120（0.000）*** |
| *State* | 0.125（0.314） | -0.192（0.191） | -0.174（0.024）** |
| *Zindex* | 0.011（0.000）*** | 0.011（0.000）*** | 0.007（0.02）** |
| *FSR* | 0.023（0.000）*** | 0.022（0.000）*** | 0.021（0.000）*** |
| *IC* | 控制 | 控制 | 控制 |
| *Year* | 控制 | 控制 | 控制 |
| *Wald chi2* | 2153.04*** | 9079.64*** | 119222.27*** |

注：$PC_1$ 表示企业董事长/总经理因曾任或现任政府行政部门职位而建立的政治关联；$PC_2$ 表示企业董事长/总经理因曾任或现任人大/政协委员而建立的政治关联；$PC_0$ 为两者的综合。括号里是系数显著性 $p$ 值。显著性水平 $*p<0.1$，$**p<0.05$，$***p<0.01$。

当分别考察官员类和人大/政协委员类政治关联对公司发债的影响时，发现高管有政府行政部门工作经历的政治关联（$PC_1$）在1%显著性水平上增加了公司债券的发行量，而且系数值变大，说明高管的这类政治关联给企业带来的融资便利性表现得更明显。比较之下，公司高管有人大/政协委员类政治关联（$PC_2$）却并没有给企业融资带来显著的便利，甚至有负向作用。这一结果部分验证了胡旭阳（2010）和杜兴强等（2009）认为在我国两种政治关联建立方式和动机不同对企业经营活动有不同影响的研究结论。

总之，回归结果整体上支持假设3a。这说明在我国目前的经济转型背景下，官员类政治关联为公司债务融资带来便利，而委员类政治关联的这种便利则不显著。

### 4.1.5 政治关联与公司公开增发股票融资和可转换债券融资

**1. 样本描述性统计**

表4－4的Panel A列示了公司公开增发股票时，两种契约下的融资量及公司其他特征信息变量的描述性统计结果和有无政治关联企业各变量差异性检验（非均衡样本均值 $t$ 检验和 Mann－Whitney 非参数检验）。在公开增发股票的115个样本中，有近40%的公司存在政治关联，高于之前发行两种债券36%的样本比例。此外，这些公司平均债务比例高达57%。就公司性质而言，公司第一大股东为国有性质的样本为49%，低于之前发行短期融资券和中期票据进行融资的52%样本比例。第一大股东持股比例（$FSR$）均值为39%以及第一大股东和第二大股东持股比例之比（$Zindex$）均值为17.18%，虽然分别低于之前发行两种债券的42.5%和21.62%，但仍旧体现了目前我国上市公司中一股独大现象。此外，就有无政治关联公司的特征看，两类公司大部分公司特征变量无显著差别。但在融资量方面，政治关联公司股票公开增发获得的资金显著高于无政治关联公司，这初步说明了政治关联有利于公司获得更多的资源。在公司负债方面，公开增发中无政治关联公司的杠杆率更高。此外，政治关联公司净资产收益率（$ROE$）均值低于无政治关联公司净资产收益率，说明在股权融资中，第3章的假设4：对比无政治关联企业，政治关联企业投资回报（$ROE$）更低，得到验证。

表4－4的Panel B列示了公司发行可转换债券时，两种契约下的融资量及公司其他特征信息变量的描述性统计结果和有无政治关联企业各变量差异性检验。在发行可转换债券的74个样本中，只有近27%的公司存在政治关联，远低于之前公开增发股票40%的样本比例，也低于发行两种债券36%的样本

**表 4－4　企业主要变量描述性统计结果和有无政治关联企业各变量差异性检验**

Panel A：公开增发股票

| 变量 | 全部样本 $N=115$ | | | | | | 政治关联企业（$PC_0=1$） | | | |
|---|---|---|---|---|---|---|---|---|---|---|
| | | | | | | | 无关联 $n=69$ | | 有关联 $n=46$ | |
| | Obs | Mean | Median | SD | Min | Max | Mean | Median | Mean[a] | Median[b] |
| $PC_0$ | 115 | 0.40 | 0 | 0.49 | 0 | 1 | — | — | — | — |
| $PC_1$ | 115 | 0.23 | 0 | 0.42 | 0 | 1 | — | — | — | — |
| $PC_2$ | 115 | 0.21 | 0 | 0.41 | 0 | 1 | — | — | — | — |
| *Addstock* | 115 | 0.19 | 0.18 | 0.11 | 0.01 | 0.62 | 0.18 | 0.17 | 0.22* | 0.19* |
| *Size* | 115 | 22.24 | 22.02 | 1.38 | 19.94 | 27.07 | 22.32 | 22.14 | 22.12 | 21.87 |
| *Lev* | 115 | 0.57 | 0.59 | 0.16 | 0.18 | 0.97 | 0.58 | 0.62 | 0.55* | 0.57 |
| *ROE* | 115 | 0.16 | 0.15 | 0.08 | 0.03 | 0.66 | 0.17 | 0.15 | 0.15* | 0.15 |
| *Growth* | 115 | 0.50 | 0.11 | 1.67 | −0.50 | 11.79 | 0.43 | 0.10 | 0.60 | 0.14 |
| *State* | 115 | 0.49 | 0 | 0.50 | 0 | 1 | 0.51 | 1 | 0.46 | 0 |
| *FSR* | 115 | 0.39 | 0.37 | 0.18 | 0.05 | 0.85 | 0.40 | 0.39 | 0.38 | 0.36 |
| *Zindex* | 115 | 17.18 | 4.26 | 29.2 | 1 | 151.8 | 18.93 | 4.76 | 14.54 | 3.98 |

Panel B：发行可转换债券

| | 全部样本 $N=74$ | | | | | | 无关联（$n=54$） | | 有关联（$n=20$） | |
|---|---|---|---|---|---|---|---|---|---|---|
| *ConvertB* | 74 | 0.13 | 0.13 | 0.06 | 0.02 | 0.33 | 0.13 | 0.13 | 0.14 | 0.12 |
| $PC_0$ | 74 | 0.27 | 0 | 0.45 | 0 | 1 | — | — | — | — |
| $PC_1$ | 74 | 0.19 | 0 | 0.39 | 0 | 1 | — | — | — | — |
| $PC_2$ | 74 | 0.12 | 0 | 0.33 | 0 | 1 | — | — | — | — |
| *Size* | 74 | 22.84 | 22.59 | 1.46 | 20.48 | 27.62 | 22.71 | 22.44 | 23.19* | 23.10 |
| *Lev* | 74 | 0.48 | 0.47 | 0.15 | 0.10 | 0.84 | 0.49 | 0.48 | 0.44 | 0.44 |
| *ROE* | 74 | 0.12 | 0.12 | 0.06 | 0.01 | 0.32 | 0.13 | 0.12 | 0.12 | 0.10* |
| *Growth* | 74 | 0.53 | 0.04 | 2.99 | −0.65 | 23.75 | 0.70 | 0.02 | 0.08 | 0.06 |
| *State* | 74 | 0.72 | 1 | 0.45 | 0 | 1 | 0.69 | 1 | 0.80 | 1 |
| *FSR* | 74 | 0.49 | 0.49 | 0.17 | 0.14 | 0.800 | 0.48 | 0.49 | 0.50 | 0.49 |
| *Zindex* | 74 | 27.60 | 16.28 | 45.2 | 1.08 | 337.9 | 26.59 | 11.94 | 30.31 | 30.27* |

注：a 均值列标有 * 表示经过非均衡样本均值 $t$ 检验的结果显著；b 中位数列标有 * 表示经过 Mann－Whitney 非参数检验的结果显著。显著性水平 $*p<0.1$，$**p<0.05$，$***p<0.01$。

比例。此外，就公司性质而言，公司第一大股东为国有性质的样本为 72 个，远远高于公开增发股票 49% 和发行两种债券 52% 的样本比例。此外，第一大股东持股比例（*FSR*）均值为 49%，第一大股东和第二大股东持股比例之比（*Zindex*）均值为 27.6，这两个指标值均高于表 4-4 Panel A 公开增发股票相应的指值 39% 和 17.18 以及表 4-2 中发行两种债券时相应的指标值 42.5% 和 21.62。就有无政治关联公司的特征看，两类公司大部分公司特征变量无显著差别，只是在公司规模方面，发行可转换债券的政治关联公司规模在 10% 显著性水平上大于无政治关联公司。政治关联公司净资产收益率（*ROE*）中值低于无政治关联公司净资产收益率，说明在可转换债券融资中，第 3 章的假设 4：对比无政治关联企业，政治关联企业投资者回报（*ROE*）更低，得到验证。

**2. 回归结果及分析**

由表 4-5 回归结果前 3 列和后 3 列分别是上市公司公开增发股票融资量和发行可转换债券融资量。由结果可看出，当控制了企业特征属性后，在两种融资方式下，公司高管政治关联（$PC_0$）在 1% 水平上都显著增加了公司增发融资规模。这一结果表明，在股权融资和可转换债券融资中，假设 3b：对比无政治关联企业，政治关联企业会获得更多的股权（公开增发股票）和可转换债券融资，得到验证。

**表 4-5　　政治关联对公司公开增发股票融资量及发行可转换债券融资量影响的回归结果**

| 变量 | 公开增发股票融资量（*Addstock*，$n=115$） | | | 发行可转换债券融资量（*Convert*，$n=74$） | | |
|---|---|---|---|---|---|---|
| *cons* | 1.198***<br>(0.000) | 1.252***<br>(0.000) | 1.213***<br>(0.000) | 0.686***<br>(0.000) | 0.698***<br>(0.000) | 0.677***<br>(0.000) |
| $PC_0$ | 0.016***<br>(0.006) | — | — | 0.013***<br>(0.000) | — | — |
| $PC_1$ | — | -0.010<br>(0.337) | — | — | 0.013***<br>(0.000) | — |
| $PC_2$ | — | — | 0.013**<br>(0.038) | — | — | 0.012***<br>(0.001) |
| *Size* | -0.037***<br>(0.000) | -0.038***<br>(0.000) | -0.037***<br>(0.000) | -0.016***<br>(0.000) | -0.017***<br>(0.000) | -0.016***<br>(0.000) |

续　表

| 变量 | 公开增发股票融资量（*Addstock*，$n=115$） | | | 发行可转换债券融资量（*Convert*，$n=74$） | | |
|---|---|---|---|---|---|---|
| *Lev* | −0.186***<br>(0.000) | −0.184***<br>(0.000) | −0.181***<br>(0.000) | −0.194***<br>(0.000) | −0.202***<br>(0.000) | −0.199***<br>(0.000) |
| *ROE* | −0.173***<br>(0.000) | −0.184***<br>(0.000) | −0.173***<br>(0.000) | −0.080***<br>(0.001) | −0.070***<br>(0.002) | −0.083***<br>(0.000) |
| *Growth* | 0.003<br>(0.113) | 0.004***<br>(0.004) | 0.003*<br>(0.055) | 0.001***<br>(0.001) | 0.001***<br>(0.002) | 0.001***<br>(0.000) |
| *State* | −0.002<br>(0.762) | −0.006<br>(0.268) | −0.004<br>(0.508) | −0.004<br>(0.144) | −0.006***<br>(0.032) | 0.000<br>(0.867) |
| *Zindex* | −0.000**<br>(0.012) | −0.000*<br>(0.071) | −0.000**<br>(0.023) | −0.000***<br>(0.000) | −0.000***<br>(0.000) | −0.000***<br>(0.000) |
| *FSR* | 0.001**<br>(0.025) | 0.000*<br>(0.060) | 0.000**<br>(0.049) | 0.002<br>(0.832) | 0.012<br>(0.274) | −0.000<br>(0.957) |
| *Industry* | 控制 | 控制 | 控制 | 控制 | 控制 | 控制 |
| *Year* | 控制 | 控制 | 控制 | 控制 | 控制 | 控制 |
| *Wald chi2* | 19860.0*** | 10039.1*** | 89695.2*** | 11360.5*** | 7271.6*** | 7081.8*** |

注：$PC_1$ 表示企业董事长/总经理因曾任或现任政府行政部门职位而建立的政治关联；$PC_2$ 表示企业董事长/总经理因曾任或现任人大/政协委员而建立的政治关联；$PC_0$ 为两者的综合。括号里是系数显著性 $p$ 值。显著性水平 $*p<0.1$，$**p<0.05$，$***p<0.01$。

至此，政治关联对公司融资量的经验研究验证了第 3 章中提出的假设 3：对比无政治关联企业，政治关联企业会获得更多资金支持。

不过，当分别考察官员类和人大/政协委员类政治关联对公司公开增发的影响时，与之前公司发行债券融资的情况不同，此时仅有高管为人大/政协委员类（$PC_2$）政治关联对企业融资量有正向影响。而相比之下，公司高管有政府官员类政治关联（$PC_1$）却并没有这种效应，甚至有负向影响。这一结果再次验证了，在我国两种政治关联的建立方式和动机不同对企业经营活动有不同影响的研究结论。不过在可转换债券融资中，我们注意到不论何种政治关联都显著增加了企业可转换债券融资量。不过，由于可转换债券融资样本较少，今后还需进一步检验结果的稳健性。

在公司公开增发股票和发行可转换债券融资中，公司其他特征对融资量影响的符号方向保持一致。其中，负债水平（*Lev*）与融资规模显著负相关，这表明当企业负债率过高时，投资者会担忧公司会把融得的资金用于还债而不是用于产生效益的生产性活动。第一大股东持股比例与融资量正相关，说明投资者认为一定程度股权集中有利于大股东发挥其治理效益。公司发展能力（*Growth*）系数为正，表明未来发展越有潜力的公司越有可能获得更多融资。而企业规模（*Size*）和资本收益率（*ROE*）与融资规模呈负向关系。

### 4.1.6 小结

本节主要考察了在我国资本市场，政治关联对公司融资的影响。通过对2007—2011 年 684 家发行短期融资券及中期票据进行直接债务融资的上市公司、2004—2011 年在股市公开增发进行权益融资的 115 家上市公司以及相同年份里发行可转换债券的 74 家上市公司数据，分别研究了目前我国经济转型背景下，企业使用不同融资契约时，政治关联对企业融资量的影响，以及对比有无政治关联企业的投资回报率的差异，以验证第 3 章理论分析中提出的假设 3 和假设 4。

研究得出：

①政治关联对企业融资量的分析表明，假设 3：对比无政治关联企业，政治关联企业会获得更多资金支持，得到完全验证。这种融资便利性在股权融资、债权融资和可转换债券融资中都得到验证。这说明目前我国政治关联有利于企业获得更多资源投入。

②企业依靠政治关联，这种非市场化资源配置方式获得资金优势，虽然对单个企业在短期内有利，但并没有提高企业的盈利能力。研究进行了有无政治关联企业财务指标中反映投资回报的指标——*ROE* 的对比。研究发现，在公开增发股票的股权融资和发行可转换债券融资中，对比无政治关联，政治关联企业的 *ROE* 一般在 10% 的显著性水平上较低。而在发行中期票据和短期融资券的债权融资中两类企业并无显著差异。因此，假设 4：对比无政治关联企业，政治关联企业投资回报（*ROE*）更低，在股权融资和可转换债券融资中得到验证，在债权融资中则没有。研究认为，这一方面与债权融资的还

款压力较大，加之债权融资样本中又以发行债务期限为一年的短期融资券的相应刚性约束更强有关，另一方面与目前我国债券市场不发达且要求发行债券的公司必须经营状况良好也有关。

③鉴于我国政治生活中存在官员类政治关联和人大/政协委员类政治关联的差异，研究还分别考察了这两类政治关联对公司融资量的影响。发现高管有在政府部门工作经历的政治关联（$PC_1$）有利于公司发行更多债券，人大/政协委员类政治关联（$PC_2$）则有利于公司进行更多公开增发，而两类政治关联都显著增加了公司发行可转换债券的融资量。这一结果部分验证了胡旭阳（2010）和杜兴强等（2009）认为在我国两种政治关联的建立方式和动机不同对企业经营活动有不同影响的研究结论。

## 4.2 政治关联与企业资本配置效率的经验研究

第 3 章的分析表明政治关联企业的代理成本和社会总福利损失更大。本节同样将利用我国 A 股上市公司使用的三类融资契约数据，对第 3 章假设 1、假设 2 和假设 5 进行验证。

资本有效配置是公司金融的核心内容，在无摩擦的理想资本市场中，成长性成为企业投资机会的主要决策依据。但在现实复杂的商业活动中，公司投资决策受到诸多外部因素的影响，其中，信息不对称和代理问题是理论界持续关注的两个主要影响因素。Stein（2003）和 Bushman（2001）指出，逆向选择一般会导致企业投资不足，而经营者代理问题引发的道德风险则会导致过度投资。因此，我们认为企业无效投资可体现为两种形式，即投资不足和过度投资。

对政治关联的研究表明，一方面，政治关联有利于企业获得更多的资源优势和竞争优势（Faccio，2006；Krueger，1974）。另一方面，研究表明，对比无政治关联企业，政治关联企业的股票收益率、销售增长、盈利能力和会计信息质量等公司业绩指标和公司治理水平相对更差一些（Boubakri et al.，2008；Chen et al.，2005；Fan et al.，2007；Hung et al.，2008；Chaney et al.，2011；Duchin，Sosyura，2012）。在中国新兴经济转型背景下，从资本配置效率的角度，政治关联是否影响，以及如何影响融资企业的投资行为，目前的研究较少提供这方面的经验证据。而对政治关联"掠夺之手"（Shleifer, Vishny, 1994）的解释主要集中在代理问题导致的道德风险方面。面对中国经济转型，从政府干预的角度可能会给出另一种解释（Chen et al., 2011）。因此基于委托代理和政府干预的角度，我们将用发行债券、公开增发股票和可转换债券进行融资上市公司的经验数据检验政治关联对公司资本配置效率的影响。

此外，在目前中国社会经济生活中，企业高管政治关联方式的建立有两类，这两类政治关联的建立方式和动机存在差异，对企业经营活动所起的作用也存在差别。这可能会导致两类政治关联企业表现出不同的无效投资方式。一类政治关联和完全市场化资本市场企业诉求的政治关联相似，是由高管成为各级人大/政协委员而形成的委员类政治关联。Shleifer 和 Vishny（1994）以及 Bertrand 等（2006）认为，企业高管为了获得更多的私利而引发更多的道德风险。此时，管理者会忽视权衡建立和维持政治关联时所需的成本和收益，从而更愿意投资于那些能给自己带来更多利益的投资项目，这偏离了股东利益最大化的初衷，最终导致无效投资。另一类政治关联是企业高管现在或曾经任职于政府部门而形成的与政府有"血缘关系"的官员类政治关联。这类政治关联企业与政府部门的沟通交流会更顺畅。这使得这些企业更容易获得政府的可见或不可见的支持，诸如更多的融资机会、更多来自政府的信用支持（Faccio, 2006）。但与此同时，官员类政治关联企业也意味着需要承担更多的政府干预，诸如管理人员的任命和政府的发展计划等（Chen et al., 2011）。此时这些企业也会偏离股东利益最大化的目标而进行无效投资。我们的问题是，这两类政治关联分别引发的代理问题和政府干预是否会导致不同的无效投资？

### 4.2.1 理论分析与假设提出

经典的公司投资理论认为，企业应依据价值最大化原则对净现值为正的项目进行投资。但政府与企业目标函数的不一致性以及中国"大政府"的现实，使得在经济转型背景下，政府干预商业活动对企业经营产生非常重要的影响（Peng, 2000；赵晓琴，万迪昉，2012）。对政治关联"掠夺之手"（Shleifer, Vishny, 1994）的解读主要从以下方面展开：从政府干预的角度，

Faccio（2004），Johnson（2003）和程仲鸣等（2008）认为，在政府干预较强的国家，政府更容易介入政治关联企业的投融资活动而使企业承担过多的社会职能，如解决就业、促进当地税收、保持社会稳定和促进地区发展等，这改变了企业目标函数。而与政府部门有千丝万缕联系的政治关联企业则可能更易于执行政府的意愿，此时经营者会作出偏离股东利益最大化的决策。Chen 等（2011）指出，政府通过控制企业所有权和聘任高管扭曲企业投资行为进而降低企业投资效率。在政府干预下，政治关联企业投资效率损失可从事前和事后两方面考虑。事前，因受到政府干预，政治关联企业很可能会从事政府计划的项目而丧失那些可能盈利的项目投资机会；事后，当已投资项目无法获得期望中的收益或项目面临失败的可能时，由于是政府进行的项目，此时政治关联企业要终止或减少项目投资都面临与政府政策相悖的困境（Bai，2006），只能继续投资。这些都造成企业的低效投资。从经营者道德风险的角度，企业投资规模的扩大增加了经理人可控制和可支配资源的数量和范围（Blanchard et al.，1994），而其在职消费往往又与公司规模正相关，此时经理人有动机扩大企业投资规模，而其决策将偏离股东利益最大化的目标，造成过度投资。

从以上分析和第 3 章的理论推导，我们认为，目前中国经济转型背景下，政治关联背后所蕴含的政府对企业商业活动涉及的资源和人事的掌控，以及政治关联所折射的公司治理中委托代理问题引发的道德风险，都使得政治关联总体上降低了融资企业的投资效率。而且在获得更多融资投入后，企业无效投资更可能以过度投资的方式降低资金配置效率，由此提出假设 5a（H5a）。

**假设 5a（H5a）**：政治关联与企业过度投资正相关。

此外，虽然目前我国政府对企业在行政上实行“超强控制”（魏明海，柳建华，2007），尤其是那些有管理者曾任/现任政府部门官员的政治关联企业，由于其大多数领导任免权仍由各级政府部门控制，此时为了增强其职业生涯的政治资本和升职潜力（Blanchard，2001；Zhao，Wan，Xu，2013），大量的过度投资导致较差的公司业绩使政治关联经营者担心这会影响其升迁。但由于这类企业多为国有企业，所有者虚位使这类企业更可能因严重委托代理问题而导致企业在获得更多资金投入后增加过度投资。而当政治关联为委员类时，企业受政府直接干预的可能性降低而且关联经营者也没有升迁的顾虑，此时企业面临的环境与自由市场经济中的企业类似。但从另一个角度来看，这类政治关联企业缺乏政府的无形支持和担保从而面临更强的融资约束。在此情形下，委员类政治关联企业可能因为融资约束而放弃那些可能盈利的项目，形成投资不足。由此提出假设 5b（H5b）。

**假设 5b（H5b）**：官员类政治关联和委员类政治关联对企业无效投资的影响并不相同。

### 4.2.2 资本配置效率的计量

目前度量投资效率应用较多的指标模型主要有 Wurgler 模型和 Richardson 模型。其中，Wurgler（2000）模型更多用于测度相对于行业的公司资本配置效率。基于公司水平，Richardson（2006）提出了公司投资期望模型，该模型理论基础是代理理论以及公司未来成长性与投资额密切相关。模型以回归后残差大小和正负判断公司非效率投资程度和类型：残差的绝对值越大说明投资效率越低。模型验证了委托代理理论中自由现金流较高的公司更容易进行过度投资的假设，而且发现一定的公司治理结构能减轻过度投资问题。由于该投资期望模型能直接度量特定公司的投资效率，因此公司资本配置效率问题的研究很快对此加以应用。本书亦采用 Richardson 模型并参考周春梅（2009）和李青元（2009）的研究，计算三种融资契约下公司的过度投资和投资不足程度。融资公司预期资本投资水平估计模型如下：

$$INVest_{i,t} = \alpha_0 + \alpha_1 MB_{i,t-1} + \alpha_2 Lev_{i,t-1} + \alpha_3 Cash_{i,t-1} + \alpha_4 Age_{i,t-1} + \alpha_5 Size_{i,t-1} + \alpha_6 RET_{i,t-1} + \alpha_7 INV_{i,t-1} + \sum Industry + \sum Year \quad (4-2)$$

其中，*INVest* 表示公司的投资水平，以购建固定资产、无形资产和其他长期资产支付的现金/总资产；*MB* 是表示公司成长性的替代指标，本书以我国学者比较常用的公司资产的市场价值与账面价值之比近似代替在成熟市场中表示公司未来成长性的指标（Tobin's Q）；*Lev*、*Cash*、*Age*、*Size*、*RET* 分别表示融资公司的资产负债率、现金的期末余额/总资产、上市年龄、总资产的自然对数、股票收益率，其中，$i$ 表示各个融资公司，$t$ 表示公司进行融资的当年，相应 $t-1$ 表示融资前一年。$\sum Industry$ 和 $\sum Year$ 表示融资公司的行业变量和年度变量，其中，行业采用上市公司行业代码首字母 $A \sim M$ 进行虚拟变量编码。对模型1回归后以残差度量特定融资公司的投资效率。

### 4.2.3 模型设定和变量定义

研究中因变量为模型1中回归残差的绝对值 $AINVRES_{i,t}$，其中，残差值 <0 表示投资不足，将该值取绝对值后记为 $UnderINV_{i,t}$；残差值 >0 表示过度投资，将该值取绝对值后记为 $OverINV_{i,t}$。自变量除政治关联 *PC* 外，研究还对样本公司特征和不同融资方式特点进行了控制。公司特征依据 Chen（2011）、周春梅（2009）和杜兴强等（2010）的研究，本文选取了融资公司的净资产收益率、代理成本的替代指标管理费用率、企业性质、第一大股东持股比例以及是否为管制行业等作为检验模型的控制变量，以上自变量都采用滞后一期的数据，检验模型为：

$$AINVRES_{i,t}/UnderINV_{i,t}/OverINV_{i,t} = \beta_0 + \beta_1 PC_{i,t-1} + \beta_2 Bond_i(Addstock_i/Convert) + \beta_3 MTN_i + \beta_4 ShortB_i + \beta_5 Mancost_{i,t-1} + \beta_6 State_{i,t-1} + \beta_7 ROE_{i,t-1} + \beta_8 FSR_{i,t-1} + \beta_9 IC_{i,t-1} + \sum Year \tag{4-3}$$

其中 *PC* 为融资公司政治关联虚拟变量。其度量与4.1节的定义一致。*Bond*、*Addtock* 和 *Convert* 分别代表企业通过发行债券、公开增发股票和发行可转换债券获得的融资量占公司总资产的百分比。公司特征变量 *ROE* 为净资产收益率；*Mancost* 为管理费用/总资产，其余变量定义见表4-1，在此不赘述。其中，$i$ 表示各个融资公司，$t$ 表示公司融资的当年，相应 $t-1$ 表示前一年。

### 4.2.4 政治关联与公司债券融资的资本配置效率

Jensen（1986）和 Stulz（1990）指出，一定比例的债务融资可以有效缓解由信息不对称和代理问题引发的企业投资低效和企业价值降低问题。Allen（1993）和 Almeida（2005）指出，企业的外部融资，尤其是债务融资能提高企业资本配置效率。当企业通过发行债券直接融资时，债务的刚性特点迫使代理人削弱了对企业自由现金流的侵占、增强对管理者的经营激励、促使管理者更有效地使用资金以及披露更多企业经营信息，这都有利于减轻因信息不对称和代理问题对企业价值带来的负面影响。

### 1. 样本描述性统计

样本选取参见表4－1中的变量。表4－6列示了公司债券和公司特征信息变量的描述性统计结果以及有无政治关联企业各变量差异性检验，其中337个过度投资子样本的最大值和均值分别为0.23和0.04，高于投资不足子样本相应的值0.19和0.02。从数值范围说明，目前中国发债企业中过度投资现象更严重，这与李青元（2009）的结论一致。从公司国有控股的性质（*State*）以及第一大股东持股比例（*FSR*）看，样本中有52.20%的发债公司为国有控股公司，而且第一大股东持股比例均值高达42.50%，说明国有控股公司在银行间债券市场受到青睐。此外就发行债券的特点看，中期票据和短期融资券类型的均值分别为0.332和0.753，说明公司多以发行短期融资券为主。

**表4－6　发债企业主要变量描述性统计结果**

| 变量 | 所有样本（$N=684$） | | | | | | 有无政治关联（$PC_0$） | | | |
|---|---|---|---|---|---|---|---|---|---|---|
| | | | | | | | 无关联（$n=436$） | | 有关联（$n=248$） | |
| | Obs | Mean | Median | SD | Min | Max | Mean | Median | Mean[a] | Median[b] |
| *AINVRES* | 684 | 0.01 | 0.00 | 0.04 | －0.18 | 0.23 | 0.004 | －0.002 | 0.012** | 0.004*** |
| *UnderINV* | 347 | 0.02 | 0.02 | 0.02 | 0.00 | 0.19 | 0.02 | 0.02 | 0.02 | 0.02 |
| *OverINV* | 337 | 0.04 | 0.02 | 0.04 | 0.00 | 0.23 | 0.04 | 0.02 | 0.04 | 0.03* |
| *MB* | 684 | 1.60 | 1.32 | 1.12 | 0.68 | 21.90 | 1.64 | 1.33 | 1.53* | 1.317 |
| *Lev* | 684 | 0.55 | 0.57 | 0.16 | 0.08 | 0.89 | 0.56 | 0.59 | 0.54** | 0.541** |
| *Cash* | 684 | 0.13 | 0.10 | 0.10 | 0.00 | 0.65 | 0.13 | 0.10 | 0.13 | 0.11 |
| *Age* | 684 | 9.39 | 10.00 | 4.54 | 0.00 | 20.00 | 9.91 | 11 | 8.47*** | 9*** |
| *Size* | 684 | 23.20 | 22.9 | 1.25 | 19.51 | 28.00 | 23.13 | 22.986 | 23.32* | 22.99 |
| *RET* | 684 | 0.51 | 0.36 | 0.61 | －2.22 | 6.28 | 0.47 | 0.35 | 0.50 | 0.39 |
| $PC_0$ | 684 | 0.36 | 0 | 0.48 | 0 | 1 | — | — | — | — |
| $PC_1$ | 684 | 0.20 | 0 | 0.40 | 0 | 1 | — | — | — | — |
| $PC_2$ | 684 | 0.18 | 0 | 0.39 | 0 | 1 | — | — | — | — |
| *ROE* | 684 | 0.09 | 0.09 | 0.10 | －0.78 | 0.50 | 0.09 | 0.08 | 0.08 | 0.09 |
| *Mancost* | 684 | 0.07 | 0.06 | 0.05 | 0.01 | 0.42 | 0.07 | 0.06 | 0.07 | 0.05 |

续 表

| 变量 | 所有样本（$N=684$） | | | | | | 有无政治关联（$PC_0$） | | | |
|---|---|---|---|---|---|---|---|---|---|---|
| | | | | | | | 无关联（$n=436$） | | 有关联（$n=248$） | |
| | Obs | Mean | Median | SD | Min | Max | Mean | Median | Mean[a] | Median[b] |
| *State* | 684 | 0.52 | 1 | 0.50 | 0 | 1 | 0.53 | 1 | 0.51 | 1 |
| *FSR* | 684 | 42.50 | 43.41 | 16.89 | 4.49 | 86.29 | 42.47 | 43.81 | 42.54 | 42.34 |
| *IC* | 684 | 0.50 | 1 | 0.50 | 0 | 1 | 0.52 | 1 | 0.46* | 0 |
| *Bond* | 684 | 9.51 | 7.81 | 6.84 | 0.45 | 39.85 | 9.76 | 7.90 | 9.08 | 7.68 |
| *ShortB* | 684 | 0.75 | 1 | 0.43 | 0 | 1 | 0.77 | 1 | 0.73 | 1 |
| *MTN* | 684 | 0.33 | 0 | 0.471 | 0 | 1 | 0.31 | 0 | 0.36* | 0 |

注：在有无政治关联公司变量差异检验中，a 均值列标有 * 表示经过非均衡样本均值 $t$ 检验的结果显著；b 中位数列标有 * 表示经过 Mann – Whitney 非参数检验的结果显著。显著性水平 * $p<0.1$， ** $p<0.05$， *** $p<0.01$。

样本包含 248 个政治关联企业和 436 个无政治关联企业。从是否为政治关联企业的各变量差异性检验可看出，有无政治关联的发债公司在大多数公司特征和发债特征方面并无显著差异。不过从发行中期票据来看，政治关联企业发行了更多能融到资金较多且期限较长的中期票据，但政治关联企业在投资回归残差方面有更大的均值，尤其在过度投资方面，这说明政治关联企业投资效率更低。以上两个对比结果说明，由于政治关联企业获得更多的债券融资而更可能进行无效投资（Stein，2003；Richardson，2006）。同时，无政治关联企业有更多的成长机会（*MB*）以及更高的净资产收益率（*ROE*）。这一结论与 Chen（2005）、Fan（2007）以及 Boubakri 等（2008）研究得出的政治关联企业绩效低于无政治关联企业绩效的结论一致。

下面将对发行债券融资的企业，对其政治关联代理成本（即企业管理费用/总资产 *Mancost*）在两个子样本中进行非均衡样本均值 $t$ 检验和 Mann – Whitney 非参数检验的研究，以验证第 3 章提出的假设 1 和假设 2。两个子样本分别为有无政治关联的区别、外部环境变化对关联企业代理成本的影响。研究采用企业性质，即是否为国有控股作为表征外部环境变化的代理变量，进一步考察在加入环境因素这一变量后，对比有无政治关联企业代理成本的高低。检验结果如表 4 – 7 所示。

表 4-7　　债券融资下政治关联企业的代理成本比较

| 配对类型 | 样本数目 | 秩和 | 期望秩和 | Prob > \|z\| | 均值 | 不等概率的 $t$ 检验 |
|---|---|---|---|---|---|---|
| 无政治关联—有政治关联 | 436 | 151470 | 149330 | 0.861 | 0.0707 | 0.8530 |
| | 248 | 82800 | 84940 | (0.3890) | 0.0672 | (0.3940) |
| 非国有企业—国有企业 | 327 | 109753 | 111998 | -0.870 | 0.065 | -1.9767** |
| | 357 | 124518 | 122273 | (0.3845) | 0.073 | (0.0485) |
| 非国有且无关联—国有且有关联 | 40 | 3612 | 3380 | 0.864 | 0.0725 | 0.3096 |
| | 128 | 10584 | 10816 | (0.3876) | 0.0697 | (0.7573) |

注：括号里是检验的显著性 $p$ 值。显著性水平 $*p<0.1$，$**p<0.05$，$***p<0.01$。

比较发现，管理费用在有政治关联/无政治关联子样本和国有且有关联/非国有且无关联子样本中都没有显著差异。不过在国有企业和非国有企业之间均值存在显著差别。在债券融资样本中，第3章假设1［对比无政治关联企业，政治关联企业管理费用（代理成本）更高］、假设2［对比非国有且无政治关联企业，国有政治关联企业管理费用（代理成本）更高］都没有得到验证。

2. **回归结果及分析**

研究的684个观测样本共涉及368家上市公司，其中58家公司在五年内有两年以上通过发行短期融资券和/或中期票据进行直接债务融资，因此可将样本数据视为非平衡面板数据进行处理。为降低样本数据异方差的影响，本书使用面板数据广义最小二乘法（xtgls）对政治关联与发债公司投资效率进行实证分析检验，回归结果如表4-8所示。模型A~模型C、模型D~模型F以及模型G~模型I分别是所有样本（AINVRES）、投资不足（UnderINV）子样本和过度投资（OverINV）子样本的回归结果。

考虑债券融资的特点，发现表征短期融资券和中期票据变量的系数显著为负，这说明债券融资确实能降低企业的无效投资。还债压力缓解了代理人的侵蚀行为相应增加了企业的资本配置效率。不过债券发行量却与无效投资正相关。这可能是由于当公司获得更多现金后，更少的现金约束导致公司更可能进行无效投资。

**表 4－8　政治关联与发债公司投资效率的回归结果**

| 变量 | AINVRES（$N=684$） | | | UnderINV（$n=347$） | | | OverINV（$n=337$） | | |
|---|---|---|---|---|---|---|---|---|---|
| | A | B | C | D | E | F | G | H | I |
| *Cons* | 0.0357***<br>(0.000) | 0.0241***<br>(0.000) | 0.0339***<br>(0.000) | 0.0233***<br>(0.000) | 0.0234***<br>(0.000) | 0.0211***<br>(0.000) | 0.0265***<br>(0.000) | 0.0293***<br>(0.000) | 0.0305***<br>(0.000) |
| *ShortB* | -0.0067***<br>(0.005) | -0.014***<br>(0.000) | -0.0081***<br>(0.001) | -0.0029<br>(0.162) | -0.0027<br>(0.183) | -0.0034<br>(0.104) | -0.0162***<br>(0.000) | -0.0159***<br>(0.000) | -0.0160***<br>(0.000) |
| *MTN* | -0.0074***<br>(0.001) | -0.0002<br>(0.628) | -0.0074***<br>(0.001) | -0.0002<br>(0.800) | -0.0002<br>(0.714) | -0.0004<br>(0.474) | 0.0026<br>(0.163) | 0.0031<br>(0.170) | 0.0033<br>(0.101) |
| *Bond* | 0.0003***<br>(0.000) | 0.0004***<br>(0.002) | 0.0004***<br>(0.000) | 0.0003***<br>(0.000) | 0.0003***<br>(0.000) | 0.0003***<br>(0.000) | 0.0003***<br>(0.000) | 0.0002***<br>(0.022) | 0.0003***<br>(0.013) |
| $PC_0$ | 0.0044***<br>(0.000) | — | — | -0.0014**<br>(0.021) | — | — | 0.0046***<br>(0.003) | — | — |
| $PC_1$ | — | 0.0012***<br>(0.002) | — | — | -0.0023**<br>(0.010) | — | — | 0.0040**<br>(0.050) | — |
| $PC_2$ | — | — | 0.0041***<br>(0.000) | — | — | -0.0008<br>(0.325) | — | — | 0.0010<br>(0.602) |
| *Mancost* | 0.0148<br>(0.127) | 0.0143***<br>(0.000) | 0.0287***<br>(0.002) | 0.0473***<br>(0.000) | 0.0527***<br>(0.000) | 0.0503***<br>(0.000) | -0.0234<br>(0.321) | -0.0322<br>(0.169) | -0.0356<br>(0.140) |
| *ROE* | -0.0221***<br>(0.000) | -0.009***<br>(0.001) | -0.0182***<br>(0.000) | -0.0196***<br>(0.000) | -0.0206***<br>(0.000) | -0.0196***<br>(0.000) | -0.0139<br>(0.161) | -0.0133*<br>(0.084) | -0.0155<br>(0.104) |

续 表

| 变量 | AINVRES（$N=684$） | | | UnderINV（$n=347$） | | | OverINV（$n=337$） | | |
|---|---|---|---|---|---|---|---|---|---|
| | A | B | C | D | E | F | G | H | I |
| *FSR* | $-0.0000^{***}$<br>(0.004) | 0.0000<br>(0.277) | $-0.0000$<br>(0.468) | 0.0000<br>(0.976) | 0.0000<br>(0.898) | 0.0000<br>(0.472) | 0.0000<br>(0.709) | 0.0000<br>(0.567) | 0.0000<br>(0.784) |
| *State* | $-0.0024^{**}$<br>(0.015) | $-0.004^{***}$<br>(0.000) | $-0.0023^{**}$<br>(0.032) | $-0.0021^{**}$<br>(0.018) | $-0.0021^{**}$<br>(0.015) | $-0.0020^{**}$<br>(0.010) | $-0.0070^{***}$<br>(0.000) | $-0.008^{***}$<br>(0.000) | $-0.0072^{***}$<br>(0.000) |
| *IC* | 0.0012<br>(0.280) | $0.0039^{***}$<br>(0.000) | $0.0020^{*}$<br>(0.088) | $-0.0005$<br>(0.317) | 0.0001<br>(0.839) | 0.0001<br>(0.912) | $0.0061^{***}$<br>(0.000) | $0.0051^{***}$<br>(0.000) | $0.0061^{***}$<br>(0.000) |
| *Year* | 控制 | 控制 | 控制 | 控制 | 控制 | 控制 | 控制 | 控制 | 控制 |
| *Wald chi2* | $7356.6^{***}$ | $2448.9^{***}$ | $560.9^{***}$ | $1386.3^{***}$ | $1338.2^{***}$ | $2997.9^{***}$ | $137.4^{***}$ | $141.7^{***}$ | $92.6^{***}$ |

注：括号里是检验的显著性 $p$ 值。显著性水平 $*p<0.1$，$**p<0.05$，$***p<0.01$。

接下来重点考察政治关联是否影响以及如何影响公司投资效率。模型 A、模型 B 和模型 C 表明综合政治关联（$PC_0$）与企业无效投资显著正相关。这说明对比无政治关联企业，即使在以债券融资的情况下，政治关联仍能降低企业的投资效率。可见，在债权融资样本中，假设 5（政治关联降低了企业资金配置效率）得到验证。而过度投资子样本中，模型 G 表明政治关联与企业过度投资显著正相关，这证明假设 5a（政治关联与企业过度投资正相关）得到验证。

再进一步考察在发行债券融资的样本中，政治关联如何影响企业的无效投资。模型 E 和模型 F（模型 H 和模型 I）分别考察不同类型政治关联对投资不足和过度投资子样本的影响，结果表明不同政治关联对无效投资影响不相同。首先，在模型 E 和模型 H 中，官员类政治关联对企业过度投资正相关，而在投资不足样本中负相关。这说明当企业获得更充裕的资金后，官员类政治关联经营者有更多空间和可能性扩大项目规模或投资那些能给自己带来更多私利的项目，这减少了企业投资不足、增加了企业的过度投资，企业无效投资程度有所增加。其次，对于委员类政治关联，即模型 F、模型 I 中政治关联对企业无效投资无显著影响。可见，虽然总体上政治关联降低了发债企业的资本配置效率，但在我国两种政治关联类型对造成债券融资企业的低效投资方式并不一样。因此，在债权融资样本中，假设 H5b（官员类政治关联和委员类政治关联对企业无效投资的影响并不相同）得到验证。

对其他公司特征变量的回归结果表明，发债公司的管理费用（*Mancost*）与企业无效投资正相关，这验证了企业的代理成本越高企业投资效率越低（Stein，2003；Bushman，2001）。企业无效投资与其净资产收益率（*ROE*）负相关，这说明绩效更好的企业其投资效率更高，也即无效投资效率更低。值得注意的是国有控股（$State=1$）与投资效率的关系，结果表明国有控股与发债企业无效投资负相关。这初步表明这类企业可能会依照政府发展计划或者资金使用指导和监督而降低无效投资。最后是否为管制行业（*IC*）与企业的无效投资正相关，而第一大股东持股比例（*FSR*）的作用不显著。

以上结果说明，即使公司因发行债券融资而面对更多刚性还款压力，政治关联与企业无效资本配置程度正相关，尤其是与过度投资正相关，由此假设5和假设5a得到验证。进一步，两类政治关联影响的无效投资方式的并不相同。与过度投资正相关和投资不足负相关是官员类政治关联对企业资本配置效率的影响特点，而委员类政治关联对企业无效投资的影响仅在整体样本中有所反映。

### 4.2.5 政治关联与公司公开增发股票和发行可转换债券的资本配置效率

本小节研究将在前文政治关联有助于企业获得更多权益融资和可转换债券融资的基础上，考察当政治关联企业在获得更多权益融资量时，政治关联是否也同样降低融资企业资本配置效率，并探讨两类政治关联对企业无效资本配置效率方式的影响。

**1. 样本描述性统计分析**

研究样本选取参见4.1节中相关内容。变量定义与债券融资大部分变量含义一致，其中*Addstock*代表上市公司公开增发股票额度与总资产的百分比，*Convert*为上市公司可转换债券发行额度与总资产的百分比。表4－9列示了公司公开增发股票及发行可转换债券信息、公司其他特征信息变量的描述性统计结果和有无政治关联企业各变量差异性检验（*t*检验和Mann－Whitney检验）。

**表4－9　企业主要变量描述性统计结果和有无政治关联企业各变量差异性检验**

| Panel A：公开增发股票 | | | | | | | | | | |
|---|---|---|---|---|---|---|---|---|---|---|
| 变量 | 全部增发企业（$N=115$） | | | | | | 政治关联企业（$PC_0=1$） | | | |
| | | | | | | | 无关联（$n=69$） | | 有关联（$n=46$） | |
| | Obs | Mean | Median | SD | Min | Max | Mean | Median | Mean[a] | Median[b] |
| *AINVRES* | 115 | 0.01 | 0.00 | 0.05 | －0.10 | 0.28 | 0.004 | 0.00 | 0.013 | 0.00 |
| *UnderINV* | 56 | 0.03 | 0.02 | 0.02 | 0.00 | 0.10 | 0.03 | 0.02 | 0.02 | 0.02 |
| *OverINV* | 59 | 0.04 | 0.02 | 0.05 | 0.00 | 0.28 | 0.04 | 0.02 | 0.05 | 0.02 |
| *MB* | 115 | 1.62 | 1.38 | 0.82 | 0.76 | 6.77 | 1.55 | 1.24 | 1.731 | 1.54** |
| *Lev* | 115 | 0.57 | 0.59 | 0.16 | 0.18 | 0.97 | 0.58 | 0.62 | 0.55* | 0.57 |
| *Cash* | 115 | 0.13 | 0.10 | 0.15 | 0 | 1.01 | 0.12 | 0.10 | 0.15 | 0.08 |

续 表

| 变量 | 全部增发企业（$N=115$） | | | | | | 政治关联企业（$PC_0=1$） | | | |
|---|---|---|---|---|---|---|---|---|---|---|
| | | | | | | | 无关联（$n=69$） | | 有关联（$n=46$） | |
| | Obs | Mean | Median | SD | Min | Max | Mean | Median | Mean[a] | Median[b] |
| Panel A：公开增发股票 | | | | | | | | | | |
| *Age* | 115 | 6.07 | 5 | 4.21 | 0 | 16 | 6.10 | 5 | 6.02 | 5 |
| *Size* | 115 | 22.24 | 22.02 | 1.38 | 19.94 | 27.07 | 22.32 | 22.14 | 22.12 | 21.87 |
| *RET* | 115 | 0.62 | 0.510 | 0.61 | 0.07 | 5.89 | 0.72 | 0.56 | 0.48$^{***}$ | 0.48$^{**}$ |
| $PC_0$ | 115 | 0.40 | 0 | 0.49 | 0 | 1 | — | — | — | — |
| $PC_1$ | 115 | 0.23 | 0 | 0.42 | 0 | 1 | — | — | — | — |
| $PC_2$ | 115 | 0.22 | 0 | 0.41 | 0 | 1 | — | — | — | — |
| *ROE* | 115 | 0.16 | 0.15 | 0.08 | 0.03 | 0.66 | 0.17 | 0.15 | 0.15$^{*}$ | 0.15 |
| *Mancost* | 115 | 0.05 | 0.05 | 0.03 | 0.01 | 0.18 | 0.05 | 0.05 | 0.06 | 0.05 |
| *State* | 115 | 0.49 | 0 | 0.50 | 0 | 1 | 0.51 | 1 | 0.46 | 0 |
| *FSR* | 115 | 0.39 | 0.37 | 0.18 | 0.05 | 0.85 | 0.40 | 0.39 | 0.38 | 0.36 |
| *Addstock* | 115 | 0.19 | 0.18 | 0.11 | 0.01 | 0.62 | 0.18 | 0.17 | 0.22$^{*}$ | 0.19$^{*}$ |
| Panel B：发行可转换债券 | | | | | | | | | | |
| | 全部样本（$N=74$） | | | | | | 无关联（$n=54$） | | 有关联（$n=20$） | |
| *AINVRES* | 74 | 0.00 | −0.01 | 0.06 | −0.12 | 0.22 | 0.006 | −0.004 | −0.015 | −0.017 |
| *UnderINV* | 42 | 0.04 | 0.04 | 0.03 | 0.00 | 0.12 | 0.04 | 0.03 | 0.05 | 0.04 |
| *OverINV* | 32 | 0.05 | 0.04 | 0.05 | 0.00 | 0.22 | 0.06 | 0.04 | 0.03 | 0.02 |
| *MB* | 74 | 1.36 | 1.12 | 0.71 | 0.78 | 4.84 | 1.34 | 1.10 | 1.41 | 1.33$^{*}$ |
| *Lev* | 74 | 0.48 | 0.47 | 0.15 | 0.10 | 0.84 | 0.49 | 0.48 | 0.44 | 0.44 |
| *Cash* | 74 | 0.12 | 0.10 | 0.10 | 0 | 0.47 | 0.12 | 0.11 | 0.09$^{*}$ | 0.09$^{*}$ |
| *Age* | 74 | 7.24 | 7 | 4.19 | 0 | 17 | 6.44 | 6 | 9.4$^{***}$ | 9$^{***}$ |
| *Size* | 74 | 22.84 | 22.59 | 1.46 | 20.48 | 27.62 | 22.71 | 22.44 | 23.19$^{*}$ | 23.10 |
| *RET* | 74 | 0.52 | 0.46 | 0.31 | 0.02 | 1.64 | 0.51 | 0.47 | 0.56 | 0.45 |
| $PC_0$ | 74 | 0.27 | 0 | 0.45 | 0 | 1 | — | — | — | — |
| $PC_1$ | 74 | 0.19 | 0 | 0.39 | 0 | 1 | — | — | — | — |
| $PC_2$ | 74 | 0.12 | 0 | 0.33 | 0 | 1 | — | — | — | — |

续 表

| Panel B：发行可转换债券 | | | | | | | | | | |
|---|---|---|---|---|---|---|---|---|---|---|
| | 全部样本（$N=74$） | | | | | | 无关联（$n=54$） | | 有关联（$n=20$） | |
| *ROE* | 74 | 0.12 | 0.12 | 0.06 | 0.01 | 0.32 | 0.13 | 0.12 | 0.12 | 0.10* |
| *Mancost* | 74 | 0.05 | 0.04 | 0.04 | 0.01 | 0.19 | 0.06 | 0.04 | 0.05 | 0.04 |
| *State* | 74 | 0.72 | 1 | 0.45 | 0 | 1 | 0.69 | 1 | 0.8 | 1 |
| *FSR* | 74 | 0.49 | 0.49 | 0.17 | 0.14 | 0.80 | 0.48 | 0.49 | 0.50 | 0.50 |
| *Convert* | 74 | 0.13 | 0.13 | 0.06 | 0.02 | 0.33 | 0.13 | 0.13 | 0.14 | 0.12 |

注：a 均值列标有 * 表示经过非均衡样本均值 $t$ 检验的结果显著；b 中位数列标有 * 表示经过 Mann - Whitney 非参数检验的结果显著。显著性水平 * $p<0.1$， ** $p<0.05$， *** $p<0.01$。

Panel A 是 2004—2011 年我国 A 股上市公司进行公开增发股票 115 个样本变量统计信息，其中按 4.2.2 中式（4 - 2）计算，该样本中共有 59 个过度投资子样本，过度投资子样本的最大值和均值分别为 0.28 和 0.04，高于投资不足子样本相应的值 0.10 和 0.03。从数值范围说明，目前中国公开增发股票企业中过度投资现象更严重（李青元，2009）。从公司国有控股的性质（*State*）以及第一大股东持股比例（*FSR*）来看，样本中有 49% 的公开增发股票企业为国有控股公司，而且第一大股东持股比例平均高达 39% 。

Panel A 后 4 列是有无政治关联企业变量的对比。从投资拟合残差数值看，总体上政治关联企业的无效投资要高于无政治关联企业的无效投资。不过投资不足和过度投资子样本对比差异并不显著。此外就有无政治关联企业的特征看，两类企业大部分企业特征变量无显著差别。在融资量（*Addstock*）方面，政治关联企业股票公开增发获得的资金显著高于无政治关联企业。在公司负债方面，公开增发中无政治关联企业的杠杆率更高。此外，政治关联企业净资产收益率（*ROE*）在 10% 的显著性水平上低于无政治关联企业。这说明政治关联企业获得更多资金并不是由于这类公司有更好的绩效。政治关联企业的每股收益率（*RET*）显著低于无政治关联企业，说明尽管政治关联有助于企业获得更多的公开增发资金，但企业带给股东的收益并没有提高，反而比无政治关联企业低，这也暴露了政治关联企业资本配置效率低。

Panel B 是 2004—2011 年我国 A 股上市公司发行可转换债券的 74 个样本相关变量统计信息。同样按照 4. 2. 2 中有关投资效率的计算公式，该样本中分别有 32 个过度投资子样本和 42 个投资不足子样本，过度投资子样本的最大值和均值分别为 0. 22 和 0. 05，高于投资不足子样本相应的值 0. 12 和 0. 04。从公司国有控股的性质（*State*）以及第一大股东持股比例（*FSR*）看，样本中有 72% 的发行可转换债券的上市公司为国有控股公司，而且第一大股东持股比例平均高达 49%。Panel B 后 4 列是有无政治关联企业相关变量的对比。从投资拟合残差数值看，政治关联企业无效投资与无政治关联企业无效投资的差异并不显著。此外，就有无政治关联企业的特征看，两类企业大部分企业特征变量无显著差别。政治关联企业净资产收益率（*ROE*）虽然低于无政治关联企业，但不显著。不过政治关联企业持有的现金期末余额/总资产（*Cash*）要低于无政治关联企业。而政治关联企业则在上市年龄、成长性以及企业规模上高于无政治关联企业。

综合上市公司发行短期融资券、中期票据，公开增发股票以及发行可转换债券的相关数据，可以得到以下结论：目前我国上市公司无效投资中，对比投资不足，过度投资现象更严重。

与 4. 2. 4 研究思路一样，接下来对公开增发股票和发行可转换债券融资的企业，对其政治关联代理成本（即公司管理费用 *Mancost*）在两个子样本中进行非均衡样本均值 $t$ 检验和 Mann - Whitney 非参数检验的研究，以验证第 3 章中假设 1 和假设 2。检验结果如表 4 - 10 所示。

**表 4 - 10　公开增发股票和发行可转换债券融资下政治关联企业的代理成本比较**

<table>
<tr><th>融资方式</th><th>配对类型</th><th>样本数（个）</th><th>秩和</th><th>期望秩和</th><th>Prob > |z|</th><th>均值</th><th>不等概率的 $t$ 检验</th></tr>
<tr><td rowspan="6">公开增发股票</td><td rowspan="2">无政治关联—有政治关联</td><td>69</td><td>3963</td><td>4002</td><td rowspan="2">－0. 223<br>(0. 8238)</td><td>0. 0530</td><td rowspan="2">－0. 3155<br>(0. 7531)</td></tr>
<tr><td>46</td><td>2707</td><td>2668</td><td>0. 0551</td></tr>
<tr><td rowspan="2">非国有企业—国有企业</td><td>59</td><td>3551</td><td>3422</td><td rowspan="2">0. 722<br>(0. 4704)</td><td>0. 051</td><td rowspan="2">－0. 9018<br>(0. 3691)</td></tr>
<tr><td>56</td><td>3119</td><td>3248</td><td>0. 057</td></tr>
<tr><td rowspan="2">非国有且无关联—国有且有关联</td><td>34</td><td>964. 5</td><td>952</td><td rowspan="2">0. 217<br>(0. 8286)</td><td>0. 0571</td><td rowspan="2">0. 3399<br>(0. 7353)</td></tr>
<tr><td>21</td><td>575. 5</td><td>588</td><td>0. 0541</td></tr>
</table>

续 表

| 融资方式 | 配对类型 | 样本数（个） | 秩和 | 期望秩和 | Prob > \|z\| | 均值 | 不等概率的 t 检验 |
|---|---|---|---|---|---|---|---|
| 发行可转换债券 | 无政治关联—有政治关联 | 54 | 2099 | 2025 | 0.901 | 0.0576 | 1.5277 |
| | | 20 | 676 | 750 | (03677) | 0.0449 | (0.1328) |
| | 非国有企业—国有企业 | 21 | 803 | 787.5 | 0.186 | 0.052 | -0.7795 |
| | | 53 | 1972 | 1987.5 | (0.8526) | 0.061 | (0.4420) |
| | 非国有且无关联—国有且有关联 | 17 | 307 | 289 | 0.648 | 0.0647 | 1.3445 |
| | | 16 | 254 | 272 | (0.5167) | 0.0456 | (0.1885) |

注：括号里是检验的显著性 $p$ 值。显著性水平 $*p<0.1$，$**p<0.05$，$***p<0.01$。

两个子样本分别为有无政治关联的区别、外部环境变化对政治关联企业代理成本的影响。研究采用企业性质，即是否为国有控股作为表征外部环境变化的代理变量，进一步考察在加入环境因素这一变量后，对比有无政治关联企业代理成本的高低。

比较发现，管理费用率在有无政治关联子样本和国有且有关联/非国有且无关联子样本中都没有显著差异。结合之前发行债券融资的结论，得到如下结论：在发行债券融资、公开增发股票融资和发行可转换债券融资样本中，第 3 章假设 1 和假设 2 都没有得到验证。

**2. 回归结果及分析**

通过公开增发股票融资的上市公司 115 个观测样本共涉及 98 家上市公司，通过发行可转换债券融资的上市公司 74 个观测样本共涉及 67 家上市公司，因此可将样本数据视为非平衡面板数据进行处理。为降低样本数据异方差的影响，本文使用面板数据广义最小二乘法（xtgls）对政治关联与发债公司投资效率进行实证分析检验，回归结果如表 4 - 11 所示。

Panel A 是公开增发股票融资的样本，模型 A ~ 模型 C、模型 D ~ 模型 F 以及模型 G ~ 模型 I 分别是所有样本（*AINVRES*）、投资不足（*UnderINV*）子样本和过度投资（*OverINV*）子样本的回归结果。

考虑公开增发股票融资量对无效投资的影响，理论上企业公开增发获得更多的资金后由于更多的自由现金流，而更可能进行无效投资，尤其是那些

表 4-11 政治关联与公开增发股票、发行可转换债券融资企业投资效率的回归结果

Panel A：公开增发股票

| 变量 | *AINVRES*（*N*=115） | | | *UnderINV*（*n*=56） | | | *OverINV*（*n*=59） | | |
|---|---|---|---|---|---|---|---|---|---|
| | A | B | C | D | E | F | G | H | I |
| *Cons* | 0.041***<br>(0.000) | 0.043***<br>(0.000) | 0.057***<br>(0.000) | 0.039***<br>(0.000) | 0.039***<br>(0.000) | 0.039***<br>(0.000) | 0.030***<br>(0.200) | 0.021***<br>(0.310) | 0.040***<br>(0.111) |
| $PC_0$ | 0.006***<br>(0.001) | — | — | -0.006***<br>(0.006) | — | — | 0.011***<br>(0.002) | — | — |
| $PC_1$ | — | 0.010***<br>(0.000) | — | — | -0.006**<br>(0.013) | — | — | 0.043***<br>(0.000) | — |
| $PC_2$ | — | — | -0.001<br>(0.804) | — | — | -0.008***<br>(0.007) | — | — | -0.007<br>(0.198) |
| *Addstock* | 0.017<br>(0.134) | 0.004<br>(0.682) | 0.004<br>(0.725) | 0.013<br>(0.240) | 0.006<br>(0.461) | 0.012<br>(0.252) | 0.036*<br>(0.093) | 0.099***<br>(0.000) | 0.037<br>(0.177) |
| *ROE* | -0.034***<br>(0.008) | -0.041***<br>(0.002) | -0.049***<br>(0.003) | -0.066***<br>(0.000) | -0.067***<br>(0.000) | -0.056***<br>(0.001) | -0.000<br>(0.996) | 0.046<br>(0.059) | -0.003<br>(0.938) |
| *Mancost* | 0.147***<br>(0.000) | 0.044***<br>(0.002) | 0.045<br>(0.236) | -0.068<br>(0.190) | -0.044<br>(0.395) | -0.055<br>(0.264) | 0.150*<br>(0.082) | 0.100***<br>(0.000) | 0.019<br>(0.800) |
| *FSR* | 0.016***<br>(0.003) | 0.009*<br>(0.064) | 0.010*<br>(0.058) | 0.025***<br>(0.000) | 0.025***<br>(0.000) | 0.019***<br>(0.000) | -0.037*<br>(0.070) | -0.049***<br>(0.000) | -0.041**<br>(0.031) |

续 表

| 变量 | *AINVRES*（*N*=115） | | | *UnderINV*（*n*=56） | | | *OverINV*（*n*=59） | | |
|---|---|---|---|---|---|---|---|---|---|
| | A | B | C | D | E | F | G | H | I |
| Panel A：公开增发股票 | | | | | | | | | |
| *State* | −0.014***<br>（0.000） | −0.013***<br>（0.000） | −0.013***<br>（0.000） | −0.019***<br>（0.000） | −0.019***<br>（0.000） | −0.018***<br>（0.000） | 0.000<br>（0.937） | 0.000<br>（0.832） | −0.002<br>（0.804） |
| *Year* | 控制 | 控制 | 控制 | 控制 | 控制 | 控制 | 控制 | 控制 | 控制 |
| *Wald chi2* | 198.5*** | 309.5*** | 5926.1*** | 1090.2*** | 1604.6*** | 315.3*** | 72.5*** | 14854.2*** | 520.3*** |
| Panel B：发行可转换债券 | | | | | | | | | |
| | *AINVRES*（*N*=74） | | | *UnderINV*（*n*=54） | | | *OverINV*（*n*=20） | | |
| *Cons* | 0.050***<br>（0.000） | 0.047***<br>（0.000） | 0.047***<br>（0.000 | 0.046***<br>（0.001） | 0.075***<br>（0.000） | 0.038***<br>（0.000） | −0.012<br>（0.762） | −0.013<br>（0.743） | −0.006<br>（0.867） |
| $PC_0$ | 0.007*<br>（0.095） | — | — | −0.001<br>（0.852） | — | — | −0.008<br>（0.294） | — | — |
| $PC_1$ | — | 0.003<br>（0.465） | — | — | 0.036***<br>（0.001） | — | — | −0.002<br>（0.829） | — |
| $PC_2$ | — | — | −0.014<br>（0.113） | — | — | −0.020***<br>（0.000） | — | — | 0.014<br>（0.303） |
| *Convert* | 0.225***<br>（0.000） | 0.191***<br>（0.000） | 0.192***<br>（0.000） | 0.121**<br>（0.010） | −0.060<br>（0.313） | 0.129***<br>（0.000） | 0.364***<br>（0.003） | 0.360***<br>（0.001） | 0.375***<br>（0.001） |

续 表

| Panel B：发行可转换债券 | | | | | | | | | |
|---|---|---|---|---|---|---|---|---|---|
| | *AINVRES*（$N=74$） | | | *UnderINV*（$n=54$） | | | *OverINV*（$n=20$） | | |
| *ROE* | −0.069*<br>(0.056) | −0.031<br>(0.146) | −0.023<br>(0.251) | −0.018<br>(0.706) | 0.127**<br>(0.043) | −0.018<br>(0.571) | −0.146**<br>(0.037) | −0.179**<br>(0.013) | −0.184**<br>(0.011) |
| *Mancost* | −0.234***<br>(0.002) | −0.133**<br>(0.014) | −0.165***<br>(0.001) | −0.183***<br>(0.007) | −0.149**<br>(0.022) | −0.173***<br>(0.003) | 0.080<br>(0.555) | 0.136<br>(0.369) | 0.137<br>(0.358) |
| *FSR* | −0.009<br>(0.363) | −0.008<br>(0.427) | −0.006<br>(0.556) | 0.003<br>(0.874) | −0.014<br>(0.406) | 0.012<br>(0.233) | 0.014<br>(0.668) | 0.029<br>(0.427) | 0.015<br>(0.663) |
| *State* | −0.000<br>(0.976) | −0.001<br>(0.818) | 0 −0.002<br>(0.668) | −0.001<br>(0.910) | −0.014<br>(0.017) | −0.003<br>(0.405) | 0.013<br>(0.217) | 0.009<br>(0.351) | 0.008<br>(0.427) |
| *Year* | 控制 | 控制 | 控制 | 控制 | 控制 | 控制 | 控制 | 控制 | 控制 |
| *Wald chi2* | 220.7*** | 107.4*** | 295.0*** | 278.3*** | 168.3*** | 1091.2*** | 67.3*** | 74.6*** | 72.1*** |

注：括号里是检验的显著性 $p$ 值。显著性水平 $*p<0.1$，$**p<0.05$，$***p<0.01$。

需要扩大规模的项目，而这将带来过度投资。在模型 A ~ 模型 I 中，注意到公开增发股票融资量（*Addstock*）系数为正，这说明由于企业获得更多现金后，更少的现金约束使得企业更可能进行无效投资，尤其是在过度投资子样本中系数显著为正。

接下来重点考察政治关联是否影响以及如何影响企业的投资效率。模型 A，模型 D 和模型 G 表明综合政治关联（$PC_0$）与企业无效投资显著相关，其中与投资不足负相关而与过度投资正相关。可见，在上市公司公开增发股票融资的样本中，假设 5（政治关联降低了企业资金配置效率）得到验证。而过度投资子样本中，模型 G 表明政治关联与企业过度投资显著正相关，假设 5a（政治关联与企业过度投资正相关）得到验证。

进一步考察政治关联如何影响企业的无效投资。模型 E 和模型 F（模型 H 和模型 I）分别考察不同类型政治关联对投资不足子样本和过度投资子样本的影响，结果表明不同类型政治关联对无效投资影响不相同。首先，由模型 E 和模型 H 可看出，官员类政治关联（$PC_1$）与企业投资不足样本负相关，而与过度投资显著正相关。这说明，当企业获得更充裕的资金后，官员类政治关联企业会有更多空间和可能性扩大项目规模或投资那些能带来更多私利的项目，此时政治关联企业通过增加过度投资同时减少投资不足的方式增加企业的无效投资程度。其次，对委员类政治关联（模型 F 和模型 I）的考察，结果说明这类关联与企业投资不足负相关，而对过度投资无显著影响。可见在公开增发股票的融资样本中，假设 5b（官员类政治关联和委员类政治关联对企业无效投资的影响并不相同）得到验证。

Panel A 中公司其他特征对投资效率的影响可看出，净资产收益率（*ROE*）越高的企业其无效投资程度越低。而反映企业代理成本的管理费用（*Mancost*）越高则企业投资效率越低。国有控股（*State* =1）与投资效率的关系，结果表明国有控股与发债企业无效投资负相关。这初步表明这类企业可能会依照政府发展计划或者资金使用指导和监督而降低无效投资。第一大股东持股比例（*FSR*）与企业无效投资的关系并没有保持一致，在整体样本和投资不足子样本中，第一大股东持股比例与无效投资正相关，显示出大股东掏空行为。而在过度投资子样本中，第一大股东持股比例又与无效投资负相关，显示大股东治理的作用。这提示，政治关联企业中大股东持股比例起到治理作用并非始终如一。

Panel B 是发行可转换债券融资的样本，与之前分析一样。模型 A ~ 模型 C、模型 D ~ 模型 F 以及模型 G ~ 模型 I 分别是所有样本（*AINVRES*）、投资不足（*UnderINV*）子样本和过度投资（*OverINV*）子样本的回归结果。

考虑发行可转换债券融资量（*Convert*）对无效投资的影响。在模型 A ~ 模型 I 中，注意到变量 *Convert* 系数为正，这说明由于企业通过发行可转换债券获得更多现金后，更少的现金约束使得企业更可能进行无效投资，尤其是在过度投资子样本中系数显著为正。

接下来考察政治关联是否影响以及如何影响企业的投资效率。Panel B 中仅模型 A 在总体上表明综合政治关联（$PC_0$）与企业无效投资显著正相关。这说明对比无政治关联企业，政治关联显著降低了发行可转换债券融资企业的投资效率。假设 5（政治关联降低了企业资金配置效率）得到验证。但模型 B 和模型 C 则说明两类关联的影响分别都不显著。而模型 D 和模型 G 说明，在投资不足和过度投资的子样本中政治关联对企业无效资本配置效率无显著影响。因此假设 5a（政治关联与企业过度投资正相关）没有得到验证。

Panel B 中模型 E 和模型 F（模型 H 和模型 I）分别考察不同类型政治关联对投资不足样本和过度投资样本的影响，结果表明不同政治关联对企业无效投资影响不相同。在过度投资样本中，即官员类政治关联和委员类政治关联对企业无效投资无显著影响。只是在投资不足样本中，官员类政治关联对增加投资不足有显著影响，而委员类政治关联则对减少投资不足有显著影响。虽然该结论与之前官员类政治关联主要通过增加过度投资和减少投资不足的方式增加企业无效投资的结论不一致，但研究结果仍旧支持假设 H5b（官员类政治关联和委员类政治关联对企业无效投资的影响并不相同）。

Panel B 中企业其他特征变量对投资效率的影响可看出，企业净资产收益率（*ROE*）和反映企业代理成本的管理费用（*Mancost*）越高则企业投资效率越低。而国有控股（*State* =1）与第一大股东持股比例（*FSR*）则对投资效率无显著影响。

当然由于可转换债券融资样本较少，以下结论还有待后续研究进一步检验。

### 4.2.6 小结

研究分别以2007—2011年通过发行短期融资券和中期票据进行债务融资的684家，2004—2011年通过公开增发股票融资的115家和2004—2011年发行可转换债券融资的74家中国A股上市公司为研究对象，除从委托代理角度分析外，还结合中国经济转型背景下政府干预的角度，研究检验了三种不同融资契约下，政治关联对融资企业资本配置效率的影响以及可能的无效投资形式。

结果表明：

①在三种不同融资契约下，第3章假设1［对比无政治关联企业，政治关联企业管理费用（代理成本）更高］、假设2［对比非国有且无政治关联企业，国有政治关联企业管理费用（代理成本）更高］都没有得到验证。这可能与研究选取反映管理者代理成本高低的表征变量为管理费用有关，首先，由于研究中我们使用管理费用作为政治关联经营者代理成本的表征变量，但按《企业会计准则——应用指南（2006）》规定，企业管理费用是企业为组织和管理企业生产经营所发生的管理费用，包括企业在筹建期内发生的开办费、董事会和行政管理部门在企业的经营管理中发生的或者应由企业统一负担的公司经费（包括行政管理部门职工工资及福利费、低值易耗品摊销、办公费和差旅费等）、工会经费、董事会费（包括董事会成员津贴、会议费和差旅费等）、聘请中介机构费、咨询费（含顾问费）、业务招待费、房产税、车船使用税、技术转让费、研究费用等。可见以上项目中有可能反映政治关联经营者代理成本的仅有诸如公司经费、董事会费等少数几项，因此，政治关联经营者代理成本的信息很容易被其他支出所湮没。其次，三种融资契约的实施都需要企业支付中介费用或咨询费用，例如发行债券时企业需要支付的评级机构服务费用，而该笔费用将计入企业管理费用中的聘请中介机构费、咨询费，如此进一步抵消了政治关联经营者的代理成本信息。

②本节研究验证了第3章假设5（政治关联降低了企业资金配置效率）。经验研究的结果表明：三种不同融资契约下，政治关联总体对增加企业无效投资有显著正向影响，即政治关联总体降低了企业的投资效率。而且在债券和公开增发股票融资中政治关联都与企业过度投资正相关，这说明政治关联

可能是通过增加过度投资的途径降低企业资金配置效率。

③我国不同类型政治关联对企业不同无效投资形式影响存在差异。在发行债券和公开增发股票融资契约下，官员类政治关联对企业过度投资有正向影响、对企业投资不足有负向影响。而委员类政治关联只在公开增发股票融资契约下对企业投资不足有负向影响。在发行可转换债券融资契约下，官员类政治关联对企业投资不足有正向影响，而委员类政治关联则对企业投资不足有负向影响。

## 4.3　小结

本章以经验研究的方法，检验了在三种融资契约下，即债券融资、公开增发股票融资以及可转换债券融资，政治关联对企业融资额度及其资本配置效率的影响，这是对第3章假设1至假设5进行的检验。本章主要假设检验结果汇总如表4－12所示。

**表4－12　　本章主要假设检验结果汇总**

| 假设 | 预期结果 | 检验结果 | 是否通过检验 |
| --- | --- | --- | --- |
| H1 | 对比无政治关联企业，政治关联企业管理费用（代理成本）更高 | 不存在显著差异 | 未通过 |
| H2 | 对比非国有且无政治关联企业，国有政治关联企业管理费用（代理成本）更高 | 不存在显著差异 | 未通过 |
| H3 | 对比无政治关联企业，政治关联企业获得更多资金支持 | 存在显著差异 | 通过 |
| H3a | 对比无政治关联企业，政治关联企业会获得更多的债券（即短期融资券和中期票据）融资 | 存在显著差异 | 通过 |
| H3b | 对比无政治关联企业，政治关联企业会获得更多的股权（公开增发股票）和可转换债券融资 | 存在显著差异 | 通过 |
| H4 | 对比无政治关联企业，政治关联企业投资回报（*ROE*）更低 | 股权/可转换债券显著<br>债权不显著 | 部分通过 |

续 表

| 假设 | 预期结果 | 检验结果 | 是否通过检验 |
|---|---|---|---|
| H5 | 政治关联降低了企业资金配置效率 | 显著降低 | 通过 |
| H5a | 政治关联与企业过度投资正相关 | 可转换债券不显著 | 部分通过 |
| H5b | 官员类政治关联和委员类政治关联对企业无效投资的影响并不相同 | 影响不一致 | 通过 |

研究主要得出以下结论。

①本章 4.1 节主要考察政治关联对企业融资额度的影响。研究结果表明，在目前我国经济转型背景下，政治关联有利于企业获得更多资本投入，这种融资便利既体现在刚性约束强的债券融资中，也体现在权益市场和应用金融衍生工具融资中。该结论验证了第 3 章假设 3（对比无政治关联企业，政治关联企业获得更多资金支持）。

②对企业财务指标中反映投资回报率的指标——净资产收益率（*ROE*）的对比研究表明，政治关联企业盈利能力并没有好于无政治关联企业，但政治关联却有助于企业获得更多融资便利。第 3 章假设 4（对比无政治关联企业，政治关联企业投资回报更低）的结论在股权融资和可转换债券融资中得以验证，在债权融资中则没有。研究认为这一方面与债权融资的还款压力有关，加之债权融资样本中又以发行债务期限为一年的短期融资券，相应刚性约束更强有关。另一方面与目前我国能进行债券融资的企业一般都是经营状况良好的企业有关。

③三种不同融资契约下，代理成本在政治关联企业以及国有政治关联企业更高的假设并没有得到验证，即第 3 章假设 1 和假设 2 没有得到验证。这可能与研究选取反映经营者代理成本高低的表征变量：管理费用包含内容过多，不能真正反映政治关联经营者代理成本有关。另外，三种融资契约的实施都需要企业支付中介费用或咨询费用，如此进一步抵消了政治关联经营者的代理成本信息。

④政治关联对企业资本配置效率影响的研究表明，目前我国上市公司无效投资中，对比投资不足，过度投资现象更严重。另外，在三种不同融资契

约下，由于代理问题和政府干预，政治关联显著降低了融资企业的资本配置效率。该结论验证了第3章假设5（政治关联降低了企业资本配置效率）。而政治关联与企业过度投资正相关，这显示政治关联降低企业资本配置效率可能的途径是通过加剧过度投资体现。可见在我国，政治关联虽然有助于企业在融资过程获得资金优势，但这种非市场化方式获得的资源优势，在对其他无政治关联企业获取资源明显造成不公平的同时，并没有提高政治关联企业资本配置效率。由于政府干预和更多代理问题，不但降低了企业资本配置效率，而政治关联企业以非市场化配置的方式获得资源优势和竞争优势，更是对其他企业公平获得有限资源和市场化配置资源的市场经济运行机制的严重破坏，损害了投资者利益和社会总福利。

⑤研究表明我国两类不同的政治关联方式，即官员类政治关联和委员类政治关联对企业融资和无效投资影响存在差异。在企业融资中，官员类政治关联对企业债券融资有显著正向影响；委员类政治关联则对企业公开增发股票融资有显著正向影响；虽然样本较少，两类政治关联对企业发行可转换债券融资均有正向影响。在政治关联对企业资本配置效率的研究中发现这两类政治关联对企业无效投资的影响也不相同。简言之，官员类政治关联与企业投资不足负相关、与企业过度投资正相关；而委员类政治关联则与企业投资不足负相关；这些结论验证了本章提出的假设5b：官员类政治关联和委员类政治关联对企业无效投资的影响并不相同。

总之，本章经验研究结果除了验证第3章假设3、假设4和假设5，也再次以实际证据表明，在实践中，企业依靠政治关联，这种非市场化资源配置方式获得的资金优势和便利并没有提高政治关联企业盈利能力和资本配置效率。因此，从我国市场经济整体运行的角度，虽然政治关联企业获得资金优势对经营者掌控的企业短期内貌似有利，但非市场化配置资源的方式对那些无政治关联企业将形成不透明和不公平的资源配置方式。若我国资本市场长期都以此方式配置资源，则必然诱使更多企业不惜耗费大量精力和物力结交政府官员，甚至将企业与政府关系程度视为自己的“核心竞争力”，而忽视真正可以提高企业核心竞争力的项目，这将降低资本市场配置有效性，破坏我国市场经济体系的有效运行，最终造成投资者利益和社会整体财富的损失。

# 5

# 不同金融契约对政治关联投融资双方的激励约束机制模型分析和经验数据对比

第 3 章理论分析结论表明，外部环境变化和经营者道德风险对契约双方收益和社会总福利有重要影响。在企业微观层面，政治关联影响笔者认为其本质可归结为多任务委托代理模型下的一类激励问题。以上研究存在一个前提假设，即企业价值的创造与企业以何种方式融资、以何种形式分配利润没有关系，这正是经典 MM 定理成立的情形。但在现实中，事前事后信息的不对称和不完备触发了各类问题，如道德风险、逆向选择等。由委托代理问题引发的道德风险，理论界和实务界都认识到除加强企业公司治理外，不同金融契约，尤其是不同融资契约所蕴含的现金流权，在投资者和经营者之间的配置成为解决道德风险问题的有利财务工具。

相对投资者，政治关联经营者对项目运营具有明显信息优势。因此，缔约双方对项目收益信息的解读成为本节模型构建不同融资契约激励约束效应差异的考察切入点。首先，本书认为当政治关联企业为某个项目而需向外融资时，投资者并不占据决策主导地位。其次，投资者不得不面临很多质量参差不齐的项目，其中不乏质量差的项目，此时投资者需要关注保护其利益。因此合适的融资契约，应使投资者能在不同情况下作出不同选择。最后，项目实施时投资者可进行一定的调查和监督活动。可见项目价值除来源于经营者投入的努力外，投资者的监督投入也成为项目价值增值来源之一，因此，我们将投资者监督活动引入项目收益中。研究将考察三种融资模式，即债券、股权和可转换债券对多任务政治关联经营者的激励问题。因此不同融资契约下项目收益分布及投资者和经营者对项目收益的后验信息修正将是本节分析的关键支撑点。

本章模型分析结果表明，由于存在对项目信号的信息修正并且投资者由此决定是否实施转换，因此不同于股权融资和债权融资，可转换债券融资中投资者可以依据项目信号判断项目质量高低以决定是否实施其转换权，如此一来，既降低了契约的不完全程度，又激励双方进行最优的价值创造活动。

可见，可转换债券的激励效应表现为转换之前债务特性给予政治关联经营者一定威胁，使得其为防止投资者退出或项目被清算而愿意提供最优的努力。当信号表明项目质量好时，投资者可将债券转换为股份，这促使投资者愿意在项目后续价值增值中提供监督努力。而高的项目回报也使得经营者的收益有所保障。因此，可转换债券的可转换特性有效实现了契约双方动态渐变的协调博弈过程，在这一过程中双方的利益和权力都能够得到有效的保护和制衡，从而实现互惠（激励）相容的博弈均衡。

当然，我们也注意到金融契约缓解政治关联消极影响存在一定的适用范围，即该类方法更适合缓解由政治关联经营者道德风险引起的消极影响，而对外部环境变化带来的不利影响的缓解作用有限。不过，可转换债券融资契约中阶段融资特点带来的项目质量信息披露和信息更新以及相机转换的特性还是能部分反映外部环境变化对项目的影响。而减少环境变化，即本书关注的减少政府干预企业运营则有赖于现有政府职能的转变。正因为如此，笔者才认为本书提出的应用融资契约市场化配置资源所体现的公平和效率特性来缓解政治关联消极影响，减少企业依附政治关联影响是目前我国现实条件下可行的解决方式和思路。

## 5.1 相关模型介绍和研究拓展

### 5.1.1 Kirilenko 模型简介

Kirilenko（2001）对企业家和投资者的研究发现，企业家通过拥有企业的控制权而获得非金钱的私人收益，这与投资者期望相背离。为此投资者应要求高于其投资份额的控制权。不过笔者调查发现，现实中投融资双方其实都希望契约能包含相机的条款，但无法实施的原因是自然状态不能确定。为此，笔者对项目收益进行了先验信息为正态分布的假设，并且依据贝叶斯法则，企业家可依据信号 $z$ 对项目收益进行后验信息修正并同样满足正态分布。当给定信号 $z$ 时，项目收益期望均值 $\bar{x}$ 和方差的后验分布为：$E\{\bar{x} \mid z\} = \dfrac{z/\sigma_{\varepsilon}^{2} + \mu/\sigma_{x}^{2}}{1/\sigma_{\varepsilon}^{2} + 1/\sigma_{x}^{2}}$ 和 $\mathrm{var}\{\bar{x} \mid z\} = \dfrac{1}{1/\sigma_{\varepsilon}^{2} + 1/\sigma_{x}^{2}}$。结果显示，投资者需要合适的股权分配比例以权衡企业家私人收益与期望的资本回报之间的差异。

### 5.1.2　模型的拓展

基于前面章节政治关联对投资者收益和社会总福利有消极经济影响的结论，本章研究主要通过借鉴 Kirilenko（2001）研究中对项目收益的正态分布、基于贝叶斯的信息修正和可转换债券融资类似阶段融资特点的设定，分析不同融资契约对约束或缓解政治关联消极作用的可行性。国内学者郭文新和曾勇（2010）在借鉴 Kirilenko 研究的基础上，将项目收益设置为指数形式加以处理。本书将同样按照此思路，不过在项目收益中引入：①政治关联经营者生产性活动 $e_1$ 和非生产性活动 $e_2$ ，将多任务特点嵌入不同融资契约中加以分析和考察；②投资者监督投入水平 $a$ ，考虑到实践中，投资者对选择投资的企业和企业后续的运营其实都能发挥主动选择和监督作用这一事实，研究与第 3 章模型设定思路一样。在本部分研究中，引入投资者监督使得研究得以分析在不同融资契约下，依据项目收益信号，投资者可以选择的应对策略以及监督投入水平，这对保护投资者利益具有一定意义。

## 5.2　两任务的基本融资契约模型

假设政治关联企业家（经营者）需要投资一项目，由于资金不足而需要向外部融资。投资者除向政治关联经营者提供投入资本 $M$ 外，还会对其进行监督。项目进行时经营者从事活动分为生产性活动 $e_1$ 和非生产性活动 $e_2$ 。由于之前分析已表明政治关联给投资者、社会总福利带来消极经济影响。为简化问题，设定项目价值降低主要源于政治关联经营者进行的非生产性活动 $e_2$ 。鉴于政治关联经营者偏离反而有利于其自身收益（3.4 节结论），该特征在本章模型设定由经营者成本函数中 $e_1$ 和 $e_2$ 的互补程度系数 $\varphi$ 反映［见式（5－3）］。

**1. 项目收益函数**

依据上述设定，项目收益表达式为：

$$y = e_1 - me_2 + a + \omega \tag{5-1}$$

式中，$e_1, e_2 \in [0, \infty)$ 表示关联经营者在生产性活动和非生产性活动投入的努力；$a \in [0, \infty)$ 表示投资者监督投入水平。$\omega$ 代表外部不确定性因素，且有 $\omega \in N(0, \sigma^2)$ 。合约双方对此具有相同的认识，但事后其实现值不能被第三方所证实，则项目的基础价值表达式为 $v = e_1 - me_2 + a$ 。

模型的时间结构如下：

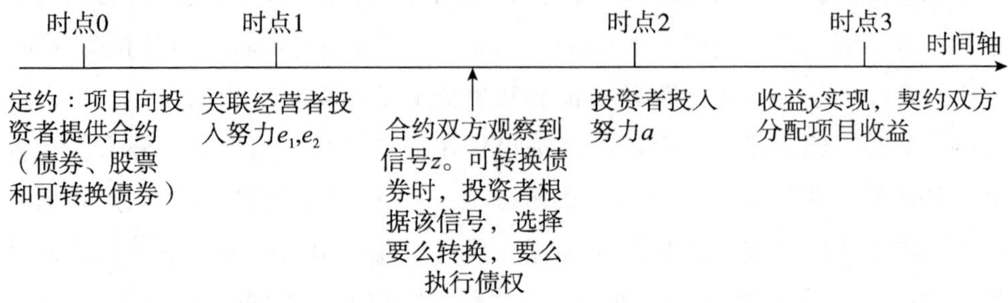


时点 0，假设政治关联经营者向投资者提供融资契约。定约后，项目需投资者投入 $M$。合约的预期价值应满足投资者参与约束。当为债权契约时，投资者预期利润应不小于 $(1+\mu)M$ ，$\mu$ 表示为投资者在资本市场可获得的平均报酬收益率，设债权的面值为 $D$。若为股权融资，则受有限责任保护投资者预期收益不低于 0 即可。若为可转换债券融资，在时点 0 的情形与债权融资一致。

时点 1，项目运营需要关联经营者投入努力，经营者努力水平为投资者所不能观测。不过政治关联经营者和投资者在时点 1 和时点 2 之间都可以观察到项目信号：

$$z = e_1 - me_2 + a + \varepsilon \tag{5-2}$$

项目运营中基础价值方面的信息可由该信号显示。$\varepsilon$ 表示外部不确定性因素造成的观测误差，同样假设其服从 $\varepsilon \in N(0,\sigma^2)$ 的正态分布。这表明投资者和关联经营者并不能准确观测到企业完全真实的基础价值，除非 $\varepsilon$ 等于 0。因此，虽然项目价值方面的信号可被投资者和政治关联经营者观测到，但第三方证实该信号。

时点 2，在债权或股权融资时，投资者选择投入或不投入监督努力。在可转换债券融资时，若依据该信号，投资者判断项目未来发展和利润空间更好时，投资者可执行转换权，此时债权 $D$ 将被变更为股权，份额为 $1-\alpha$ 。之后在时点 2，投资者投入监督努力。可设定在时点 2 后，项目收益增加主要来自投资者投入的监督努力贡献。在时点 3，契约双方分配项目收益。但若依据观测到的信号投资者认为项目价值不大，则可不实施转换期权，而只获得债权的固定收益。

时点 3，项目完成，双方按不同融资契约模式分配收益。

2. **各方成本函数**

根据之前的分析，设政治关联经营者和投资者努力的成本函数如下式所示：

$$c_m = \frac{1}{2}b_1 e_1^2 + \frac{1}{2}b_2 e_2^2 + (1+\eta)\varphi\sqrt{b_1 b_2}e_1 e_2 \tag{5-3}$$

其中，$b_1$、$b_2$ 分别表示政治关联经营者和投资者努力成本系数。两者的成本函数满足单调增且凸的假设。$\varphi$ 为政治关联经营者生产性活动和非生产性活动之间的相关系数，一般 $\varphi \in [-1,1]$ 。根据两类活动的替代性和互补性的定义，当 $\varphi = 1$ 时，两项活动完全相互替代；$0 < \varphi < 1$ ，两项活动为不完全替代；$\varphi = 0$ ，两项活动互为独立；$-1 < \varphi < 0$ ，两项活动部分互补；$\varphi = -1$ ，两项活动完全互补（Laffont，Martimort，1997；孔峰，刘鸿雁，2009）。

由之前分析结论，政治关联经营者从事更多非生产性活动虽然降低了项目价值，但这类活动反而提高了其自身收益，包括更多的私人收益。从这个意义上来说，政治关联经营者进行的生产性活动和非生产性活动成本具有互补性。因此在后续研究中，经营者生产性活动和非生产性活动之间相关系数 $\varphi$ 取值范围为 $-1 < \varphi < 0$ 。

与之前分析一致，研究认为相比无政治关联，政治关联经营者会进行更多非生产性活动，由此两类活动间的互补性提高，则可设 $\eta \in [0,1]$ 为政治关联经营者的特征系数。将系数 $\varphi$ 取绝对值后则关联经营者的成本函数转变为如下形式：

$$c_m = \frac{1}{2}b_1 e_1^2 + \frac{1}{2}b_2 e_2^2 - (1+\eta)|\varphi|\sqrt{b_1 b_2}e_1 e_2$$

3. **一阶条件解**

首先考察当经营者和投资者的行动都可观测且可被第三方证实时的融资问题，即如同3.2节至3.4节的情形。简单起见，研究假设合约双方风险中性，则若契约双方的行动可观察和可被证实，则在合约中，经营者和投资者即可指定双方最优的投入努力水平。此时双方投入创造项目价值且仅与此有关，而与融资方式和利润分配方式无关，此时项目净利润为：

$$CE_j(e_1, e_2, a) = e_1 - me_2 + a - c_m - c_p - (1+\mu)M \tag{5-4}$$

则政治关联经营者和投资者的一级最优努力水平为：

$$e_1^{FB} = \frac{b_2 - m(1+\eta)|\varphi|\sqrt{b_1 b_2}}{b_1 b_2[1-(1+\eta)^2\varphi^2]} \tag{5-5}$$

$$e_2^{FB} = \frac{-mb_1 + (1+\eta)|\varphi|\sqrt{b_1 b_2}}{b_1 b_2[1-(1+\eta)^2\varphi^2]} \tag{5-6}$$

$$a^{FB} = \frac{1}{b_3} \tag{5-7}$$

## 5.3 项目质量的信息修正

在政治关联经营者和投资者双方观察到信号 $z = e_1 - me_2 + a + \varepsilon$ 后，可以更新对项目毛利润的估计：

$$E(y \mid z) = \frac{\bar{v}/\sigma^2 + z/\sigma_\varepsilon^2}{1/\sigma^2 + 1/\sigma_\varepsilon^2} \tag{5-8}$$

$$\sigma_h^2 = \frac{\sigma^2 + \sigma_\varepsilon^2}{\sigma^2 \sigma_\varepsilon^2} \tag{5-9}$$

上述两式分别表示在观察到信号后，契约双方对项目毛利润均值和方差后验信息的估计修正值，其中，方差 $\sigma_h^2$ 同样满足正态分布。在金融分析和契约理论中广泛应用（Holmstrom，1999）正态分布下的贝叶斯更新。式（5-8）中的 $\bar{v} = \bar{e}_1 - m\bar{e}_2 + \bar{a}$，表示契约双方对项目价值的事前估计量，则其信号 $z$ 分布满足 $z \in N(\bar{v}, \sigma_h^2)$。$v = e_1 - me_2 + a$ 表示项目价值的真值，双方关于 $v$ 的事前信息服从 $N(\bar{v}, \sigma^2)$ 的正态分布，则信号 $z$ 满足 $z \in N(v, \sigma_\varepsilon^2)$ 的正态分布（Kirilenko，2001；郭文新，曾勇，2010）。

## 5.4 不同融资契约模型

### 5.4.1 债权融资契约

时点 0 时，若政治关联经营者和投资者首先订立债权融资契约，其面值为 $D$。债权融资强制支付的特性使得契约双方在该种融资契约下无须再确定交易价格和数量，投资者仅获得固定收益，最大即为债券的固定面值 $D$。此时，由于只获得固定收益，因此投资者没有必要投入努力进行监督和帮助，即 $a_b^* = 0$，其中 $b$ 表示债权融资契约。

此时，由于政治关联经营者受有限责任的保护，则债权融资下经营者收

益 $E_{mb}$ 表示如下：

$$E_{mb}[\max[y-D,0]] = \int_D^{+\infty}(y-D)\frac{1}{\sigma\sqrt{2\pi}}e^{-\frac{(y-e_1+me_2)^2}{2\sigma^2}}\mathrm{d}y$$

$$= \int_D^{+\infty}(y-e_1+me_2)\frac{1}{\sigma\sqrt{2\pi}}e^{-\frac{(y-e_1+me_2)^2}{2\sigma^2}}\mathrm{d}y + \int_D^{+\infty}(e_1-me_2-D)\frac{1}{\sigma\sqrt{2\pi}}e^{-\frac{(y-e_1+me_2)^2}{2\sigma^2}}\mathrm{d}y$$

$$= -\sigma\phi\left(\frac{D-e_1+me_2}{\sigma}\right)+(e_1-me_2-D)\left[1-\Phi\left(\frac{D-e_1+me_2}{\sigma}\right)\right] \tag{5-10}$$

其中，Φ(·) 和 φ(·) 分别表示标准正态分布的累积分布函数和概率密度函数。$E_{mb}$ 中的 $m$、$b$ 分别表示经营者和债权融资方式。式（5－10）表明当融资契约为债权时，负有有限责任的经营者在支付 $D$ 后即可获得项目的全部毛利润。政治关联经营者的净收益只需扣除其付出的努力成本 $c_m$ 即可，则此时政治关联经营者的净收益如下：

$$CE_{mb} = E_{mb}[\max[y-D,0]] - c_m = -\sigma\phi\left(\frac{D-e_1+me_2}{\sigma}\right)+$$

$$(e_1-me_2-D)\left[1-\Phi\left(\frac{D-e_1+me_2}{\sigma}\right)\right]$$

$$-\frac{1}{2}b_1e_1^2-\frac{1}{2}b_2e_2^2+(1+\eta)|\varphi|\sqrt{b_1b_2}e_1e_2 \tag{5-11}$$

式（5－11）分别对 $e_1, e_2$ 求导，可得在债权融资下当考虑了项目收益分布情形时政治关联经营者的次优努力水平。

以对 $e_1$ 求导为例，式（5－11）第一部分求导结果如下：

$$-\sigma\phi\left(\frac{D-e_1+me_2}{\sigma}\right)' = -\sigma\phi\left(\frac{D-e_1+me_2}{\sigma}\right)\left(-\frac{D-e_1+me_2}{\sigma}\right)(-1)$$

$$= -(D-e_1+me_2)\phi\left(\frac{D-e_1+me_2}{\sigma}\right)$$

第二部分求导结果如下：

$$\left\{(e_1-me_2-D)\left[1-\Phi\left(\frac{D-e_1+me_2}{\sigma}\right)\right]\right\}' = \left[1-\Phi\left(\frac{D-e_1+me_2}{\sigma}\right)\right]-$$

$$(e_1-me_2-D)\phi\left(\frac{D-e_1+me_2}{\sigma}\right)$$

第三部分求导结果如下：

$$\left(-\frac{1}{2}b_1e_1^2-\frac{1}{2}b_2e_2^2+(1+\eta)\,|\varphi|\,\sqrt{b_1b_2}e_1e_2\right)'=-b_1e_1+(1+\eta)\,|\varphi|\,\sqrt{b_1b_2}e_2$$

将上述三部分加起来即可得式（5－11）对 $e_1$ 求导结果为：

$$CE_{mb}^{e_1}{}'=\left[1-\Phi\left(\frac{D-e_1+me_2}{\sigma}\right)\right]-b_1e_1+(1+\eta)\,|\varphi|\,\sqrt{b_1b_2}e_2 \tag{5-12}$$

类似的对 $e_2$ 求导后，可得

$$CE_{mb}^{e_2}{}'=-m\left[1-\Phi\left(\frac{D-e_1+me_2}{\sigma}\right)\right]-b_2e_2+(1+\eta)\,|\varphi|\,\sqrt{b_1b_2}e_1 \tag{5-13}$$

则有

$$e_{1b}^{SEC}=\frac{b_2-m(1+\eta)\,|\varphi|\,\sqrt{b_1b_2}}{b_1b_2[1-(1+\eta)^2\varphi^2]}\left[1-\Phi\left(\frac{D-e_1+me_2}{\sigma}\right)\right] \tag{5-14}$$

$$e_{2b}^{SEC}=\frac{-mb_1+(1+\eta)\,|\varphi|\,\sqrt{b_1b_2}}{b_1b_2[1-(1+\eta)^2\varphi^2]}\left[1-\Phi\left(\frac{D-e_1+me_2}{\sigma}\right)\right] \tag{5-15}$$

此时，经营者提供的债权融资契约仅须满足投资者的参与约束，即预算平衡，则有 $E_{pb}[\min(y,D)]\geqslant(1+\mu)M$，其中 $p$ 表示投资者。

### 5.4.2 可转换债券融资契约

当可转换债券不进行转股时，情形与初始就以债权融资一样，不再赘述。下面主要考察将债权转换为股权的情形。政治关联经营者向投资者提供的合约有如下特征：①债权作为初始合约需要满足投资者参与约束，即在此合约下投资者的预期收益不能低于该资金在外部资本市场的平均收益率即 $(1+\mu)M$。②当政治关联经营者在时点 1 投入努力经营项目并产生信号 $z$ 后，投资者可根据该信号进行是否转股的判断。若项目质量好，投资者选择实施转股，即将其持有的债权 $D$ 变更为项目 $1-\alpha$ 份额的股权。相应经营者拥有 $\alpha$ 份额股权。③转股后，在时点 3 投资者将投入努力协助经营者经营项目，并分配项目利润。简化分析问题，可认为合约的新增剩余价值将主要由投资者创造。

依据观察到的信号 $z$，如果下式满足，投资者愿意将债权转为股权并投入监督，项目继续进行：

$$(1-\alpha)\frac{\bar{v}/\sigma^2+z/\sigma_\varepsilon^2}{1/\sigma^2+1/\sigma_\varepsilon^2}-D\geqslant 0 \tag{5-16}$$

式（5－16）表示投资者获得的 $1-\alpha$ 份额股份投资回报不应小于同样情形下投资债权时的收益 $D$，否则投资者将执行债权。此时有，

$$z\geqslant z_{\min}=\frac{(\sigma^2+\sigma_\varepsilon^2)D}{1-\alpha}-\bar{v}\frac{\sigma_\varepsilon^2}{\sigma^2} \tag{5-17}$$

式（5－17）表示，仅当投资者观察到的信号不小于阈值 $z_{\min}$ 时，投资者才会执行转换，否则投资者将仅收获债权固定收益。

因此在信号 $z$ 下，投资者将在转股后收益和不转股时仅获得债权的固定收益之间进行权衡。只有当投资者判断项目的价值不小于 $D$ 时，投资者才会实施转股。投资者对于转股和不转股的决策应满足如下条件：

$$W=\max\left[D,(1-\alpha)\frac{\bar{v}/\sigma^2+z/\sigma_\varepsilon^2}{1/\sigma^2+1/\sigma_\varepsilon^2}\right]-D=\max\left[0,(1-\alpha)\frac{\bar{v}/\sigma^2+z/\sigma_\varepsilon^2}{1/\sigma^2+1/\sigma_\varepsilon^2}-D\right]$$

依据之前对信号 $z$ 的设定，当给定项目价值的事前估计量为 $\bar{v}$ 时，则信号 $z$ 的分布满足 $z\in N(\bar{v},\sigma_h^2)$。投资者对转股后项目收益的总预期价值可表示为：

$$\begin{aligned}NW&=\frac{1}{1-\alpha}\int_{-\infty}^{+\infty}\max\left[0,(1-\alpha)\frac{\bar{v}/\sigma^2+z/\sigma_\varepsilon^2}{1/\sigma^2+1/\sigma_\varepsilon^2}-D\right]\frac{1}{\sigma_h\sqrt{2\pi}}e^{-\frac{(z-\bar{v})^2}{2\sigma_h^2}}\mathrm{d}z\\&=\frac{\sigma^2}{\sigma^2+\sigma_\varepsilon^2}\int_{-\infty}^{+\infty}\max[0,z-z_{\min}]\frac{1}{\sigma_h\sqrt{2\pi}}e^{-\frac{(z-\bar{v})^2}{2\sigma_h^2}}\mathrm{d}z\\&=\frac{\sigma^2}{\sigma^2+\sigma_\varepsilon^2}\left\{-\sigma_h\phi\left(\frac{z_{\min}-\bar{v}}{\sigma_h}\right)+(\bar{v}-z_{\min})\left[1-\Phi\left(\frac{z_{\min}-\bar{v}}{\sigma_h}\right)\right]\right\}\end{aligned} \tag{5-18}$$

上式中的 $\Phi(\cdot)$ 和 $\varphi(\cdot)$ 分别表示标准正态分布的累积分布函数和概率密度函数。在 $(1-\alpha)NW$ 基础上若扣除投资者在可转换债券转换后投入的监督努力成本，则可得转换后投资者该部分的净收益为：

$$(1-\alpha)NW-c(\bar{a})=\frac{(1-\alpha)\sigma^2}{\sigma^2+\sigma_\varepsilon^2}\left\{-\sigma_h\phi\left(\frac{z_{\min}-\bar{v}}{\sigma_h}\right)+(\bar{v}-z_{\min})\left[1-\Phi\left(\frac{z_{\min}-\bar{v}}{\sigma_h}\right)\right]\right\}-\frac{1}{2}b_3\bar{a}^2 \tag{5-19}$$

由于转换前投资者只获得债权的固定收益，因此，投资者在转换后投入的监督努力即为均衡时投资者的次优努力水平。

由于 $z \geqslant z_{\min} = \frac{(\sigma^2 + \sigma_\varepsilon^2)D}{1 - \alpha} - \bar{v}\frac{\sigma_\varepsilon^2}{\sigma^2}$ 和 $\bar{v} = \bar{e}_1 - m\bar{e}_2 + \bar{a}$，对式（5－19）关于 $\bar{a}$ 求导即得在转换后投资者最优监督努力水平。

第一部分求导计算结果如下：

$$\frac{(1-\alpha)\sigma^2}{\sigma^2+\sigma_\varepsilon^2}\left[-\sigma_h\phi\left(\frac{z_{\min}-\bar{v}}{\sigma_h}\right)\right]' = -(1-\alpha)(z_{\min}-\bar{v})\phi\left(\frac{z_{\min}-\bar{v}}{\sigma_h}\right)$$

第二部分求导计算结果如下：

$$\frac{(1-\alpha)\sigma^2}{\sigma^2+\sigma_\varepsilon^2}\left[(\bar{v}-z_{\min})\left[1-\Phi\left(\frac{z_{\min}-\bar{v}}{\sigma_h}\right)\right]\right]' - c'_{pcv}$$

$$= (1-\alpha)\left[1-\Phi\left(\frac{z_{\min}-\bar{v}}{\sigma_h}\right)\right] - (1-\alpha)(\bar{v}-z_{\min})\phi\left(\frac{z_{\min}-\bar{v}}{\sigma_h}\right) - b_3\bar{a}^*$$

将上述两个计算结果合并后得到投资者在可转换债券融资下转股后的最优监督努力水平为：

$$\bar{a}_{cv}^{SEC} = \frac{1}{b_3}(1-\alpha)\left[1-\Phi\left(\frac{z_{\min}-\overline{v'}}{\sigma_h}\right)\right] \qquad (5-20)$$

式（5－20）是投资者为（$1-\alpha$）份额的股权预期价值关于 $\bar{a}$ 求导所得，注意其中 $\overline{v'} = \bar{e}_1 - m\bar{e}_2 + \bar{a}^*$，表示当经营者努力水平为 $\bar{e}_1$ 和 $\bar{e}_2$ 时，项目利润由于投资者投入 $\bar{a}_{cv}^{SEC*}$ 而超过 $z_{\min}$ 的概率，而且是投资者为（$1-\alpha$）份额的股权付出的努力。由于 $\bar{a}_{cv}^{SEC*}$ 是投资者事前认为转股后应采取的努力水平，即 $\bar{a}_{cv}^{SEC*}$ 是均衡时投资者的二级最优监督努力水平。

由于经营者和投资者按股份份额获得收益，则投资者获得项目剩余为 $(1-\alpha)NW$。而融资契约是由政治关联经营者提供，因此初始的债权合约会仅给予投资者预期回报，即投资者的外部机会所得 $(1+\mu)M$。此时投资者总收益为：

$$CE_{pcv} = (1+\mu)M + (1-\alpha)NW$$

$$= (1+\mu)M + \frac{(1-\alpha)\sigma^2}{\sigma^2+\sigma_\varepsilon^2}\left\{-\sigma_h\phi\left(\frac{z_{\min}-\bar{v}}{\sigma_h}\right) + (\bar{v}-z_{\min})\left[1-\Phi\left(\frac{z_{\min}-\bar{v}}{\sigma_h}\right)\right]\right\} \qquad (5-21)$$

$CE_{pcv}$ 中的 $p$ 和 $cv$ 分别表示投资者和可转换债券融资契约模式。

从上述分析可看出，投资者在可转换债券融资中通过对项目信号 $z$ 的解读，若认为项目质量较好则实施转股，如此可获得项目后续运营部分的剩余。

若项目质量不好，投资者通过不实施转股收获固定收益而保证最低收益。这提醒我们在融资时，投资者可以先投入一部分资金，等观察到信号 $z_{\min}$ 时，再投入剩余资金。否则，投资者可认为项目质量不好，停止投资或撤出项目，获得固定收益。可见，可转换债券融资中信号 $z$ 的存在使得投资者可进行阶段性投资，以保护其收益。

下面将考虑经营者收益。在投资者没有实施转换前，融资形式即为债权形式，因此经营者收益与之前分析的债权融资情况一致，但当投资者实施转股后，情况发生了变化。此时经营者在事前签好融资契约的条件下拥有 $\alpha$ 部分的项目股权。经营者股权价值受有限责任保护不能小于0，即

$$\alpha \frac{\bar{v}/\sigma^2 + z/\sigma_\varepsilon^2}{1/\sigma^2 + 1/\sigma_\varepsilon^2} - 0 \geqslant 0$$

则有 $z \geqslant z_{mcv} = -\frac{\sigma_\varepsilon^2}{\sigma^2}\overline{v'}$，其中，$\overline{v'} = \bar{e}_1 - m\bar{e}_2 + \bar{a}^*$，$\bar{a}^*$ 为之前计算出的转股后投资者投入二阶最优监督努力水平。$z_{mcv}$ 中的 $m$ 和 $cv$ 表示此时经营者和可转换债券融资契约。

此时转股后经营者的预期回报表示为：

$$M_{mcv} = \int_{-x}^{+\infty} \max\left[0, \alpha \frac{\overline{v'}/\sigma^2 + z/\sigma^2}{1/\sigma^2 + 1/\sigma_\varepsilon^2}\right] \frac{1}{\sigma_h\sqrt{2\pi}} e^{-\frac{(z-v')2}{2\sigma_h^2}} \mathrm{d}z$$

$M_{mcv}$ 中的 $m$ 和 $cv$ 分别表示政治关联经营者和可转换债券融资契约。将 $z_{mcv} = -\frac{-\sigma_\varepsilon^2}{\sigma^2}\overline{v'}$ 代入后，可得

$$\begin{aligned} M_{mcv} &= \int_{-\infty}^{+\infty} \max\left[0, \alpha \frac{\overline{v'}/\sigma^2 + z/\sigma_\varepsilon^2}{1/\sigma^2 + 1/\sigma_\varepsilon^2}\right] \frac{1}{\sigma_n\sqrt{2\pi}} e^{-\frac{(z-\overline{v'})2}{2\sigma_h^2}} \mathrm{d}z \\ &= \frac{\alpha\sigma^2}{\sigma^2 + \sigma_\varepsilon^2} \int_{-\infty}^{+\infty} \max[0, z - z_{mcv}] \frac{1}{\sigma_n\sqrt{2\pi}} e^{-\frac{(z-\overline{v'})2}{2\sigma_h^2}} \mathrm{d}z \\ &= \alpha\left[-\frac{\sigma^2\sigma_n}{\sigma^2 + \sigma_\varepsilon^2}\phi\left(\frac{z_{mcv} - \overline{v'}}{\sigma_h}\right) + \overline{v'}\left(1 - \Phi\left(\frac{z_{mcv} - \overline{v'}}{\sigma_h}\right)\right)\right] \end{aligned} \quad (5-22)$$

式（5－22）中的 $\Phi(\cdot)$ 和 $\varphi(\cdot)$ 分别表示标准正态分布的累积分布函数和概率密度函数。两部分收益构成了政治关联经营者转股后可获得的预期回报。经营者持有的 $\alpha$ 份股权作为第一部分由式（5－22）表达。第二部分是总剩余 $EW$ 的 $\alpha$ 部分。此处重要的是，此时经营者总的预期回报不应小于其从初

始债权获得的回报，这意味着要满足：

$$CE_{mcv} = M_{mcv} + \alpha NW - c_m \geqslant E_{mb}[\max[y - D, 0]] - c_m \tag{5-23}$$

式（5-23）左侧即为政治关联经营者净收益，具体为：

$$\begin{aligned} CE_{mcv} &= M_{mcv} + \alpha NW - c_m \quad z \geqslant z_{min} = \frac{(\sigma^2 + \sigma_\varepsilon^2)D}{1 - a} - \bar{v}\frac{\sigma_\varepsilon^2}{\sigma^2} \\ &= \alpha\left[-\frac{\alpha^2\sigma_h}{\alpha^2 + \sigma_\varepsilon^2}\phi\left(\frac{z_{mcv} - \overline{v'}}{\sigma_h}\right) + \overline{v'}\left(1 - \Phi\left(\frac{z_{mcv} - \overline{v'}}{\sigma_h}\right)\right)\right] + \\ &\quad \frac{\alpha\sigma^2}{\sigma^2 + \sigma_\varepsilon^2}\left[-\sigma_h\phi\left(\frac{z_{\min} - \bar{v}}{\sigma_h}\right) + (\bar{v} - z_{\min})\left(1 - \Phi\left(\frac{z_{\min} - \bar{v}}{\sigma_h}\right)\right)\right] - \\ &\quad \frac{1}{2}b_1e_1^2 - \frac{1}{2}b_2e_2^2 + (1 + \eta)\mid\varphi\mid\sqrt{b_1b_2e_1e_2} \end{aligned} \tag{5-24}$$

式（5-24）分别对 $e_1$ 和 $e_2$ 求导，得可转换债券融资下政治关联经营者的最优努力水平为：

$$e_{1cv}^{SEC} = \frac{b_2 - m(1 + \eta)\mid\varphi\mid\sqrt{b_1b_2}}{b_1b_2[1 - (1 + \eta)^2\varphi^2]}\alpha\left\{\left[1 - \Phi\left(\frac{z_{mcv} - \overline{v'}}{\sigma_h}\right)\right] + \left[1 - \Phi\left(\frac{z_{\min} - \bar{v}}{\sigma_h}\right)\right]\right\} \tag{5-25}$$

$$e_{2cv}^{SEC} = \frac{-mb_1 + (1 + \eta)\mid\varphi\mid\sqrt{b_1b_2}}{b_1b_2[1 - (1 + \eta)^2\varphi^2]}\alpha\left\{\left[1 - \Phi\left(\frac{z_{mcv} - \overline{v'}}{\sigma_h}\right)\right] + \left[1 - \Phi\left(\frac{z_{\min} - \bar{v}}{\sigma_h}\right)\right]\right\} \tag{5-26}$$

式（5-21）和式（5-20）分别给出了投资者收益和转股后投资者投入的次优监督努力水平，而式（5-23）、式（5-25）和式（5-26）则给出了政治关联经营者转股后的收益和投入的次优努力水平。综合之前分析可得在可转换债券融资下，政治关联经营者的预期收益为：

$$E_m = \begin{cases} M_{mcv} + \alpha NW & z \geqslant z_{\min} \\ E_m[\max[y - D, 0]] & z < z_{\min} \end{cases} \tag{5-27}$$

相应投资者的预期收益为：

$$E_p = \begin{cases} (1 + \mu)M + (1 - \alpha)NW & z \geqslant z_{\min} \\ (1 + \mu)M & z < z_{\min} \end{cases} \tag{5-28}$$

### 5.4.3 股权融资契约

分析思路与 5.4.2 可转换债券融资转股后情形类似：在股权融资契约下，

经营者和投资者分别拥有项目 $\alpha$ 和 $1-\alpha$ 部分的股权。则在有限责任保护下，经营者和投资者的股权价值不能小于0，则有：

$$\alpha\frac{\bar{v}/\sigma^2+z/\sigma_\varepsilon^2}{1/\sigma^2+1/\sigma_\varepsilon^2}-0\geqslant 0 \text{ 以及 } (1-\alpha)\frac{\bar{v}/\sigma^2+z/\sigma_\varepsilon^2}{1/\sigma^2+1/\sigma_\varepsilon^2}-0\geqslant 0$$

得 $z\geqslant z_{\min s}=-\frac{\sigma_\varepsilon^2}{\sigma^2}\bar{v}$，其中 $\bar{v}=\bar{e_1}-m\bar{e_2}+\bar{a}$。可见在股权融资契约下，信号 $z_{\min s}$ 表示了契约双方可容忍的最低项目产出水平。

由于投资者监督在时序上位于经营者投入努力之后，则投资者的预期净回报为下式：

$$CE_{ps}=\int_{-\infty}^{+\infty}\max\left[0,(1-\alpha)\frac{\bar{v}/\sigma^2+z/\sigma_\varepsilon^2}{1/\sigma^2+1/\sigma_\varepsilon^2}\right]\frac{1}{\sigma_h\sqrt{2\pi}}e^{-\frac{(z-\bar{v})2}{2\sigma_h^2}}\mathrm{d}z-c(\bar{a})$$

$CE_{ps}$ 中的 $p$ 表示投资者，$s$ 表示股权融资契约。将 $z\geqslant z_{\min s}=-\frac{\sigma_\varepsilon^2}{\sigma^2}\bar{v}$ 和 $\bar{v}=\bar{e_1}-m\bar{e_2}+\bar{a}$ 代入后，可得

$$\begin{aligned}CE_{ps}&=\int_{-\infty}^{+\infty}\max\left[0,(1-\alpha)\frac{\bar{v}/\sigma^2+z/\sigma_\varepsilon^2}{1/\sigma^2+1/\sigma_\varepsilon^2}\right]\frac{1}{\sigma_h\sqrt{2\pi}}e^{-\frac{(z-\bar{v})2}{2\sigma_h^2}}\mathrm{d}z-c_p\\&=\frac{(1-\alpha)\sigma^2}{\sigma^2+\sigma_\varepsilon^2}\int_{-\infty}^{+\infty}\max[0,z-z_{\min s}]\frac{1}{\sigma_h\sqrt{2\pi}}e^{-\frac{(z-\bar{v})2}{2\sigma_h^2}}\mathrm{d}z-\frac{1}{2}b_3\bar{a}^2\\&=(1-\alpha)\left[-\frac{\sigma^2\sigma_h}{\sigma^2+\sigma_\varepsilon^2}\phi\left(\frac{z_{\min s}-\bar{v}}{\sigma_h}\right)+\bar{v}\left(1-\Phi\left(\frac{z_{\min s}-\bar{v}}{\sigma_h}\right)\right)\right]-\frac{1}{2}b_3\bar{a}^2\end{aligned}\tag{5-29}$$

上式中的 $\Phi(\cdot)$ 和 $\varphi(\cdot)$ 分别表示标准正态分布的累积分布函数和概率密度函数。上式对 $\bar{a}$ 求导得：$\frac{\mathrm{d}CE_{ps}}{\mathrm{d}\bar{a}}=(1-\alpha)\left(1-\Phi\left(\frac{z_{\min s}-\bar{v}}{\sigma_h}\right)\right)-b_3\bar{a}$，则得到在股权融资契约下，投资者作为股东的最优监督投入水平：

$$\bar{a}_s^{SEC}=\frac{1}{b_3}(1-\alpha)\left(1-\Phi\left(\frac{z_{\min s}-\bar{v}}{\sigma_h}\right)\right)\tag{5-30}$$

可见，投资者的最优监督投入水平是与之相应股权份额 $1-\alpha$ 相对应的次优投入水平。

在预期到投资者投入的监督后，政治关联经营者也在有限责任保护下确保其股权价值不能小于0，则政治关联经营者的预期净收益为：

$$CE_{ms} = \int_{-\infty}^{+\infty} \max\left[0, \alpha \frac{\bar{v}/\sigma^2 + z/\sigma_\varepsilon^2}{1/\sigma^2 + 1/\sigma_\varepsilon^2}\right] \frac{1}{\sigma_h \sqrt{2\pi}} e^{-\frac{(z-\bar{v})^2}{2\sigma_h^2}} dz - c_m$$

$$= \frac{\alpha\sigma^2}{\sigma^2 + \sigma_\varepsilon^2} \int_{-\infty}^{+\infty} \max[0, z - z_{\text{mins}}] \frac{1}{\sigma_h \sqrt{2\pi}} e^{-\frac{(z-\bar{v})^2}{2\sigma_h^2}} dz -$$

$$\frac{1}{2} b_1 e_1^2 - \frac{1}{2} b_2 e_2^2 + (1 + \eta) |\varphi| \sqrt{b_1 b_2} e_1 e_2$$

$$= \alpha\left[ - \frac{\sigma^2 \sigma_h}{\sigma^2 + \sigma_\varepsilon^2} \phi\left(\frac{z_{\text{mins}} - \bar{v}}{\sigma_h}\right) + \bar{v}\left(1 - \Phi\left(\frac{z_{\text{mins}} - \bar{v}}{\sigma_h}\right)\right)\right] -$$

$$\frac{1}{2} b_1 e_1^2 - \frac{1}{2} b_2 e_2^2 + (1 + \eta) |\varphi| \sqrt{b_1 b_2} e_1 e_2 \quad (5-31)$$

由式（5 -31）分别对 $e_1$ 和 $e_2$ 求导，得到在股权融资下政治关联经营者的最优努力水平为：

$$e_{1s}^{SEC} = \frac{b_2 - m(1 + \eta) |\varphi| \sqrt{b_1 b_2}}{b_1 b_2 [1 - (1 + \eta)^2 \varphi^2]} \alpha\left(1 - \Phi\left(\frac{z_{\text{mins}} - \bar{v}}{\sigma_h}\right)\right) \quad (5-32)$$

$$e_{2s}^{SEC} = \frac{-mb_1 + (1 + \eta) |\varphi| \sqrt{b_1 b_2}}{b_1 b_2 [1 - (1 + \eta)^2 \varphi^2]} \alpha\left(1 - \Phi\left(\frac{z_{\text{mins}} - \bar{v}}{\sigma_h}\right)\right) \quad (5-33)$$

可见在股权融资契约下，经营者也只会投入与之股权份额 $\alpha$ 相对应的次优努力水平。

## 5.5 不同融资契约对契约双方投入及社会总福利的影响

表 5 -1 是债权、股权和可转换债券融资契约下政治关联经营者和投资者双方努力函数汇总。

**表 5 -1 债权、股权和可转换债券融资契约下政治关联经营者和投资者双方努力函数汇总**

| 契约类型 | 角色 | 表达式 |
|---|---|---|
| 债权融资 | 政治关联经营者 | $e_{1b}^{SEC} = \frac{b_2 - m(1 + \eta) \vert\varphi\vert \sqrt{b_1 b_2}}{b_1 b_2 [1 - (1 + \eta)^2 \varphi^2]} \left(1 - \Phi\left(\frac{D - e_1 + me_2}{\sigma}\right)\right)$<br>$e_{2b}^{SEC} = \frac{-mb_1 + (1 + \eta) \vert\varphi\vert \sqrt{b_1 b_2}}{b_1 b_2 [1 - (1 + \eta)^2 \varphi^2]} \left(1 - \Phi\left(\frac{D - e_1 + me_2}{\sigma}\right)\right)$ |
| | 投资者 | $a_b^{SEC} = 0$ |

续　表

| 契约类型 | 角色 | 表达式 |
|---|---|---|
| 可转换债券融资 | 政治关联经营者 | $\left.\begin{cases} e_{1cv}^{SEC} = \dfrac{b_2 - m(1+\eta)\mid\varphi\mid\sqrt{b_1b_2}}{b_1b_2[1-(1+\eta)^2\varphi^2]}\alpha\left\{\left[1-\Phi\left(\dfrac{z_{mcv}-\overline{v'}}{\sigma_h}\right)\right]+\left[1-\Phi\left(\dfrac{z_{\min}-\bar{v}}{\sigma_h}\right)\right]\right\} \\ e_{2cv}^{SEC} = \dfrac{-mb_1 + (1+\eta)\mid\varphi\mid\sqrt{b_1b_2}}{b_1b_2[1-(1+\eta)^2\varphi^2]}\alpha\left\{\left[1-\Phi\left(\dfrac{z_{mcv}-\overline{v'}}{\sigma_h}\right)\right]+\left[1-\Phi\left(\dfrac{z_{\min}-\bar{v}}{\sigma_h}\right)\right]\right\} \end{cases}\right\} z \geqslant z_{\min}$ <br> $z < z_{\min}$ 情形与债权融资契约一致 |
| | 投资者 | $\bar{a}_{cv}^{SEC} = \left\{\begin{matrix} \dfrac{1}{b_3}(1-\alpha)\left[1-\Phi\left(\dfrac{z_{\min}-\bar{v}}{\sigma_h}\right)\right] & z \geqslant z_{\min} \\ 0 & z < z_{\min} \end{matrix}\right\}$ |
| 股权融资 | 政治关联经营者 | $e_{1s}^{SEC} = \dfrac{b_2 - m(1+\eta)\mid\varphi\mid\sqrt{b_1b_2}}{b_1b_2[1-(1+\eta)^2\varphi^2]}\alpha\left(1-\Phi\left(\dfrac{z_{mins}-\bar{v}}{\sigma_h}\right)\right)$ <br> $e_{2s}^{SEC} = \dfrac{-mb_1 + (1+\eta)\mid\varphi\mid\sqrt{b_1b_2}}{b_1b_2[1-(1+\eta)^2\varphi^2]}\alpha\left(1-\Phi\left(\dfrac{z_{mins}-\bar{v}}{\sigma_h}\right)\right)$ |
| | 投资者 | $\bar{a}_{s}^{SEC} = \dfrac{1}{b_3}(1-\alpha)\left(1-\Phi\left(\dfrac{z_{mins}-\bar{v}}{\sigma_h}\right)\right)$ |

由表 5－1 可看出，不同融资契约中各方投入努力水平和项目收益的差别主要体现在其发生的概率不同。而其中关键是不同融资方式下项目信号 $z$ 的差异。首先，在可转换债券融资契约下，投资者实施转换的项目质量信号：$z_{\min} = \dfrac{(\sigma^2 + \sigma_\varepsilon^2)D}{1-\alpha} - \bar{v}\dfrac{\sigma_\varepsilon^2}{\sigma^2}$，其中 $\bar{v} = \bar{e}_1 - m\bar{e}_2 + \bar{a}$，且满足 $D < z_{\min}$。而转股后关联经营者投入的项目信号：$z_{mcv} = -\dfrac{\sigma_\varepsilon^2}{\sigma^2}\overline{v'}$，其中 $\overline{v'} = \bar{e}_1 - m\bar{e}_2 + \bar{a}^*$，$\bar{a}^*$ 为之前计算出的转股后投资者投入二阶最优监督努力水平。其次，在股权融资契约下，投资者和政治关联经营者的项目信号统一为 $z_{mins} = -\dfrac{\sigma_\varepsilon^2}{\sigma^2}\bar{v}$，其中 $\bar{v} = \bar{e}_1 - m\bar{e}_2 + \bar{a}$。由于项目价值的事前估计量 $\bar{v},\overline{v'} \geqslant 0$，否则项目不会实施。因此信号 $z$ 的大小存在如下关系：$\mid z_{mcv}\mid \geqslant \mid z_{mins}\mid \geqslant \mid z_{\min}\mid \geqslant \mid D\mid$。由于设定项目价值服从正态分布，依据正态概率分布中 $z$ 分值的计算方法可设定，令 $zz_{mins} =$

$\frac{z_{mins} - \bar{v}}{\sigma_h}$，$zz_{min} = \frac{zz_{min} - \bar{v}}{\sigma_h}$，$zz_{min} = \frac{zz_{min} - \bar{v}}{\sigma_h}$和$zz_D = \frac{D - e_1 + me_2}{\sigma}$。由上述项目信号的大小可得$z$分值存在如下关系：$|zz_{mcv}| \geqslant |zz_{mins}| \geqslant |zz_{min}| \geqslant |zz_D|$，则正态分布下相应$z$分值的概率和累积概率分布存在如下关系：$\phi(zz_{mcv}) \leqslant \phi(zz_{mins}) \leqslant \phi(zz_{min}) \leqslant \phi(zz_D)$和$1 - \Phi(zz_{mcv}) \leqslant 1 - \Phi(zz_{mins}) \leqslant 1 - \Phi(zz_{min}) \leqslant 1 - \Phi(zz_D)$。

### 5.5.1 政治关联经营者投入的努力

**命题11**：在三种融资契约下，政治关联经营者在两类活动上投入努力水平存在如下关系：股权最低，可转换债券次之，债权最高。

**证明**：由表5-1中债权和股权融资的$e_{ib}^{SEC}$表达式和$e_{is}^{SEC}$表达式对比可知，两者主要差别是在后面一项，即$\left(1 - \Phi\left(\frac{D - e_1 + me_2}{\sigma}\right)\right)$以及$\alpha\left(1 - \Phi\left(\frac{z_{mins} - \bar{v}}{\sigma_h}\right)\right)$。由之前对信号大小的对比可知$1 - \Phi(zz_D) > 1 - \Phi(zz_{mins})$，因此很容易证明：$e_{ib}^{SEC} > e_{is}^{SEC}$，即在债权融资下经营者在两类活动上投入的努力都将高于股权融资的情形。同样由于可转换债券融资时后面一项为$\alpha\left\{\left[1 - \Phi\left(\frac{z_{mcv} - \overline{v'}}{\sigma_h}\right)\right] + \left[1 - \Phi\left(\frac{z_{min} - \bar{v}}{\sigma_h}\right)\right]\right\}$，对比股权$\alpha\left(1 - \Phi\left(\frac{z_{mins} - \bar{v}}{\sigma_h}\right)\right)$，$1 - \Phi(zz_{mcv}) \leqslant 1 - \Phi(zz_{min\,s}) \leqslant 1 - \Phi(zz_{min})$，由可转换债券和股权融资的$e_{icv}^{SEC}$和$e_{is}^{SEC}$表达式很容易证明$e_{icv}^{SEC} \geqslant e_{is}^{SEC}$，即在可转换债券融资契约下经营者在两类活动上投入的努力都将高于股权融资的情形。

而对在可转换债券和债权融资契约下经营者在两类活动上投入的努力对比如下，由于$\alpha[1 - \Phi(zz_{mcv}) + 1 - \Phi(zz_{min})] < 2\alpha[1 - \Phi(zz_{min})] \leqslant 2\alpha[1 - \Phi(zz_D)]$，对比$[1 - \Phi(zz_D)]$且有$\alpha \geqslant 0$，则可得$\alpha[1 - \Phi(zz_{mcv}) + 1 - \Phi(zz_{min})] < [1 - \Phi(zz_D)]$，即在债权融资下经营者投入高于可转换债券融资时经营者的投入。

**证毕**。

需要注意的是，在多任务委托代理模型下，上述结论对三种融资契约下经营者从事的非生产性活动$e_2$差异对比同样适用。

### 5.5.2　投资者的监督投入

**命题12**：在三种融资契约下，投资者监督投入水平存在如下关系：债权最低，股权次之，可转换债券最高。

**证明**：由表5－1中三种融资契约下投资者监督 $a_i^{SEC}$ 的表达式可看出，由于 $a_b^{SEC}=0$，另两种融资契约下 $a_{cv}^{SEC}$ 和 $a_s^{SEC}$ 显然不为0。因此债权融资下投资者监督投入最小，即不实施监督。而在股权融资契约和可转换债券融资契约下投资者监督投入水平差异也只体现在后面一项，即股权 $\left(1-\Phi\left(\frac{z_{mins}-\bar{v}}{\sigma_h}\right)\right)$ 和可转换债券 $\left[1-\Phi\left(\frac{z_{min}-\bar{v}}{\sigma_h}\right)\right]$。由于 $1-\Phi(zz_{mins})\leqslant 1-\Phi(zz_{min})$，容易证明 $a_s^{SEC}\leqslant a_{cv}^{SEC}$。可见在三种融资契约下，投资者监督投入水平存在的关系为，债权＜股权≤可转换债券。

**证毕**。

### 5.5.3　社会总福利

判断哪种金融契约能更有效减缓政治关联的消极影响，本书认为应该体现不同融资契约对投融资双方互惠（激励）相容的激励机制并最终形成更高的社会总福利。因此，接下来我们将分析不同融资契约下，项目联合收益即社会总福利的差异。依据之前内容，下列各式分别给出债权、股权和可转换债券三种融资方式下社会总福利的表达式。

债权融资时社会总福利为：

$$CE_{jb}=-\sigma\phi\left(\frac{D-e_1+me_2}{\sigma}\right)+(e_1-me_2-D)\left[1-\Phi\left(\frac{D-e_1+me_2}{\sigma}\right)\right]+D-c_m \tag{5-34}$$

股权融资时社会总福利为：

$$CE_{js}=-\frac{\sigma^2\sigma_h}{\sigma^2+\sigma_\varepsilon^2}\phi\left(\frac{z_{mins}-\bar{v}}{\sigma_h}\right)+\bar{\mu}\left(1-\Phi\left(\frac{z_{mins}-\bar{v}}{\sigma_h}\right)\right)-c_m-c_p \tag{5-35}$$

可转换债券融资时，若投资者转换则社会总福利为：

$$CE_{jcv}=D+\alpha\left[-\frac{\sigma^2\sigma_h}{\sigma^2+\sigma_\varepsilon^2}\phi\left(\frac{z_{mcv}-\overline{v'}}{\sigma_h}\right)+\overline{v'}\left(1-\Phi\left(\frac{z_{mcv}-\overline{v'}}{\sigma_h}\right)\right)\right]+$$

$$\frac{\sigma^2}{\sigma^2+\sigma_\varepsilon^2}\left[-\sigma_h\phi\left(\frac{z_{\min}-\bar{v}}{\sigma_h}\right)+(\bar{v}-z_{\min})\left(1-\Phi\left(\frac{z_{\min}-\bar{v}}{\sigma_h}\right)\right)\right]-c_m-c_p \tag{5-36}$$

若投资者不转换则社会总福利与债权融资时一致，在此不再赘述。下标 $j$ 代表社会总福利，而下标 $b$、$s$、$cv$ 分别代表债权、股权和可转换债券融资契约。

**命题 13**：对比股权融资，社会总福利在债权和可转换债券融资契约下较高。

**证明**：依据之前对 $z$ 分值以及均值的表达式，将债权融资的社会总福利表达式（5-34）转换成如下形式：$CE_{jb}=-\sigma\phi(zz_D)+(e_1-me_2)[1-\Phi(zz_D)]+D\Phi(zz_D)-c_m$，将股权融资下的社会总福利表达式（5-33）转换为：$CE_{js}=-\frac{\sigma^2\sigma_h}{\sigma^2+\sigma_\varepsilon^2}\phi(zz_{\min s})+(e_1-me_2)[1-\Phi(zz_{\min s})]+\alpha[1-\Phi(zz_{\min s})]-c_p-c_m$，由于 $\phi(zz_{\min s})\leqslant\phi(zz_D)$ 和 $1-\Phi(zz_{\min s})\leqslant 1-\Phi(zz_D)$，则只需对比 $D\Phi(zz_D)$ 和 $\alpha[1-\Phi(zz_{\min s})]-c_p$，而 $D>0,0<\alpha<1$，则可得 $D\Phi(zz_D)>\alpha[1-\Phi(zz_{\min s})]-c_p$，可见债权融资契约下的社会总福利将高于股权融资下的社会总福利，即 $CE_{jb}>CE_{js}$。

同样的思路，将可转换债券融资契约下的社会总福利转换为如下形式：

$$\begin{aligned}CE_{jcv}=&-\frac{\sigma^2}{\sigma^2+\sigma_\varepsilon^2}\sigma_h\phi(zz_{\min})+\bar{v}[1-\Phi(zz_{\min})]+\alpha\overline{v'}[1-\Phi(zz_{mcv})]\\&-\frac{\sigma^2\sigma_h}{\sigma^2+\sigma_\varepsilon^2}\alpha\phi(zz_{\mathrm{mcv}})+D-\frac{\sigma^2}{1-\alpha}D[1-\Phi(zz_{\min})]-c_m-c_p\end{aligned}$$

与股权融资下社会总福利对比，由于 $\phi(zz_{mcv})\leqslant\phi(zz_{\min s})\leqslant\phi(zz_{\min})$、$1-\Phi(zz_{mcv})\leqslant 1-\Phi(zz_{\min s})\leqslant 1-\Phi(zz_{\min})$ 及 $D,v>\alpha$，变形后的可转换债券和股权融资契约下的社会总福利大小对比得 $CE_{jcv}>CE_{js}$。

将可转换债券和债权融资契约下的社会总福利对比发现，其影响因素包括监督者的边际产出 $a$、边际成本 $b_3$、转股后股份的分割比例 $\alpha$ 以及债务水平 $D$ 等诸多因素，并不能完全确定孰高孰低，即 $CE_{jb}><CE_{jcv}$。

**证毕。**

在股权融资契约下，由于投融资双方道德风险问题，并不能保证双方投入次优努力水平，相应其社会总福利最低。而债权融资时由于经营者在满足投资者固定收益后，成为项目收益唯一的剩余所有者，因此，政治关联经营者会投入次优努力。但此时投资者却不会进行监督投入，这对社会总福利增值是种损失。而在可转换债券融资时，只有观察到项目质量好，投资者才会通过实施转换权成为股东而进入项目并付出监督努力。因此，在可转换债券融资中，只有当项目高利润水平时投资者才会实施转股，此时，经营者和投资者都成为项目收益的剩余所有者。此外，可转换债券融资需要投资者贡献监督努力以及类似阶段性融资需要项目收益质量信息的披露和更新，都表明可转换债券融资在保护和增加投资者利益、增加社会总福利方面有积极作用。

上述对比分析过程中，我们注意到，除了理性的投融资双方在三种融资契约下付出努力不同从而引起项目产出发生的概率不同，并最终带来不同的收益和社会总福利差异之外，融资契约中有关指标，如债权中债务水平 $D$ 及股权和可转换债券融资中股份的份额 $\alpha$ 也对不同契约的激励效应产生影响。这也是后续研究值得注意的方面。

研究还初步刻画了可转换债券融资中，投资者监控项目、权力配置和项目价值较低不转股等特点。这提示我们，在政治关联企业进行项目融资时，投资者可以选择那些具有转换期权性质的金融契约类型以保护其收益。

## 5.6 三种融资契约下政治关联企业资本配置效率的经验对比

本节研究将依据第 4 章融资企业资本配置效率无效投资程度来验证：是否不同融资契约蕴含不同的激励效应。表 5 - 2 是三种融资契约下企业无效投资程度显著性对比。

由表 5 - 2 可以看出，在对全部企业进行分析时，三种融资契约下企业无效资本配置效率并无显著差别，仅在发行可转换债券和债券融资时，其中，$t$ 值检验表明债券融资企业的无效投资更严重，但对均值检验却并不显著。

本书进一步细分对比了三种融资契约下政治关联企业无效投资的程度。结果表明，发行可转换债券融资的政治关联企业其无效投资程度显著低于以债券和公开增发股票融资政治关联企业的无效投资程度，而以公开增发股票融资和发行债券融资政治关联企业的无效投资之间并无显著差异。当然值得注意

**表 5－2　　　　　　三种融资契约下企业无效投资程度显著性对比**

<table>
<tr><th>企业分类</th><th>配对类型</th><th>样本数（个）</th><th>秩和</th><th>期望秩和</th><th>Prob > | z |</th><th>均值</th><th>不等概率的 t 检验</th></tr>
<tr><td rowspan="6">全部企业</td><td rowspan="2">公开增发股票—发行可转换债券</td><td>115</td><td>11471</td><td>10925</td><td rowspan="2">1.487<br>(0.1369)</td><td>0.0076</td><td rowspan="2">0.8804<br>(0.3802)</td></tr>
<tr><td>74</td><td>6484</td><td>7030</td><td>0.0000</td></tr>
<tr><td rowspan="2">发行债券—发行可转换债券</td><td>684</td><td>263218</td><td>259578</td><td rowspan="2">2.034**<br>(0.0419)</td><td>0.0071</td><td rowspan="2">0.9701<br>(0.3349)</td></tr>
<tr><td>74</td><td>24444</td><td>28083</td><td>0.0000</td></tr>
<tr><td rowspan="2">公开增发股票—发行债券</td><td>115</td><td>45426</td><td>46000</td><td rowspan="2">0.251<br>(0.8021)</td><td>0.0076</td><td rowspan="2">0.0963<br>(0.9234)</td></tr>
<tr><td>684</td><td>274174</td><td>273600</td><td>0.0071</td></tr>
<tr><td rowspan="6">政治关联企业</td><td rowspan="2">公开增发股票—发行可转换债券</td><td>46</td><td>1672</td><td>1541</td><td rowspan="2">1.828*<br>(0.0676)</td><td>0.013</td><td rowspan="2">2.0311**<br>(0.0485)</td></tr>
<tr><td>20</td><td>539</td><td>670</td><td>−0.015</td></tr>
<tr><td rowspan="2">发行债券—发行可转换债券</td><td>248</td><td>34195</td><td>33356</td><td rowspan="2">2.516**<br>(0.0119)</td><td>0.012</td><td rowspan="2">2.4417**<br>(0.0233)</td></tr>
<tr><td>20</td><td>1851</td><td>2690</td><td>−0.015</td></tr>
<tr><td rowspan="2">公开增发股票—发行债券</td><td>46</td><td>6455.5</td><td>6785</td><td rowspan="2">−0.622<br>(0.5338)</td><td>0.013</td><td rowspan="2">0.0819<br>(0.9350)</td></tr>
<tr><td>248</td><td>36909.5</td><td>36580</td><td>0.012</td></tr>
</table>

注：括号里是检验的显著性 $p$ 值。显著性水平 $*p<0.1$，$**p<0.05$，$***p<0.01$。

的是，可转换债券的政治关联样本企业仅有 20 个，其结果稳健性有待进一步验证。不过这也体现了本书下一章实验研究的必要性。

以上对比分析结果初步表明，不同融资契约下政治关联企业无效投资程度存在差异，相比之下可转换债券融资契约能更好地缓解政治关联企业的投资低效问题。以上结论初步证明了本章试图通过不同融资契约激励机制来缓解政治关联消极经济影响的研究初衷的可行性。

## 5.7　小结

若将第 3 章和第 4 章视为从理论模型和经验数据上阐释了经营者为什么建立政治关联以及对政治关联带来消极经济后果现实现象的解读，本章则试图通过对比不同金融契约的激励约束效应差异作为缓解政治关联消极经济影响的解决思路。本书将多任务纳入公司金融理论进行分析及经验数据对比，得出以下研究结果：不同金融契约蕴含的激励约束效应在投资者和政治关联经营者之间存在差异。通过使用金融工具，尤其是可转换债券融资契约能较好地保护投资者利益和增加社会总福利。

对不同融资契约缓解政治关联消极影响的模型分析得出如下结果：①三种融资契约下，政治关联经营者在生产性活动和非生产性活动投入的努力水平存在如下关系，债权 > 可转换债券 > 股权。②三种融资契约下，投资者监督投入水平的关系为债权 < 股权 ≤ 可转换债券。③三种融资契约下，社会总福利存在的关系为股权 < 债权和可转换债券。对比股权融资双方存在的“搭便车”问题，可转换债券融资更能诱导投融资双方投入次优努力水平。对于债权融资，由于剩余收益都归政治关联经营者所有，因此政治关联经营者会投入次优努力水平。但由于只享有固定收益，投资者便没有动力对项目实施监督以进一步增加项目价值。而可转换债券融资中有关投资者拥有的转换期权设计作为其权益保护措施，这使投资者可依据项目的信号相机配置其转换权，即只有当项目高利润水平时投资者才会实施转股期权，唯有如此投资者才会愿意投入其相应努力完成项目价值的增值过程，否则投资者只获得债权的固定收益而不投入努力。同时，项目高利润水平也确保了政治关联经营者作为项目收益的另一部分剩余所有者。可见，可转换债券融资契约中，投资者依据项目质量信号进行信息修正，进而决定是否执行转换期权的机制设计既降低了金融契约的不完全性，又激励双方进行最优的价值创造活动。这揭示了可转换债券融资具有保护和增加投资者收益、提高社会总福利的作用。④本章最后以第 4 章经验数据，对比了三种融资契约下政治关联企业无效投资程度的差异。结果初步表明，相比之下，可转换债券融资契约下政治关联企业资本配置效率更高。

本章从理论上研究了在我国现有资本市场条件下，应用可行的市场手段，主要关注金融工具，即融资契约缓解政治关联消极经济影响的可行性。研究考察了不同融资契约对政治关联经营者、投资者投入水平的激励约束差异以及社会总福利的变化。虽然没有进一步涉及企业应如何进行融资安排和控制企业风险，但通过初步对可转换债券融资中类似阶段融资特点、投资者监控项目和放弃较低价值的项目等特点的刻画，提示我们针对政治关联企业提出的融资需求，各类投资者可以选择类似可转换债券这种具有阶段融资特点以及包含转换期权设计的融资契约类型，以诱导投融资双方在不同阶段投入最佳努力进行价值增值活动，在保护投资者利益的同时增加社会总福利。当然，在研究中我们也注意到，除了理性的投融资双方在三种融资方式下付出努力影响项目产出概率并最终影响各方收益和社会总福利外，融资契约中有关指标，如债务水平 $D$ 及股权和可转换债券融资中股份份额 $\alpha$ ，决定了不同金融契约的激励约束效果。因此，这些因素是具体设计融资契约中需要着重考虑的问题，也是后续研究值得注意的方面。

接下来，第 6 章将依据命题 11 至命题 13 提出假设 6 至假设 8，并利用实验室的实验数据，通过考察不同融资契约对多任务政治关联经营者和投资者投入努力的激励差异以及社会总福利的对比对有关假设进行验证。

# 实验研究

第5章5.6节对比分析虽然初步验证了不同融资契约对缓解政治关联消极经济影响的作用存在差异，但无法进一步揭示不同融资契约对投融资双方具体行为的影响。而且第5章不同金融契约下投资者和多任务经营者双方行为差异的结论也无法通过一般的经验研究加以检验，因此本章将通过实验研究的方法，结合第3章和第5章理论分析思路，对不同融资契约下政治关联经营者在生产性活动和非生产性活动投入水平的变化、投资者监督投入水平的变化以及社会总福利的变化进行实验数据的对比分析，验证有关模型分析结论。

## 6.1 实验研究概述

### 6.1.1 实验研究方法

传统观念认为实验研究方法是自然学科，尤其是理工科最基本的研究方法，并要求几乎所有的理论都必须经得起实验室实验的检验和验证。而在社会科学领域，由于研究的事件和涉及的人物完全不具有可重复性，因此很长时间以来研究者都认为实验研究为自然科学领域研究所独享的，社会科学研究无法也不需要运用实验室实验作为研究手段。不过随着近几十年实验经济学的发展，在实验室通过实验的方法对现有经济理论进行验证和修正逐渐被主流经济学所接受并认同。Vernon Smith通过在可控实验环境下证明拍卖理论的经典结论“收益等价定理”并不成立，拍卖方式不同（即市场制度不同）效率不同的实验研究结论表明，选择市场机制的重要性。因其在实验经济学领域所做的突出贡献，2002年，Smith获得诺贝尔经济学奖，这也标志着实验经济学方法成为经济学领域重要的研究方法之一。目前，实验研究方法正不断被其他社会科学研究领域如管理学、金融学所借鉴。我国学者，李怀祖

(2004) 在其所著的《管理研究方法论》中将实验研究的方法作为管理研究的主要使用方法之一。万迪昉（2005）则进一步在其所著的《实验管理学》一书中探讨了实验研究方法在管理学中的应用并搭建了基本研究框架。

实验管理学与实验经济学一脉相承，而且更关注理论在管理实践中的应用。因此，与实验经济学一致，其重复特性和控制特性是其最突出特点。这些特性使实验者在最大限度上只面对与理论相关的环境，而减少理论问题以外的影响因素和各种与之相伴的不可观察因素的变化。可见，实验管理学通过简单再现理论的环境和机制，用实验观察结果来证实或证伪相关理论，弥补了经验检验方法的不足。此外，实验管理学也认为经济参与人是可犯错误的、有学习能力的，经济决策人解决问题时并不完全遵从完全理性的计算过程。因此可以说，实验管理学是对管理理论研究的必要补充，一并构成管理学研究的完整分析结构。

### 6.1.2 实验研究的效度问题

良好的重复性、控制性和良好的内部效度（Fehr，Falk，2002）是经济学家普遍认为实验室实验研究结果可靠性和适用性的保证。不过仍然有少数学者对实验室实验的外部效度提出两点疑问：一是实验环境下获得的实验结论的普遍适用性如何？二是如何在实验对象大多为高年级本科生和低年级研究生的情况下保证实验结论的外部效度？

对于第一个疑问，万迪昉（2005）进行了解释。他认为，在管理学实验研究中内部效度和外部效度的矛盾不可能在一次实验中得到化解。一个变通的解决路径是严格限制条件的实验——结果得到验证——放松控制条件再实验，如此重复实验以提高研究结果的外部效度。对于第二个疑问，Guillén 等（2006）对该问题的研究表明，行业从业人员与学生是同质的。而且后来的研究进一步表明，实际从业人员在决策时会受到个人经验和思维定式的影响，其决策质量反而低于学生。著名实验经济学家 Fehr 和 Falk（2002）也发现，思维活跃的高年级本科生和低年级研究生更适合参与经管类实验。事实上，选择高年级本科生或低年级研究生作为实验对象已成为目前国内外经济学实验室实验的通用做法。因此，在本章实验中笔者也遵循该通用做法。

近年来，国内外的主流经济学、管理学和金融学期刊不断有实验研究成果见刊。Anderhub 等（2002）在委托代理框架下运用实验研究方法分析了不同形式激励契约对代理人努力水平的影响。Bruner 等（2005）运用实验研究方法检验了权益薪酬对经营者实施财务舞弊行为的影响，研究结果表明，尽管权益薪酬激励强度的增加有利于提升经营者的努力水平，但同时也会诱发更多的经营者财务舞弊行为。Yavas 和 Sirmans（2005）将实验方法引入金融领域，他们通过实验研究发现投资者的投资决策过程与实物期权理论预测并不完全吻合。徐细雄、淦未宇和万迪昉（2008）用实验分析发现控制权动态配置对防范代理人获得私人收益有很大作用，并且与外部的信息披露及监管有互补的关系。蔡地和万迪昉等（2011），李双燕和万迪昉（2010）以及张雄和万迪昉等（2010）都通过实验研究揭示了不同金融契约在预防并购双边道德风险、激励企业家创新、保护投资者利益和增加社会总福利方面有不同的激励约束效应。

上述实验研究的主题及内容都与公司治理和公司金融领域相关，这表明实验研究得到诸多研究者的认同。这也从侧面说明应用融资契约所包含的不同激励机制对缓解代理问题进行实验研究具有其合理性。

### 6.1.3 本书实验研究的必要性和可行性

在第 5 章，笔者比较和分析了不同融资契约对政治关联经营者的激励效应；不过值得注意的是，模型得出的结论基于以下的前提假设：参与者完全理性和完全自利。但现实中有限理性、有限自利和有限自控导致人们的决策往往还受到其认知模式和行为方式等因素的影响。这也是有时候理论模型分析的均衡结果会与现实经验证据存在偏差的原因，因此有必要以实验的方法对理论模型分析结果进一步验证。

实验研究可对本书多任务经营者和投资者的策略行为进行精细度量，尤其是对模型中经营者分别在生产性活动和非生产性活动投入的努力水平进行考察。而且实验研究还可对模型中不同融资契约对投资者行为影响的差异性进行研究。实践中由于企业所使用的融资契约更复杂、更多元，可以在同一时间组合使用贷款、债券、票据和股票等多种融资方式，加之可转换债券在我国作为一种较新的金融衍生工具，使用可转换债券融资契约的企业数量较少，这使得我们无法剥离分析某一特定融资契约对参与者的影响。因此，尽管在5.6节我们对比了不同融资契约下企业资本配置效率的差异，但仍旧无法对更本质的问题——不同融资契约是如何影响参与方的行为决策并最终影响社会总福利，进行深入研究。因此笔者寄希望于实验研究对该问题进行深入探讨。

本章实验研究的贡献可以在以下两方面得以体现：①通过重复和可控的实验室实验产生的数据，将实验研究方法引入多任务下委托代理问题的研究。②研究不同融资契约对投资者及政治关联经营者行为的影响，这将为应用融资契约缓解政治关联带来的消极经济影响、保护投资者利益和提高社会总福利提供解决思路。

## 6.2 实验研究假设

根据第5章的理论模型分析，不同融资契约会对经营者和投资者产生不同的激励约束效应，诱导投融资双方实施决策。不过需要注意的是，模型仅从数理上表明不同融资契约下现金流权随着项目收益信息的披露和双方对信息的修正引发治理效益，并对不同融资契约引发投融资双方的决策行动进行对比。但在项目实际运营中无法观测并准确度量以上变化，更不要说在多任务下进行考察。而且，理论模型推导结果是建立在双方完全理性假设基础之上，如在理论模型中对可转换债券的模型分析假定转股后经营者还会保持次优投入水平，在债权融资下投资者不会进行监督努力。但现实提醒我们投资者和经营者很有可能不会按照理论模型所假设的方式进行决策。本实验的目的在于检验实践中投资者和经营者参与博弈行为的决策，检验在实验室条件下实验结果是否仍旧符合理论模型推导的均衡结果。

本章实验的目的：①探讨不同融资契约对政治关联经营者在两类活动上投入努力的影响；②探讨不同融资契约下投资者监督投入水平的变化；③探讨不同融资契约下社会总福利的差异。实验最后通过探讨哪种融资契约能较好的发挥其激励相容的约束治理效应，从而为实践中利用金融契约缓解政治关联引发的消极经济影响提供解决思路。

鉴于在我国企业实际运行中，政治关联经营者一般会成为企业追求的“资源”，这类高管被替换的可能性较低。虽然本实验也设计了股权的变化，但由于假设融资契约主要由政治关联经营者提供，而且即使投资者拥有股份也并不掌控项目。因此，实验设计只考虑股权、债权和可转换债券三种不同类型金融契约内含的现金流权对政治关联经营者和投资者产生的显性激励约束效应。

依据第 5 章命题 11 提出政治关联经营者在两类活动上投入努力水平的差异，提出如下假设进行验证。

**假设 6（H6）**：在其他条件相同时，三种融资契约对政治关联经营者的激励约束效应存在差异。

**假设 6a（H6a）**：对比股权融资，经营者生产性/非生产性活动投入的努力水平在债权和可转换债券融资下更高。

**假设 6b（H6b）**：对比可转换债券融资，经营者生产性/非生产性活动投入的努力水平在债权融资下更高。

依据第 5 章命题 12 对投资者监督投入水平的差异，提出如下假设进行验证。

**假设 7（H7）**：在其他条件相同时，三种融资契约对投资者的激励约束效应存在差异。

**假设 7a（H7a）**：对比债权融资，投资者监督投入水平在可转换债券融资和股权融资下更高。

**假设 7b（H7b）**：对比股权融资，投资者监督投入水平在可转换债券融资下更高。

依据第 5 章命题 13 对不同融资契约下社会总福利的差异，提出如下假设进行验证：

**假设 8（H8）**：在其他条件相同的情形下，对比股权融资契约，在债权融资和可转换债券融资契约下社会总福利分别与其存在差异。

**假设 8a（H8a）**：对比股权融资，社会总福利在债权和可转换债券融资下更高。

**假设 8b（H8b）**：社会总福利在债权融资和可转换债券融资时差异不显著。

## 6.3 实验设计

### 6.3.1 实验条件设定

本实验设计的主要变量遵循第 3 章和第 5 章的模型构建，并适当加以简化。研究主要考察不同融资契约对政治关联经营者两类活动的投入以及投资者监督投入的激励约束效应差异，而已有代理理论的实验研究则主要考察不同类型契约对经营者单任务下行动的影响。

由于本书认为相对无政治关联，政治关联经营者只会有更多代理问题，因此两类经营者间并无实质性差异，而只有代理问题严重程度上的差异。而第3章3.2节至3.4节模型研究以及第4章4.2节经验研究证明和验证了政治关联带来的消极经济影响，因此本章设定经营者即为政治关联经营者。

实验中假定一个政治关联企业家（即经营者）拥有一个投资项目，需要资金1，但其自有资金为0.5，故需要向外融资0.5，即经营者拥有份额为$\alpha = 0.5$。实验设定三种融资契约类型，即股权契约、债权契约和可转换债券融资契约。实验中每两个参与者进行随机配对和角色分配，其中一人为政治关联经营者，另一人为外部投资者。

实验设计的三种金融契约各自存在如下的契约特征：①若为股权融资契约，则根据项目初始的出资比例，投资者获得项目收益50%的份额；②若为债权契约，则契约期限为8年，债券利率为10%；③若为可转换债券融资契约，则契约期限也为8年，可转换债券利率为8%。同时，在项目进行到中期后（第5年年初），持可转换债券的投资者可以依据项目信号决定是否执行转换期权：若投资者实施转换期权，则可转换债券融资契约在后4期转变为股权融资契约；若投资者不实施转换期权，则可转换债券融资契约在后4期继续保持债权契约。为简化问题，实验不考虑可转换债券的回售和赎回问题。

为检验实验研究假设，共进行三局实验，分别模拟以上提到的三种类型金融契约环境，考察此时投资者和经营者的决策行为。其中，每局实验将进行8期，每期实验的双方参与者都进行如下决策：①经营者确定在生产性活动投入的努力$e_1$和非生产性活动投入的努力$e_2$，其中$e_1, e_2 \in [0,1]$；②投资者确定输入对经营者实施的监督努力水平$a \in [0,1]$；③实现项目收益，投资者和经营者分配收益，并显示有关项目收益信息；④进入下一期决策。

实验中设定项目收益为典型线性生产函数且收益来自以下变量：经营者生产性活动、非生产性活动以及投资者监督努力水平。如同第5章模型设定，政治关联经营者非生产性活动带来的消极经济影响体现在项目生产函数中，而非生产性活动给经营者带来的收益则体现在其与生产性活动成本的互补性关系上。因此项目生产函数表达式如下：

$$T = \sum_{t=1}^{8} (0.8e_1 - 0.4e_2 + 0.2a) \tag{6-1}$$

式（6-1）的生产函数表明，项目绩效主要受政治关联经营者生产性活动 $e_1$ 、非生产性活动 $e_2$ 和投资者监督努力水平 $a$ 的影响。其中，经营者进行的非生产性活动 $e_2$ 对项目绩效 $T$ 的负向边际产出小于其生产性活动 $e_1$ 的正向边际产出。之所以考虑投资者监督行动，鉴于在实际中投资者在项目后续运行投入的监督努力有利于项目价值的提高。而且如此设置可将投资者监督行为纳入考察范围，有利于现实中为投资者行为提供建议。

根据第5章模型设定，双方的策略行为将付出成本，函数表达式分别为：$c_m = \frac{1}{2}b_1e_1^2 + \frac{1}{2}b_2e_2^2 - (1+\eta)|\varphi|\sqrt{b_1b_2}e_1e_2$ 和 $c_p = \frac{1}{2}b_3a^2$ 。其中政治关联经营者的两类活动具有互补性，即政治关联经营者非生产性活动虽然给项目收益带来负向影响，但可提升经营者自身收益。此外，研究设定投融资双方的成本函数是线性递增且为投入努力的凸函数。在此设定下，对相关参数赋值后，投资者的监督成本函数为：$c_p = 0.2a^2$ ，政治关联经营者的成本函数为：$c_m = 0.5e_1^2 + 0.5e_2^2 - 1.1 \times 0.9 \times 0.5e_1e_2$ 。

由上述对项目收益以及政治关联经营者和投资者成本函数的设定，可见投融资双方第 $t$ 期的决策行为将主要受到以下因素的影响：①融资契约对双方产生的激励约束。契约本身设定对现金流的分配对经营者和投资者产生的激励约束，如股权融资契约的剩余收益分享激励、债权契约的刚性还债压力等。②各自边际成本与边际收益的权衡，对政治关联经营者还需考虑两类活动产生的仅对其自身收益有利的互补收益。③投资者投入监督努力 $a$ 产生的激励。为确保投资回报，投资者往往会对经营者实施监督，一旦发现项目收益下降则会实施相应惩罚。

实践中投资者投入监督有利于提高项目收益，如在可转换债券融资下，若投资者发现经营者过多道德风险行为，则投资者可能撤资或不进行转股，这对项目正常运营造成损失，而且也降低了融资企业在资本市场的声誉。在实验中，设置投资者监督活动对经营者收益的影响体现为若投资者监督投入水平高于前两期监督投入水平的平均值，即 $a_t \geq ave(a_{t-1} + a_{t-2})$ ，但项目收益低于前两期的均值，即 $t_1^t \geqslant ave(t_1^{t-1} + t_1^{t-2})$ ，则认为政治关联经营者不能保证项目质量，此时会对经营者实施惩罚，罚金 $p = 0.3$ 。考虑到在股权融资契约中，投资者对经营者存在软约束，体现在该融资契约下作为股东的投资者在经营绩效恶化的情况下对经营者实施干预的概率远低于投资者在可转换债券融资下作为债权人实施干预的概率。为简化实验，实验假定作为可转换债券融资契约中的投资者在项目业绩恶化的情况下一定会采取惩罚行动，而作为股权融资时投资者则不会采取惩罚行动。

实验主要考虑在不同融资契约下社会总福利和投融资双方的策略行为特征。

### 6.3.2 预期收益函数

根据以上实验设置，对不同融资契约下，各方收益函数及社会总福利函数的表达式见附录。

### 6.3.3 实验过程

**1. 实验参与人及激励方式**

本实验的参与者为西安交通大学管理学院会计学和工商管理专业大四本科生，由于实验对象已学习过有关公司治理、公司金融方面的课程，因此对实验中所涉及的资本市场背景知识较为熟悉。

对实验参与者如何实施有效激励是实验顺利有效进行的基本保证。Smith（2001）认为参与者在实验中所投入的客观成本将对实验结果产生重要影响，如果参与者投入的客观成本过大，而对其补偿不适当，很可能导致实验失败。在本实验中为了激励参与者积极认真地进行实验，研究综合地运用了两种激励措施。第一，适当的物质激励：首先每位实验参与者都有 5 元的出场费，然后分别对经营者和投资者的最后收益分别排序，并各取前 6 名进行奖励，其中一等奖 1 名，奖励 30 元；二等奖 2 名，奖励 20 元；三等奖 3 名，奖励 10 元。第二，由于参与者为大四学生并且该课程为其必修课，因此在实验开始时即明确告知学生，将按照收益排序作为实验成绩计入《实验管理学》期末成绩的一部分加以体现。

具体实验过程即实验说明见附录。

**2. 实验平台及运行**

本实验应用西安交通大学管理学院（以下简称交大管院）万迪昉教授组织开发的 Xems 实验平台编译相关实验代码。该平台具有简洁易学的特点，并已成功登记国家计算机软件著作权（登记号：2011SR006142）。

2012 年 11 月 21 日下午和 22 日下午分别在交大管院实验室进行室内实验。实验过程伴有 2 位助教为参与者提供技术解答和维持现场秩序。在实验开始前，我们还进行了以下两项事前预备工作：①讲解实验内容、实验设计和流程，以及实验的规则、注意事项和激励考核方式，务必使每位参与者都熟悉实验并作出最大化期收益的决策。②进行 3 期预实验，以使参与者熟悉实验的决策界面和需要作出的决策内容。此时如参与者有疑问，可寻求助教的帮助并给予解答，以此确保参与者了解后再参与后期正式实验。实验开始后除非技术上出现问题，其他情况不允许参与者相互讨论或因决策问题求助助教。此外，研究还测度了参与者的性别比例。实验过程持续约 80 分钟，实验的基本信息如表 6 – 1 所示。

**表 6 – 1　　实验的基本信息**

| 实验局（融资契约类型） | 参与人数（男生：23 人；女生：25 人） | | 周期（期） | 观测值 |
|---|---|---|---|---|
| | 政治关联经营者（人） | 投资者（人） | | |
| 股权 | 24 | 24 | 8 | 192 |
| 债权 | 24 | 24 | 8 | 192 |
| 可转换债券 | 24 | 24 | 8 | 192 |

## 6.4 实验结果分析

实验参与者共计 48 人，分为 3 个实验局，每个实验局有 8 期，共收集 1152 条决策数据。后采用统计分析软件 Stata 10.0 进行数据分析。

### 6.4.1 数据描述性统计分析及趋势分析

**1. 数据描述性统计分析**

从表 6 – 2 可以看出，政治关联经营者在生产性活动 $e_1$ 上投入水平存在如下关系：债权 $e_1$（0.766）>可转换债券 $e_1$（0.757）>股权 $e_1$（0.596）。在非生产性活动 $e_2$ 上投入水平同样存在如下关系：债权 $e_2$（0.475）>可转换债券 $e_2$（0.408）>股权 $e_2$（0.375）。结果初步支持假设6。投资者投入监督努力 $a$ 存在如下关系：股权 $a$（0.366）>可转换债券 $a$（0.238）>债权 $a$（0.186），假设7b没有得到支持。反映不同融资契约社会总福利 $CE_j$ 存在如下关系：可转换债券 $CE_j$（58.687）>债权 $CE_j$（56.269）>股权 $CE_j$（50.027），初步支持假设8。

**表6-2　　不同融资契约下各实验局主要变量描述性统计**

| 变量 | 股权 | | 债权 | | 可转换债券 | |
|---|---|---|---|---|---|---|
| | Mean | SD | Mean | SD | Mean | SD |
| $e_1$ | 0.596 | 0.217 | 0.766 | 0.218 | 0.757 | 0.197 |
| $e_2$ | 0.375 | 0.181 | 0.475 | 0.208 | 0.408 | 0.207 |
| $a$ | 0.366 | 0.209 | 0.186 | 0.216 | 0.238 | 0.214 |
| $CE_m$ | 20.807 | 14.629 | 51.619 | 14.098 | 43.526 | 18.630 |
| $CE_p$ | 29.220 | 12.189 | 4.631 | 2.393 | 15.161 | 16.325 |
| $CE_j$ | 50.027 | 18.474 | 56.269 | 13.731 | 58.687 | 13.706 |
| 样本量（个） | 384 | | 384 | | 384 | |

数据的描述性统计大体说明，对政治关联经营者的激励作用，债权和可转换债券融资契约要高于股权融资契约。对投资者的激励作用，由于享有剩余收益，股权和可转换债券融资契约要高于债权融资契约。而从社会总福利的角度，可转换债券融资契约社会总福利更高。以上结果仅提供了有关研究的直观认识，接下来将深入对比三种融资契约下各方投入努力、收益及社会总福利。

**2. 主要变量的趋势分析**

（1）政治关联经营者两类活动 $e_1$、$e_2$。

下面将进一步通过散点图描述不同支付契约下政治关联经营者在两类活动上投入的努力（$e_1$,$e_2$）、投资者投入的监督 $a$ 以及社会总福利的 $CE_j$ 在8期实验中的散点分布图。图6-1（a）和图6-1（b）分别是三种契约局政治关联经营者 $e_1$,$e_2$ 投入的趋势图。

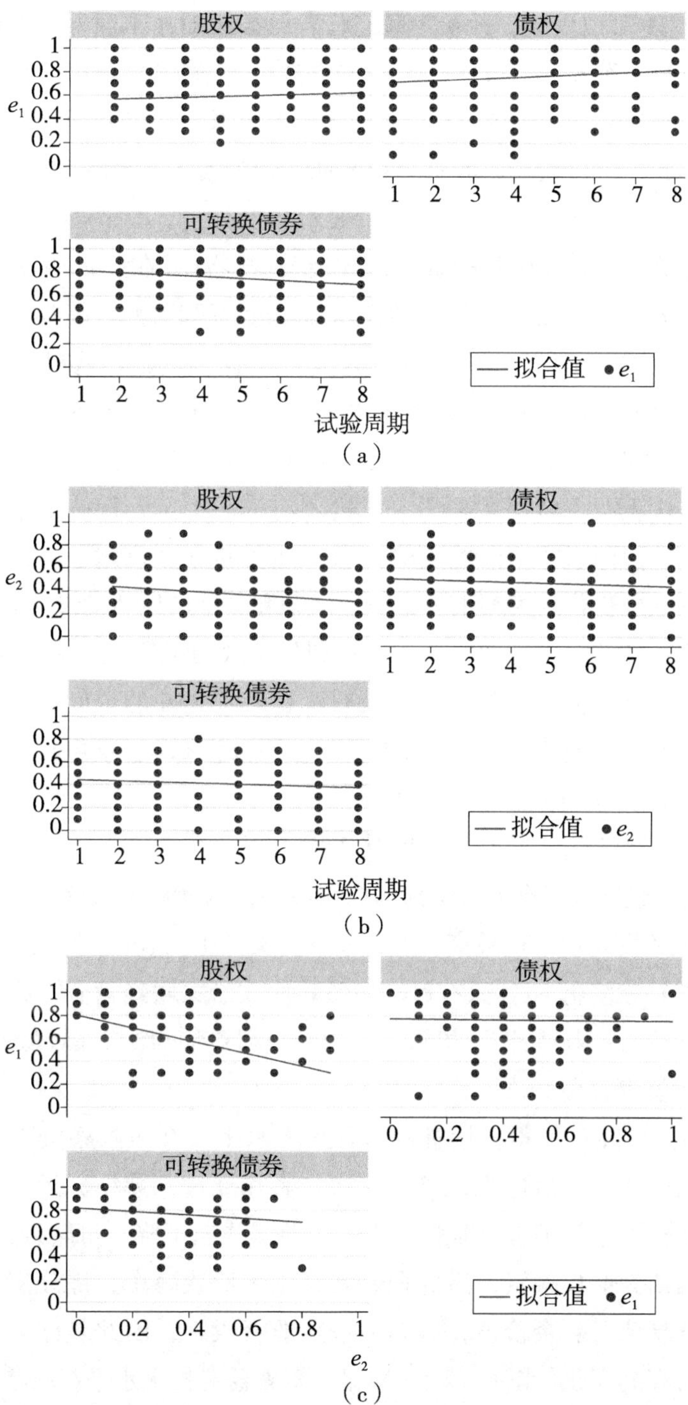


**图 6-1 三种融资契约下政治关联经营者生产性活动 $e_1$ 、非生产性活动 $e_2$ 投入趋势对比**

由图6－1可以发现，政治关联经营者两类活动在不同融资契约下呈现不同的变化趋势。图6－1（a）显示生产性活动 $e_1$ 随实验期数的增加在股权和债权融资下呈逐步增加的趋势，而在可转换债券融资下呈小幅下降的趋势。不过即使如此，可转换债券融资下第8期经营者投入 $e_1$ 的平均值0.71也高于股权情形下 $e_1$ 值0.61。图6－1（b）显示非生产性活动 $e_2$ 随实验期数的增加呈下降的趋势。不过在债权融资下，政治关联经营者在第8期投入 $e_2$ 的最低平均值仍旧为0.45，高于同期可转换债券和股权平均值0.33和0.32。

图6－1（c）显示了 $e_1$ 和 $e_2$ 的相互变化关系。在股权融资契约下，随着政治关联经营者在非生产性活动 $e_2$ 投入水平的增加，其生产性活动 $e_1$ 投入水平迅速下降。在债权融资下，可以发现政治关联经营者 $e_1$ 投入水平随 $e_2$ 增加基本保持不变。这表明在债权融资下，虽然政治关联经营者保持了较高的生产性活动水平 $e_1$，但同时非生产性活动 $e_2$ 投入也维持在较高水平。该结论显然不同于传统单一委托代理模型下将生产性活动和非生产性活动设为 $e_1+e_2=1$ 的情形。在可转换债券融资契约下，注意到虽然政治关联经营者 $e_1$ 投入水平随 $e_2$ 增加有所下降，但降幅较小，远没有股权融资下降的幅度大。此外注意到在可转换债券融资契约下，$e_2$ 的最大投入水平仅为0.8，不像在股权和债权融资契约下 $e_2$ 最大值分别接近上限1。

可见，三种融资契约下，虽然债权融资能诱导经营者在生产性活动 $e_1$ 投入较高，但由于经营者享有项目全部的剩余收益，因此政治关联经营者在非生产性活动 $e_2$ 上的投入水平也最高，而股权融资契约下 $e_1$ 和 $e_2$ 呈现相反变化的趋势，即增加 $e_2$ 就降低 $e_1$ 。只有可转换债券使政治关联经营者在维持了较高水平的生产性活动 $e_1$ 投入水平的同时，非生产性活动 $e_2$ 维持在较低的投入水平。

（2）投资者监督 $a$ 。

由图6－2（a）可得，投资者监督投入水平 $a$ 在股权融资下基本保持不变；而债权融资中，角色为投资者的参与者在经过几期博弈后，认识到债权融资下其最佳策略是不进行监督投入，因此 $a$ 快速下降；可转换债券融资中，由于开始四期为债权融资，后四期若转换则为股权融资，部分实施转换后由于投资者分享项目剩余价值，有动力进行监督投入，因此整体上其监督投入呈现先低后高的变化。图6－2（b）是投资者监督投入水平与政治关联经营者生产性活动 $e_1$ 投入之间的变化。在股权融资下，投资者监督投入水平和经营者

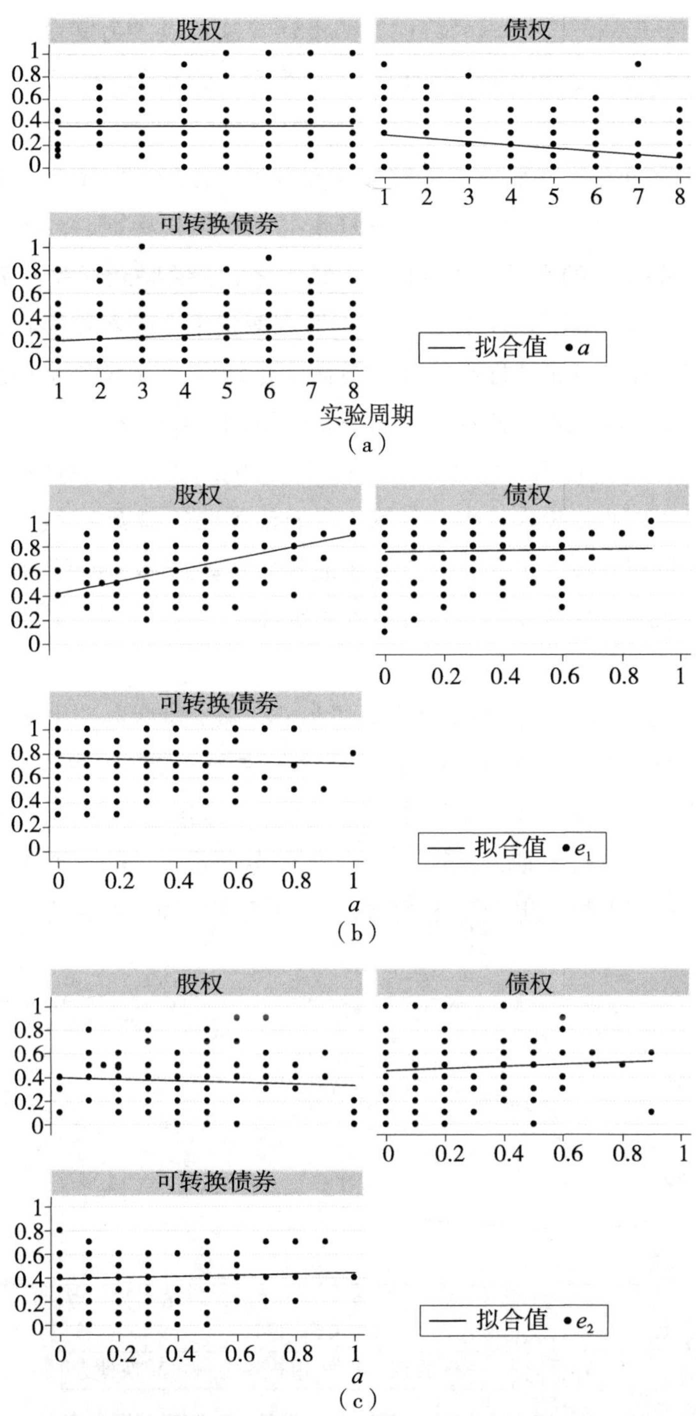


**图 6-2　三种融资契约下投资者监督投入水平 $a$ 以及与政治关联经营者两类活动相互变化**

生产性活动呈现同方向变化的特征，即投资者监督投入力度增大，则经营者 $e_1$ 投入水平增加。而债权和可转换债券融资下，政治关联经营者 $e_1$ 基本保持在0.8的较高水平。图6-2（c）是投资者监督投入与政治关联经营者非生产活动 $e_2$ 之间的变化。在股权和可转换债券融资下，随着投资者监督投入力度增大，经营者 $e_2$ 基本保持不变。而同样情况下，债权融资时政治关联经营者反而在原有较高 $e_2$ 的水平上继续提高。结合之前对关联经营者 $e_1$ 和 $e_2$ 趋势分析结果，可以得到如下初步结论：A. 在股权融资下，随着投资者监督投入水平 $a$ 的提高，经营者生产性活动 $e_1$ 同方向变化，但 $e_2$ 基本保持不变。B. 在债权融资下，虽然随投资者监督投入水平 $a$ 的增加，经营者 $e_1$ 一直维持在较高水平，但 $e_2$ 也维持在相对较高水平并呈现增加的趋势。C. 在可转换债券融资下，随着投资者监督投入水平 $a$ 的增大，政治关联经营者 $e_1$ 虽略有下降，但始终保持在较高的投入水平，这点优于股权融资的情形。而另一方面 $e_2$ 始终维持在较低水平，这点又优于债权融资的情形。

（3）社会总福利 $CE_j$ 。

图6-3是三种融资契约下社会总福利 $CE_j$ 随实验期数变化图。由图6-3看出，可转换债券融资契约下社会总福利 $CE_j$ 在前7期实验中均高于股权和债权融资契约，只是在第8期实验中低于债权融资契约。这可能与实验前已告知参与者实验共进行8期，从而实验中存在终止效应，即知道是最后一期博弈政治关联经营者投入更少 $e_1$ 和更多 $e_2$ ，从而降低项目收益有关。不过社会

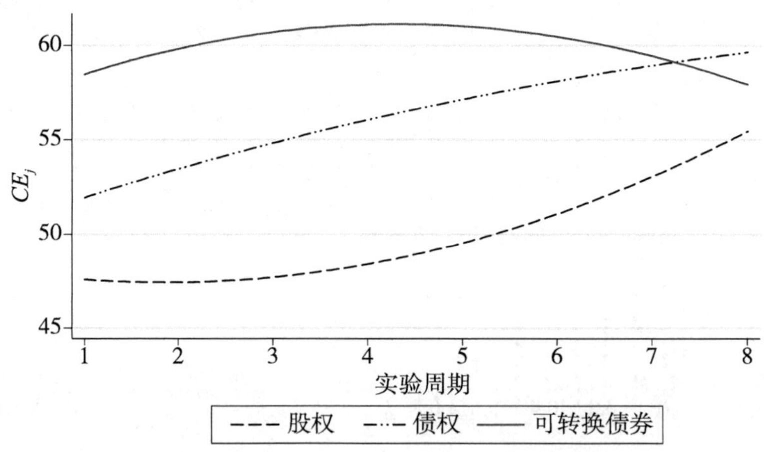


**图6-3　三种融资契约下社会总福利 $CE_j$ 随实验期数变化**

总福利在可转换债券融资契约下高于其他两种融资契约的情形，初步证实了我们的推断。

### 6.4.2 主要决策变量及社会总福利差异对比分析

下面将对实验中涉及的不同融资契约下主要决策变量和社会总福利进行差异对比分析。本节的分析将主要应用参考 Mann – Whitney 秩和检验和均值 $t$ 检验开展两两对比检验。

**1. 政治关联经营者两类活动投入水平的差异分析**

由表 6 – 3 的 Panel A 可得，对比股权融资，在债权和可转换债券融资契约下政治关联经营者在生产性活动 $e_1$ 的投入水平显著较高。但债权和可转换债券融资契约之间比较时，$e_1$ 的投入水平并无显著差异，即三种融资契约下，政治关联经营者生产性活动 $e_1$ 的投入水平存在如下关系：股权 ＜ 可转换债券 ≤ 债权 。

**表 6 – 3　不同融资契约下政治关联经营者生产性活动 $e_1$ 和非生产性活动 $e_2$ 投入的对比**

| 配对类型 | 样本数（个） | 秩和 | 期望秩和 | Prob > \|z\| | 均值 | 不等概率的 $t$ 检验 |
|---|---|---|---|---|---|---|
| Panel A：生产性活动 $e_1$ 的对比 | | | | | | |
| 股权—债权 | 384 | 116002 | 147648 | −10.431*** | 0.5958 | −10.802*** |
| | 384 | 179294 | 147648 | (0.0000) | 0.7656 | (0.0000) |
| 股权—可转换债券 | 384 | 117256 | 147648 | −10.011*** | 0.5958 | −10.777*** |
| | 384 | 178040 | 147648 | (0.0000) | 0.7573 | (0.0000) |
| 债权—可转换债券 | 384 | 151352 | 147648 | 1.241 | 0.7656 | 0.5553 |
| | 384 | 143944 | 147648 | (0.2148) | 0.7573 | (0.5789) |
| Panel B：非生产性活动 $e_2$ 的对比 | | | | | | |
| 股权—债权 | 384 | 122724 | 147648 | −8.268*** | 0.3748 | −7.1238*** |
| | 384 | 172572 | 147648 | (0.0000) | 0.4750 | (0.0000) |
| 股权—可转换债券 | 384 | 135714 | 147648 | −3.948*** | 0.3748 | −2.3905** |
| | 384 | 159582 | 147648 | (0.0001) | 0.4083 | (0.0171) |
| 债权—可转换债券 | 384 | 160238 | 147648 | 4.227*** | 0.4750 | 4.4678*** |
| | 384 | 135058 | 147648 | (0.0000) | 0.4083 | (0.0000) |

注：括号里是检验的显著性 $p$ 值。显著性水平 * $p<0.1$， ** $p<0.05$， *** $p<0.01$。

由表 6－3 的 Panel B 可得，对比股权融资，在债权和可转换债券融资契约下政治关联经营者在非生产性活动 $e_2$ 的投入水平显著较高。但债权和可转换债券融资契约之间比较时，债权融资下 $e_2$ 的投入水平显著更高，即三种融资契约下，政治关联经营者非生产性活动 $e_2$ 的投入水平存在如下关系：股权 < 可转换债券 < 债权 。

以上对政治关联经营者两类活动的检验验证了假设 6a：对比股权融资，经营者生产性/非生产性活动投入的努力水平在债权和可转换债券融资下更高。但在进一步对比债权和可转换债券融资契约时，结论只部分验证了假设 6b 中对非生产性活动 $e_2$ 的假设，即对比可转换债券融资，债权融资时 $e_2$ 显著更高，而生产性活动 $e_1$ 在债权和可转换债券融资契约下差异不显著。

2. **投资者监督投入水平**

由表 6－4 可得，对比债权融资，股权融资和可转换债券融资下投资者监督投入水平 $a$ 显著更高，该结论验证了假设 7a。不过研究也发现，对比可转换债券融资，投资者在股权融资下的监督投入水平 $a$ 显著更高，假设 7b 没有得到验证。可见，在三种融资方式下，投资者监督投入水平 $a$ 存在如下关系：债权 < 可转换债券 < 股权 。

**表 6－4　　不同融资契约下投资者监督投入水平 $a$ 的对比**

| 配对类型 | 样本数（个） | 秩和 | 期望秩和 | Prob > $\lvert z \rvert$ | 均值 | 不等概率的 $t$ 检验 |
|---|---|---|---|---|---|---|
| 股权—债权 | 384 | 183726 | 147648 | 11.889*** | 0.3659 | 11.7002*** |
| | 384 | 111570 | 147648 | (0.0000) | 0.1865 | (0.000) |
| 股权—可转换债券 | 384 | 173572 | 147648 | 8.554*** | 0.3659 | 8.4046*** |
| | 384 | 121724 | 147648 | (0.0000) | 0.2375 | (0.0000) |
| 债权—可转换债券 | 384 | 135766 | 147648 | －3.964*** | 0.1865 | －3.2849*** |
| | 384 | 159530 | 147648 | (0.0001) | 0.2375 | (0.0011) |

注：括号里是检验的显著性 $p$ 值。显著性水平 $*p<0.1$，$**p<0.05$，$***p<0.01$。

对投资者监督投入水平的检验，验证了假设 7a：对比债权融资，投资者监督投入水平在可转换债券融资和股权融资下更高。而假设 7b：对比股权融资，投资者监督投入水平在可转换债券融资下更高，没有得到验证，反而是股权融资下显著更高。可能的原因是在股权融资契约下，由于事前投资者已知可以获得50%份额的项目剩余收益，虽然存在股权的软约束性，但投资者仍旧会有较高的激励进行监督。而对可转换债券融资，一方面前4期实验为债权融资，投资者没有激励投入监督；另一方面后4期实验设计为是否转换由投资者自行决定，这使得那些之前项目收益低的投资者不愿转股（相应没有激励投入监督），而只有收益高的投资者转股并投入监督。这使得在股权融资下投资者监督投入水平高于可转换债券融资的情形。从总体上看，假设7：在其他条件相同时，三种融资契约对投资者的激励约束效应存在差异，得到验证。

**3. 社会总福利的差异分析**

由表6－5可得，对比股权融资契约，可转换债券和债权融资契约的社会总福利均在1%的显著性水平上更高。而可转换债券的社会总福利在数值上高于债权融资，不过在中位数检验时，两种融资契约的社会总福利之间并无显著差异，在均值检验时，可转换债券融资的社会总福利在5%的显著性水平上高于债权融资。可见，在三种融资方式下，社会总福利 $CE_j$ 存在如下关系：股权 < 债权 ≤ 可转换债券 。

对社会总福利的检验，验证了假设8a：对比股权融资，社会总福利在债权和可转换债券融资下更高，而假设8b：社会总福利在债权融资和可转换债券融资时差异不显著的结论在均值检验时未通过。

**表6－5　　不同融资契约下社会总福利的对比**

| 配对类型 | 样本数（个） | 秩和 | 期望秩和 | Prob > \|z\| | 均值 | 不等概率的 $t$ 检验 |
|---|---|---|---|---|---|---|
| 股权—债权 | 384 | 128696 | 147648 | $-6.167^{***}$ (0.0000) | 50.0273 | $-5.3140^{***}$ (0.0000) |
| | 384 | 166600 | 147648 | | 56.2694 | |
| 股权—可转换债券 | 384 | 126118 | 147648 | $-7.005^{***}$ (0.0000) | 50.0273 | $-7.3768^{***}$ (0.0000) |
| | 384 | 169178 | 147648 | | 58.6870 | |
| 债权—可转换债券 | 384 | 144166 | 147648 | −1.133 (0.2572) | 56.2694 | $-2.4419^{**}$ (0.0148) |
| | 384 | 151130 | 147648 | | 58.6870 | |

注：括号里是检验的显著性 $p$ 值。显著性水平 $^{*}p<0.1$，$^{**}p<0.05$，$^{***}p<0.01$。

### 6.4.3 可转换债券融资契约的进一步分析

由之前对比发现，可转换债券融资契约下，由于转换期权所导致现金流权的变化将影响双方的策略行为，这使得该种融资契约在不同阶段都形成对经营者和投资者的有效激励约束机制，从而导致了社会总福利的最优。但截至目前研究并没有进一步说明，可转换债券融资契约所增加的社会总福利到底是源于政治关联经营者投入了更高水平的生产性活动 $e_1$？还是降低了非生产性活动 $e_2$ 的投入？或者是由于投资者监督投入水平 $a$ 的提高？而且投融资双方行为的变化对投资者选择是否转换又有怎样的影响？下面的分析研究将对上述问题给予解释。

**1. 可转换债券样本投融资双方投入水平的进一步比较分析**

本实验中，384 条可转换债券融资契约样本有 272 个选择了转换，执行转换期权的概率达到 71%，说明大多数投资者都倾向选择执行转换期权。表 6－6 是执行和没有执行转换期权对应的 272 个和 112 个样本政治关联经营者两类活动投入、投资者监督投入水平的 Mann－Whitney 秩和检验和均值 $t$ 检验。

**表 6－6 可转换债券融资契约中是否实施转换投融资双方投入努力的对比分析**

| 配对类型 | 样本数（个） | 秩和 | 期望秩和 | Prob > \|z\| | 均值 | 不等概率的 $t$ 检验 |
|---|---|---|---|---|---|---|
| 未转换 $e_1$—转换 $e_1$ | 112 | 27402 | 21560 | 6.053*** (0.0000) | 0.8464 | 5.9309*** (0.0000) |
| | 272 | 46518 | 52360 | | 0.7206 | |
| 未转换 $e_2$—转换 $e_2$ | 112 | 27772 | 21560 | 6.432*** (0.0000) | 0.4946 | 5.4416*** (0.0000) |
| | 272 | 46148 | 52360 | | 0.3728 | |
| 未转换 $a$—转换 $a$ | 112 | 15820 | 21560 | −5.915*** (0.0000) | 0.1393 | −6.0166*** (0.0000) |
| | 272 | 58100 | 52360 | | 0.2779 | |

注：括号里是检验的显著性 $p$ 值。显著性水平 $*p<0.1$，$**p<0.05$，$***p<0.01$。

结果说明，实施转换样本的政治关联经营者在生产性活动 $e_1$ 上的投入显著低于没有实施转换的样本，不过同时政治关联经营者在非生产性活动 $e_2$ 上的投入也显著低于没有实施转换的样本，而且投资者监督投入水平 $a$ 显著高于没有实施转换的样本。这表明在多任务委托代理模型下，可转换债券融资契约的激励约束机制主要体现在对政治关联经营者非生产性活动 $e_2$ 的抑制和投资者监督投入水平 $a$ 的提高。

本书对272个实施了转换期权的样本，考察了转换前4期和转换后4期投融资双方投入努力水平的差异性，结果列示在表6－7中。由表6－7可得，在实施了转换期权的272个样本中，转换前4期和转换后4期生产性活动 $e_1$ 显著降低，这可能与转换后由于投资者分享部分项目剩余收益而降低了对政治关联经营者的激励强度有关。不过从均值看，即使转股后政治关联经营者均值 $e_1=0.65$ 仍旧高于表6－3中Panel A股权融资下均值 $e_1=0.5958$。对政治关联经营者非生产性活动 $e_2$ 前后各期对比分析，转股后 $e_2$ 在10%显著性水平低于前4期 $e_2$ 监督投入水平。而投资者监督投入水平 $a$ 后4期则在1%显著性水平上高于前4期监督投入水平。

**表6－7　实施转换期权样本的不同实验期数投融资双方投入努力的对比分析**

| 配对类型 | 样本数（个） | 秩和 | 期望秩和 | Prob > \|z\| | 均值 | 不等概率的 $t$ 检验 |
|---|---|---|---|---|---|---|
| 前4期 $e_1$— | 136 | 22062 | 18564 | 5.457*** | 0.7912 | 6.1968*** |
| 后4期 $e_1$ | 136 | 15066 | 18564 | (0.0000) | 0.65 | (0.0000) |
| 前4期 $e_2$— | 136 | 19544 | 18564 | 2.529* | 0.3897 | 1.7364* |
| 后4期 $e_2$ | 136 | 17184 | 18564 | (0.0842) | 0.3459 | (0.0818) |
| 前4期 $a$— | 136 | 15166 | 18564 | −5.310*** | 0.2162 | −4.784*** |
| 后4期 $a$ | 136 | 21962 | 18564 | (0.0000) | 0.3397 | (0.0000) |

注：括号里是检验的显著性 $p$ 值。显著性水平 * $p<0.1$， ** $p<0.05$， *** $p<0.01$。

由表6－6和表6－7结果并综合表6－5可转换债券社会总福利最优的结果，我们认为可转换债券融资契约提高社会总福利的可能途径是该类融资契约虽然降低了政治关联经营者生产性活动投入，但有效抑制并减少了政治关联经营者非生产性活动投入，并且有效激励了投资者的监督投入。也就是说，可转换债券融资保护投资者利益、增加社会总福利的可能机理是投资者监督投入水平的增加和政治关联经营者非生产性活动的减少带来项目收益增加抵消并超过了政治关联经营者生产性活动减少带来的项目收益减少。

## 2. Logistic 回归分析

在可转换债券融资契约下，执行转换期权的概率达到 71%。接下来我们分析政治关联经营者和投资者的决策变量对是否实施转换期权产生的影响。由于以是否转换作为被解释变量，其取值为 0 或 1，因此研究使用 Logistic 回归模型进行分析。

分析时，由于投资者在第 5 期作出是否转换的决策，研究首先将前 4 期投融资双方的投入决策水平作为解释变量进入回归模型 1；然后再用 8 期双方的投入决策水平作为解释变量进入回归模型 2。回归时对参与者的性别特征加以控制。回归结果如表 6－8 所示。

**表 6－8　对是否实施转换期权的 logistic 回归结果及 lstat 命令结果分析**

<table>
<tr><th>模型</th><th>变量名称</th><th>Cons</th><th>$e_1$</th><th>$e_2$</th><th>$a$</th><th>Male</th></tr>
<tr><td rowspan="4">1<br>（$1 \leqslant period \leqslant 4$）</td><td>回归系数<br>（$p$ 值）</td><td>6.6863***<br>(0)</td><td>4.6797<br>(0.238)</td><td>−4.3173***<br>(0.000)</td><td>3.8301***<br>(0.002)</td><td>−1.3274***<br>(0.001)</td></tr>
<tr><td colspan="3">LR chi－2 = 48.26***　(0)</td><td colspan="3">Pseudo $R^2$ = 0.2082</td></tr>
<tr><td colspan="3">样本量：$N = 192$</td><td colspan="3">Log likelihood = −91.7666</td></tr>
<tr><td colspan="3">Sensitivity：87.50%</td><td colspan="3">Correctly classified：72.4%</td></tr>
<tr><td rowspan="4">2<br>（$1 \leqslant period \leqslant 8$）</td><td>回归系数<br>（$p$ 值）</td><td>7.5042***<br>(0.000)</td><td>−6.0822<br>(0.129)</td><td>−4.6980***<br>(0)</td><td>4.7300***<br>(0)</td><td>−1.5303***<br>(0)</td></tr>
<tr><td colspan="3">LR chi－2 = 149.02***　(0)</td><td colspan="3">Pseudo $R^2$ = 0.3214</td></tr>
<tr><td colspan="3">样本量：$N = 384$</td><td colspan="3">Log likelihood = −157.2889</td></tr>
<tr><td colspan="3">Sensitivity：89.34%</td><td colspan="3">Correctly classified：78.65%</td></tr>
</table>

注：系数下方括号里是检验的 $p$ 值。显著性水平 * $p < 0.1$，** $p < 0.05$，*** $p < 0.01$。

模型 1 和模型 2 的结论基本一致。回归结果表明，在可转换债券融资契约实验局中不论是考察前 4 期或者全部 8 期的参与者主要决策变量，政治关联经营者非生产性活动 $e_2$ 和投资者监督投入水平 $a$ 都对是否执行转换有显著影响。模型 1 中，政治关联经营者从事更多非生产性活动 $e_2$ 的发生比为 0.013（模型 1 中 $e^{-4.3173} = 0.013$），即政治关联经营者每增加一个单位的非生产性活动将减少转换期权发生比 98.7%。而投资者监督投入水平的提高则将使实施转换期权的可能性显著增加 46.07 倍（模型 1 中 $e^{3.8301} = 46.07$）。而经营

者增加生产性活动 $e_1$ 并没有显著提高实施转换期权的可能性。此外，性别差异对是否选择实施转股期权也有显著影响。logistic 回归模型的正确分辨率检测分别达到 72.4% 和 78.65%。

结果说明：多任务经营者非生产性活动的减少以及投资者投入监督的增加对可转换债券融资契约是否实施转换有显著影响。

## 6.5 基于可转换债券融资契约缓解政治关联消极影响的相关政策讨论

基于本章实验研究和第 3 章及第 5 章理论分析，我们注意到：对于股权融资和债权融资，由于对双方激励方式事先已确定，差异只体现在事后双方激励实现程度的差别上，因此双方决策行为基本符合理论模型推导的结果。而可转换债券融资由于内含相机的转换期权，如果项目质量差，投资者则不实施转换期权而获得市场平均收益。可见此时投资者因保有选择优势而得以保护自身利益：只有当项目高利润水平时投资者才会实施转股期权而拥有项目收益的部分剩余所有权，唯其如此投资者才会愿意投入其相应努力完成项目增值的剩余过程。同时，项目高质量水平也确保了政治关联经营者相应部分的项目收益。

这表明，尽管契约是不完全的，但不同于股权融资和债权融资，在可转换债券融资中，作为只能接受融资契约的投资者仍旧可依据项目的信号相机配置其转换权，如此既降低了合约的不完全程度，又激励双方进行最优的价值创造活动。可见，可转换债券的激励效应表现为，转换之前的债务给予政治关联经营者一定的威胁，使得其为防止投资者退出项目而愿意提供最优的努力（实验中尤其体现在对非生产性活动的抑制）。当信号表明项目质量好时，投资者可将债券转换为股票，这促使投资者也愿意在项目后续价值增值中投入监督努力。因此，可转换债券融资中类似阶段性融资所带来的项目质量信息的披露和更新，确保了可转换债券融资发挥相机治理的作用。这揭示了可转换债券融资具有保护和增加投资者收益、提高社会总福利的激励约束治理功效。

基于以上分析并结合我国现实背景，研究提出以下政策建议。

建议一：积极发展我国金融市场，促进多样化金融工具发展，为投资者提供更多互惠相容的融资工具，进而充分发挥金融契约内含的激励约束机制来缓解政治关联的消极经济影响。研究尤其认为，可转换债券融资契约除兼具股性和债性特点外，其转换期权的设计使其在不同阶段向投融资双方提供合适的激励约束，有利于保护投资者利益。

可转换债券融资契约对缔约双方良好的激励约束机理提示我们，在目前我国现实背景下，应用市场机制缓解政治关联消极影响的可能方式如下：一方面，在政治关联企业进行项目融资时，应进一步发挥类似可转换债券这类具有较好互惠激励约束机制的可转换金融工具的应用。例如，投资者（包含第一类委托代理问题下的股东、外部投资者以及第二类委托代理问题下的中小股东、外部投资者）可以选择投资那些使用有转换期权性质金融工具的政治关联企业，以保护投资者收益，缓解政治关联的消极经济影响。另一方面，金融机构可通过金融创新活动，在更大程度上发掘和利用金融资源，特别是各类可转换金融工具的开发，如可转换票据、可交换可转换债券及可交换强制转换债券等，引导企业应用这些金融工具。在满足各类市场参与者需求的同时，有效降低企业经营者的道德风险，最终提高市场配置效率。

建议二：基于第 3 章的分析结果，如何有效降低外部环境变化，减少政府对商业活动直接/间接的干预强度和干预范围，同时保持相关政策的稳定性和持续性，是缓解我国企业依附政治关联影响的另一个重要措施。本书的理论研究表明，当企业面临更复杂多变的外部环境影响时，关联经营者更多道德风险行为反而可以抵消外部环境变化引起的收益减少。因此政府需要逐渐退出应用市场机制即可完成交易的领域，转而注重相关市场的建设和培育。这就需要政府转变其职能，做好我国市场经济运行的“守夜人”，发挥好“看不见的手”的功能。这样才能从企业外部环境的角度有效抑制企业家追逐政治关联的冲动、削弱政治关联消极经济影响和减少企业对政治关联影响的依赖，还企业一个健康的外部运行环境。

建议三：大力发展职业经理人市场及充分发挥金融资本市场的资源配置功能，形成对政治关联经营者的监督压力。依据我国现实背景，本书对政治关联经营者有一个潜在的假设，即作为企业有价值的“社会资本”，政治关联经营者一般不会被替换或解聘。但目前对可转换债券融资契约的诸多研究已表明，有效的可转换债券融资契约设计可以实现控制权的相机动态配置，这对政治关联经营者获取私人收益形成一定威胁。此外，职业经理人市场的发展也能大大提高对不称职经营者替换的可能性，因此控制权市场的发展以及职业经理人市场的发展将有利于政治关联经营者向真正经营者的回归。

## 6.6 小结

本章基于第 3 章和第 5 章理论模型研究结果，通过实验研究对模型结论进行检验，本章主要假设检验结果如表 6 – 9 所示。本章实验结果基本验证了第 5 章模型所提出的假设。

表 6 – 9　实际回归结果与假设预期

| 假设 | 预期结果 | 检验结果 | 是否通过检验 |
|---|---|---|---|
| H6 | 在其他条件相同时，三种融资契约对政治关联经营者的激励约束效应存在差异 | 部分差异不显著 | 部分通过 |
| H6a | 对比股权融资，经营者生产性/非生产性活动投入的努力水平在债权和可转换债券融资下更高 | 显著高于股权 | 通过 |
| H6b | 对比可转换债券融资，经营者生产性/非生产性活动投入的努力水平在债权融资下更高 | $e_1$ 差异不显著，$e_2$ 债权显著高 | 部分通过 |
| H7 | 在其他条件相同时，三种融资契约对投资者的激励约束效应存在差异 | 彼此存在显著差异 | 通过 |
| H7a | 对比债权融资，投资者监督投入水平在可转换债券融资和股权融资下更高 | 都显著高于债权 | 通过 |
| H7b | 对比股权融资，投资者监督投入水平在可转换债券融资下更高 | 股权显著更高 | 未通过 |
| H8 | 在其他条件相同的情形下，对比股权融资契约，在债权融资和可转换债券融资契约下社会总福利分别与其存在差异 | 分别与股权存在显著差异 | 通过 |
| H8a | 对比股权融资，社会总福利在债权和可转换债券融资下更高 | 分别显著高于股权 | 通过 |
| H8b | 社会总福利在债权融资和可转换债券融资时差异不显著 | 可转换债券时社会总福利均值显著高 | 部分通过 |

经营者决策变量对比的结果表明：①对比股权融资契约，政治关联经营者生产性活动及非生产性活动投入在债权和可转换债券融资契约下都更高。②进一步对比债权和可转换债券融资下经营者两类活动，发现可转换债券融资下政治关联经营者的非生产性活动投入显著低于债权融资，而生产性活动在两类融资契约间则无明显差异。可以认为三种融资契约下，经营者两类活动投入水平存在如下特性：股权融资时两类活动投入双低，债权融资时两类活动投入双高，只有可转换债券融资时经营者生产性活动投入较高，而其非生产性活动投入又较低。

投资者决策变量的对比结果表明：①由于债权融资投资者只获得固定收益，因此对比债权融资，投资者监督投入水平在可转换债券融资和股权融资下显著更高。②与模型预测不同，股权融资下投资者监督投入水平显著高于可转换债券融资。一方面可能由于可获得50%份额的项目剩余收益，因此投资者在整个博弈周期有较高的激励进行监督。另一方面可转换债券融资前4期为债权融资，投资者不会有激励投入监督，此外还有部分投资者选择不进行转股，这在总体均值上降低了投资者监督投入水平。

社会总福利的对比结果表明：①对比股权融资，债权和可转换债券融资的社会总福利都显著更高。②可转换债券融资的社会总福利在均值上显著高于债权融资。因此，从增加社会总福利的角度，可转换债券融资契约有更高的激励作用，即可转换债券能较好地缓解政治关联带来的消极经济影响。

对可转换债券融资契约更细致的研究表明：①可转换债券融资契约虽然降低了多任务经营者生产性活动投入，但有效抑制并减少了政治关联经营者非生产性活动投入，并且激励了投资者监督投入的增加。研究认为可转换债券融资提高社会总福利源于投资者增加监督力度和政治关联经营者减少非生产性活动带来的项目收益抵消并超过了经营者减少生产性活动带来的项目收益减少。②投资者是否实施转换期权，在多任务委托代理模型下更可能与经营者非生产性活动的减少以及投资者投入的监督有关。

研究提出如下政策建议：投资者（包括第一类委托代理问题下的股东和外部投资者以及第二类委托代理问题下的中小股东和外部投资者）应选择政治关联企业发行的具有可转换性质的金融产品进行投资，而金融机构则应创新开发和推广具有可转换性质的证券产品以满足投资者需求；政府应减少对企业经济活动的干预程度和范围，保持相关政策的稳定性和连续性，以降低客观环境变化对企业运营的影响；发展我国控制权市场以及职业经理人市场，形成对不合适经营者的监督压力。

上述结论表明，实践中人们可以通过充分认识和利用不同融资契约所蕴含的对投融资双方激励相容机制，尤其是可转换债券融资契约对政治关联经营者和投资者在不同阶段所体现的动态激励约束机制，在互惠相容的前提下有效缓解政治关联经营者道德风险问题，保护投资者利益和增加社会总福利。在本章，我们创新性地将实验研究的方法引入应用金融契约缓解政治关联带来的消极经济影响的研究设计中，通过实验考察了三种融资契约对政治关联经营者、投资者决策以及此情形下社会总福利变化的影响，对第 5 章模型的主要结论进行了检验和验证，强化了本书理论模型研究的主要结论。

# 7 结论与讨论

## 7.1 主要工作和研究结论

企业积极追求不同形式的政治关联普遍存在于各国经济发展过程中，随着我国社会经济的发展，目前国内具有一定政治身份的企业经营者逐渐增多。国内外关于政治关联研究虽然已取得大量成果，但研究结论存在悖论。一方面，学者们对政治关联有利于企业获得诸多资源便利和竞争优势的结论从社会资本、资源依赖和法与金融等角度给予解释；另一方面，对政治关联降低企业绩效的结论又从政府干预、寻租等角度给出阐释。而受传统“关系”文化和政府对资源配置掌控的影响，我国不少企业经营者更是热衷于诉求政治关联。但由于国有企业或国有控股企业终极控制人的缺位产生的第一类委托代理问题以及国内企业尤其是民营企业中普遍存在一股独大引发大股东侵占小股东而产生的第二类委托代理问题，政治关联企业更是如此。本书在将外部制度环境视为客观影响因素，而将经营者的道德风险视为主观影响因素这样两个认识下，笔者认为之前研究结论存在不一致主要是由于之前相关研究只偏重关注其中一种影响因素的结果，而现实中政治关联更可能同时受上述两种影响因素的共同作用。对比无政治关联，本书认为受两类委托代理问题的影响，我国政治关联企业/经营者面临更多外部环境影响及更严重的代理问题。基于以上认识，本书认为我国企业政治关联问题可以从不完全契约背景下多任务委托代理人激励问题的视角加以研究。

基于契约理论分析框架，本书以多任务委托代理模型为基础理论模型分析政治关联的影响因素和政治关联带来的经济影响后果，并将应用金融契约缓解政治关联消极经济影响作为本文的最终立足点。通过以上研究内容，本书对企业政治关联的影响因素、政治关联带来的经济影响后果以及如何减少政治关联消极经济影响，这样三个问题给出新视角下的解读。总体上看，研究的主要工作和得到的主要结论如下。

①对政治关联相关研究文献综述认为，目前相关研究存在以下不足：a. 政治关联对企业经营影响的两面性研究大多分别基于单一角度给予解释，并没有在一个统一框架下从理论上解释企业建立政治关联的影响因素以及政治关联给企业、投资者和社会总福利到底带来怎样的影响。b. 对政治关联经济影响的认识还局限在企业层面。政治关联作为一种非市场化配置资源的方式，是政治关联企业通过非公平竞争的途径获得资源优势和竞争优势。获得和掌握更多资源对经营者有利，但这种非公平公正的资源配置方式不利于资源的有效配置、破坏了社会市场体系的正常有效运行，进而损害社会总福利。基于以上认识，我们才试图应用契约理论分析框架，从应用含有不同激励约束机制的金融契约缓解政治关联消极影响的研究视角进行后续研究。

②通过梳理和归纳契约理论分析框架以及三种金融契约对经营者激励约束的研究进展，提出本书的理论基础和研究起点：a. 契约理论对委托代理问题的刻画使我们可以将影响政治关联的客观环境变化和主观道德风险两个因素同时置入多任务委托代理模型内进行分析。从契约双方收益不一致性和外部环境变化的角度进一步考察政治关联对经营者、投资者利益和社会总福利的影响。b. 利用不同融资契约内含现金流权在缔约双方之间分配差异带来的不同激励约束效应，考察不同金融契约在弱化和缓解政治关联消极经济影响中所发挥的作用。

③借鉴 Robert Gibbons（2005）和 George Baker（2002）基于多任务委托代理模型对经营者和投资者收益不一致时对经营者激励影响的研究思路，本书基于多任务代理模型对企业外部运行环境变化和经营者道德风险高低对经营者收益、投资者收益和社会总福利的影响进行分析，结论显示，当客观环境变化 $\sigma_{\phi}^{2}$ 较高时，经营者更多的道德风险行为，即增大夹角 $\theta$，反而可以抵消环境变化引起的经营者收益减少。此时经营者有积极诉求政治关联的主观动力。由此本书认为，经济转型背景下我国企业经营者积极诉求政治关联既是为应对客观环境多变而采取的措施，也是经营者追求自身利益最大化的结果。因此减少环境变化影响，获得更多资源投入和追求利益最大化构成了我国企业寻求政治关联的主要动因。当经营者道德风险加剧时，投资者收益迅速大幅度下降。而对比之下，投资者收益对外部环境变化的影响不敏感。这

在一定程度上解释了为什么当前我国投资者对企业追求政治关联普遍持有一定包容态度。外部环境变化以及经营者道德风险总是会降低社会总福利。进一步，在政治关联经营者会面临更多环境变化和更多道德风险问题的认识下，通过对比有无政治关联的影响，本书得出的结论表明，政治关联有效减缓了外部环境变化对经营者收益降低的影响，而且提高了经营者对外部环境变化的敏感性，即只要外部环境变化稍有增多，政治关联经营者偏离行为就能提高其自身收益。对比无政治关联，政治关联降低了投资者收益，而投资者收益对外部环境变化影响不敏感。政治关联降低了社会总福利。

④经验研究中，本书将企业董事长或总经理具备以下两个条件之一：曾经/现任职于各级政府部门，或当选各级人大/政协委员，定义为政治关联企业，管理者定义为政治关联经营者。通过收集我国 A 股上市公司使用的三种不同融资契约，即面向公众公开增发股票、发行可转换债券、在银行间债券市场发行短期融资券/中期票据的数据，对第 3 章有关政治关联虽然能带给企业融资便利，但也降低了企业资本配置效率，企业绩效更低的假设进行了经验检验。结果发现，对比无政治关联企业，政治关联企业在三种融资契约下都获得更多资金支持。但同时也发现，对比无政治关联企业，政治关联企业在以上三种融资契约下的投资回报率更低，即政治关联企业盈利能力并没有更好，投资回报较低。三种融资契约下政治关联对企业资本配置效率影响的回归结果则进一步显示，政治关联显著降低了企业资金配置效率。此外本书经验研究还得到，官员类政治关联和委员类政治关联对企业融资和无效投资的影响并不相同。官员类政治关联有利于企业债券融资，而委员类政治关联则有利于企业公开增发股票融资。在发行债券和公开增发股票融资契约下，官员类政治关联对企业过度投资有正向影响、对投资不足有负向影响。而委员类政治关联只在公开增发股票融资契约下对企业投资不足有负向影响。经验研究结果部分验证并拓展了第 3 章的理论模型分析结果。

经验研究验证了以下观点：企业依靠政治关联，这种非市场化资源配置方式获得的资金投入优势和便利，企业并没有表现出更高的盈利能力，政治关联反而对企业资本配置效率有负向影响。可以认为，政治关联企业虽然获得更多资源投入但企业产出并不与之匹配。而获得更多资金投入优势对政治关联企业的经营者有利，但若我国企业长期依赖此种方式获取资源，资本市场也以此方式配置资源，则那些无政治关联企业将无法通过透明和公平的市场机制获取资源，资源不能得到有效配置。可见政治关联企业在获得资源投入优势的同时其产出绩效和竞争力却不增反降，尤为严重的是这种寻租文化会使不公平竞争和垄断愈演愈烈，从而损害广大投资者利益并降低社会总福利。这对企业效率的提高、投资者利益保护、市场机制的有效运行乃至社会总福利都造成损失，因此政治关联具有消极的经济影响。

⑤借鉴 Kirilenko（2001）对不同融资契约下项目收益和项目风险概率分布形式的设定，从金融契约缓解政治关联消极经济影响的视角，研究了不同融资契约下政治关联经营者、投资者投入努力水平的激励约束差异和社会总福利的变化。结论表明，三种融资契约下，政治关联经营者生产性活动和非生产性活动投入水平都存在如下关系，债权 > 可转换债券 > 股权。三种融资契约下，投资者监督投入水平依次为债权 < 股权 ≤ 可转换债券。三种融资契约下，社会总福利存在如下关系：股权 < 债权和可转换债券，而债权和可转换债券之间无法明确区分。之后，本书还以第 4 章经验数据对比三种融资契约下政治关联公司资金无效配置程度的差异，结果表明，可转换债券融资契约下政治关联企业资本配置效率更高，初步说明可转换债券融资能更好地缓解政治关联企业资本配置效率低的问题。由此本书认为，对比股权融资契约下投融资双方都存在的“搭便车”问题和债权融资契约下投资者缺乏监督动力，可转换债券融资契约下投资者依据项目质量信号进行信息修正，进而决定是否执行转换期权的机制设计既降低了金融契约的不完全性，又激励双方进行最优的价值创造活动。这揭示了可转换债券融资具有保护和增加投资者收益、提高社会总福利的作用。

⑥结合第 3 章和第 5 章理论模型分析，研究通过实验研究检验了不同融资契约对政治关联经营者、投资者监督投入水平的激励约束差异以及社会总福利的差异。结果发现，政治关联经营者的两类活动投入方面：对比股权融资契约，政治关联经营者生产性活动及非生产性活动投入在债权和可转换债券融资契约下都更高。进一步可转换债券融资下政治关联经营者的非生产性活动投入显著低于债权融资，而生产性活动在债权和可转换债券融资契约间则无明显差异。简单而言，三种融资契约下经营者两类活动投入水平存在如下特性：股权融资时两类活动投入双低，债权融资时两类活动双高，只有可

转换债券融资下生产性活动投入较高，但非生产性活动投入又较低。投资者的监督投入方面：对比债权融资，投资者监督投入水平在可转换债券融资和股权融资下显著更高。而由于权益融资下投资者事前知道分享的权益比例而有动力监督，且可转换债券融资前 4 期为债权融资并且有部分投资者没有实施转换期权，因此与理论分析不同，对比可转换债券，股权融资下投资者监督投入水平显著更高。社会总福利方面：对比股权融资，债权融资和可转换债券融资的社会总福利都显著更高，可转换债券融资契约在均值上显著高于债权融资。结果验证了可转换债券融资契约能较好缓解政治关联消极经济影响的分析结论。利用实验数据，对可转换债券融资契约进一步深入研究表明，可转换债券融资契约虽然降低了多任务经营者生产性活动投入，但有效抑制并减少了政治关联经营者非生产性活动投入，并且激励了投资者监督投入的增加。由此可转换债券融资提高社会总福利源于投资者增加监督力度和政治关联经营者减少非生产性活动带来的项目收益增加抵消并超过了经营者生产性活动减少带来的项目收益减少。此外，多任务下经营者非生产性活动的减少以及投资者投入的监督力度对投资者是否实施转换期权有显著影响。实验研究结果验证并拓展了第 5 章的模型推导结果。

依据以上理论分析、经验检验和实验研究结果，本书提出如下政策建议：投资者（包含第一类委托代理问题下的股东、外部投资者，以及第二类委托代理问题下的中小股东、外部投资者）应选择政治关联企业发行的具有可转换性质的金融产品进行投资，而金融机构则应创新开发和推广具有可转换性质的金融产品以满足投资者需求；政府应减少对企业经济活动的干预程度和范围，保持相关政策的稳定性和持续性，以降低客观环境变化对企业和经营者的影响；发展我国控制权市场及职业经理人市场，形成对不合格经营者的监督压力。

## 7.2 研究的创新点

在分析思路上，不同于之前政治关联研究从社会资本、资源依赖、政府干预、寻租等角度给出的解释。本书分析认为，传统“关系”文化和政府对资源配置的强势掌控是我国不少企业经营者寻求建立政治关联的外部环境影响因素，而国有企业或国有控股企业终极控制人的缺失以及包括民营企业在内的国内企业普遍存在的一股独大引发大股东侵占小股东的事实，导致政治关联企业在获得资源投入优势的同时其产出绩效和竞争力却不增反降，以上委托代理问题引发了广泛意义上的代理人道德风险。而单任务委托代理模型不能很好地解释政治关联两面性特点，因此在企业层面，认为政治关联可以从不完全契约背景下多任务委托代理人委托代理问题的视角展开研究，并以此作为后续研究的基本分析框架。此外，本书认为对比无政治关联企业，受文化传统、经济转型和政府主导的市场经济背景，以及企业两类委托代理问题的影响，我国政治关联企业/经营者面临更复杂多变的环境变化影响和更严重的两类代理人道德风险。基于此，本书围绕企业政治关联的影响因素、政治关联带来经济影响后果以及如何在我国现实背景下，利用可行的市场手段缓解政治关联消极影响进而降低企业对政治关联影响的依附，这样逻辑上相关的三个问题展开研究。本书的主要工作和创新点体现在如下四个方面。

①构建了多任务委托代理问题下的政治关联模型，以此作为分析政治关联影响因素及政治关联经济影响后果的理论基础，从而突破了现有仅关注政治关联某一方面特性的分析思路局限。研究借鉴 Robert Gibbons（2005）和 George Baker（2002）的多任务委托代理模型，将外部客观环境变化及经营者道德风险的影响纳入一个统一的模型中。分析表明，在我国经济转型和政府主导的市场经济背景下，企业积极诉求政治关联既是经营者为应对受政策影响环境多变而采取的措施，也是经营者追求自身利益最大化的结果。因此获得更多资源投入，减少外部环境影响和追求自己利益最大化可能构成了目前我国企业寻求政治关联的主要动因。具体表现在，当外部环境变化较大时，经营者更多道德风险行为可以抵消环境变化引起的自身收益减少，而政治关联就是典型表现。追求政治关联的经营者道德风险加剧会导致投资者收益下降，而在寻租中因投资者也有所得，因此投资者对收益变化不敏感。这在一定程度上解释了为什么当前我国投资者对企业追求政治关联持有一定包容态度。但长期而言，政治关联降低社会总福利会逐步显现。

②基于理论研究对比不同融资契约下政治关联对企业融资量和无效资本配置效率影响差异的经验研究较少见。基于理论分析，本书收集了我国上市公司发行短期融资券和中期票据、公开增发股票以及发行可转换债券的融资

数据进行经验研究，结果表明，政治关联虽然有利于企业获得融资便利，但对企业资本配置效率有负向影响且这类企业经营绩效更低。理论分析和经验研究结果说明，政治关联企业依靠非市场化配置方式获得的资金优势并未提高投资者收益，反而以降低资源配置效率、最终以损害社会总福利为代价，具有消极的经济影响。我国官员类政治关联和委员类政治关联对企业运营的影响存在差异。体现在官员类政治关联有利于公司债券融资，对企业过度投资有正向影响、对投资不足有负向影响。委员类政治关联有利于公司公开增发股票融资，对企业投资不足有负向影响。

③政治关联的消极经济影响已被诸多研究证实，然而如何减少或缓解其消极经济影响则鲜有研究涉及。本书创新性地基于体现金融契约内含的激励约束机制，构建了不同金融契约下多任务政治关联经营者投入和投资者监督模型，以验证将金融契约作为缓解政治关联消极经济影响、保护投资者利益和提高社会总福利这一思路的可行性。本书在借鉴 Kirilenko（2001）对项目收益和项目风险概率分布形式设定的基础上，研究了不同融资契约对契约双方的激励约束差异及社会总福利变化。而之后的实验研究结果基本验证了理论分析结果，相较于股权和债权融资，在可转换债券融资契约下，政治关联经营者生产性活动投入维持在较高水平，而其非生产性活动投入则处于较低水平。可转换债券融资契约下投资者监督投入水平较高。可转换债券融资契约下社会总福利最高。这说明可转换债券融资契约中投资者依据项目质量信号进行信息修正，进而决定是否执行转换期权的机制设计既降低了金融契约的不完全性，又激励双方在不同阶段进行价值增值活动。

④为进一步从更微观的角度揭示可转换债券融资契约发挥激励约束机制的作用路径，本书深入分析了实验研究数据中可转换债券融资契约下契约双方的决策特征。结果表明，可转换债券融资契约中多任务政治关联经营者生产性活动投入虽然有所降低，但同时其非生产性活动投入得到有效抑制和减少，并且激励了投资者监督投入的增加。可见，可转换债券融资契约提高社会总福利主要源于，投资者增加监督力度和政治关联经营者减少非生产性活动带来的项目收益增加大于经营者减少生产性活动带来的项目收益减少。可转换债券融资契约中投资者是否实施转换期权与多任务经营者非生产性活动的减少及投资者监督投入的增加显著相关。

## 7.3 研究不足和未来研究方向

研究结论虽然对我们深刻理解企业政治关联提供了新颖的解决思路和理论借鉴，但仍存在一定不足，需要在未来进一步研究。

①政治关联作为处理问题的主要变量。本书在模型构建中将政治关联处理为可细分的变量，在经验研究中对政治关联进行了是或否的处理。但现实中政治关联影响则更为复杂，更具隐蔽性和层次性。可以想象，在我国经济生活中，国家级和县市级不同级别的官员、人大代表/政协委员形成的政治关联对企业经营的影响程度和范围必然不一样。这是未来理论研究和经验研究都需要进一步完善的内容。

②我国政治关联类型的细分问题。本书在经验分析中对政治关联进一步细分为官员类政治关联和委员类政治关联，并初步得到两类政治关联对企业融资和资本配置效率存在不同影响，但由于没有在模型中对这两类政治关联的差异进行细分和刻画，进而无法区分不同融资契约对这两类政治关联的激励约束是否存在差异。以上问题有待进一步研究。

③政治关联与公司治理水平。在模型构建中，将政治关联经营者无法控制的外部环境统一归为客观环境。但进一步，客观环境其实可以细分为企业内部和企业外部两类。本书侧重考察了企业大的外部环境影响，而企业内部环境则与企业治理水平密切相关，那么企业治理方式和治理水平将如何影响政治关联？其机理和作用路径又如何？这些也是今后值得进一步研究的方向。

# 参考文献

［1］罗党论，刘晓龙．政治关系、进入壁垒与企业绩效——来自中国民营上市公司的经验证据［J］．管理世界，2009（05）：97－106.

［2］吴文锋，吴冲锋，刘晓薇．中国民营上市公司高管的政府背景与公司价值［J］．经济研究，2008（07）：130－141.

［3］邓建平，曾勇．政治关联能改善民营企业的经营绩效吗［J］．中国工业经济，2009（02）：98－108.

［4］张建君，张志学．中国民营企业家的政治战略［J］．管理世界，2005（07）：94－105.

［5］徐细雄，杨卓，刘星．企业政治关系研究前沿探析［J］．外国经济与管理，2010，32（03）：26－32.

［6］冯根福．双重委托代理理论：上市公司治理的另一种分析框架——兼论进一步完善中国上市公司治理的新思路［J］．经济研究，2004（12）：16－25.

［7］涂国前，刘峰．制衡股东性质与制衡效果——来自中国民营化上市公司的经验证据［J］．管理世界，2010（11）：132－142＋188.

［8］胡旭阳．民营企业的政治关联及其经济效应分析［J］．经济理论与经济管理，2010（02）：74－79.

［9］杜兴强，陈韫慧，杜颖洁．寻租、政治联系与“真实”业绩——基于民营上市公司的经验证据［J］．金融研究，2010（10）：135－157.

［10］余明桂，潘红波．政治关系、制度环境与民营企业银行贷款［J］．管理世界，2008（08）：9－21＋39＋187.

［11］张敏，张胜，申慧慧，等．政治关联与信贷资源配置效率——来自

我国民营上市公司的经验证据 [J]. 管理世界，2010 (11)：143-153.

[12] 李维安，徐业坤. 政治关联形式、制度环境与民营企业生产率[J]. 管理科学，2012，25 (02)：1-12.

[13] 邓建平，曾勇. 金融关联能否缓解民营企业的融资约束 [J]. 金融研究，2011 (08)：78-92.

[14] 冯延超. 政治关联成本与企业效率研究 [D]. 长沙：中南大学，2011.

[15] 余明桂，回雅甫，潘红波. 政治联系、寻租与地方政府财政补贴有效性[J]. 经济研究，2010，45 (03)：65-77.

[16] 潘红波，夏新平，余明桂. 政府干预、政治关联与地方国有企业并购 [J]. 经济研究，2008 (04)：41-52.

[17] 刘慧龙，张敏，王亚平，等. 政治关联、薪酬激励与员工配置效率[J]. 经济研究，2010，45 (09)：109-121+136.

[18] 雷光勇，李书锋，王秀娟. 政治关联、审计师选择与公司价值[J]. 管理世界，2009 (07)：145-155.

[19] 黄新建，王婷. 政治关联、制度环境差异与企业贷款续新——基于中国上市公司的实证研究 [J]. 系统工程理论与实践，2012，32 (06)：1184-1192.

[20] 黄新建，王婷. 政治关联、经营业绩与贷款续新——基于中国上市公司的实证研究 [J]. 系统工程理论与实践，2011，31 (05)：889-897.

[21] 胡旭阳. 民营企业家的政治身份与民营企业家的融资便利——以浙江省民营百强企业为例 [J]. 管理世界，2006 (05)：107-113+141.

[22] 胡旭阳，史晋川. 民营企业的政治资源与民营企业多元化投资——以中国民营企业500强为例 [J]. 中国工业经济，2008 (04)：5-14.

[23] 蔡地，万迪昉. 民营企业家政治关联、政府干预与多元化经营[J]. 当代经济科学，2009，31 (06)：17-22+122.

[24] 李善民，赵晶晶，刘英. 行业机会、政治关联与多元化并购 [J]. 中大管理研究，2009，4 (04)：1-17.

[25] 潘越，戴亦一，李财喜. 政治关联与财务困境公司的政府补助——来自中国ST公司的经验证据 [J]. 南开管理评论，2009，12 (05)：6-17.

［26］杜兴强，周泽将，修宗峰．政治联系与会计稳健性：基于中国民营上市公司的经验证据［J］．经济管理，2009，31（07）：115－121.

［27］杜兴强，雷宇，郭剑花．政治联系、政治联系方式与民营上市公司的会计稳健性［J］．中国工业经济，2009（07）：87－97.

［28］杜兴强，周泽将．政治联系方式与民营上市公司信息透明度——基于深交所信息披露考评的经验证据［J］．中南财经政法大学学报，2010（01）：126－131.

［29］夏立军，陈信元．市场化进程、国企改革策略与公司治理结构的内生决定［J］．经济研究，2007（07）：82－95＋136.

［30］罗党论，唐清泉．中国民营上市公司的制度环境与绩效问题研究［J］．经济研究，2009，44（02）：106－118.

［31］冯天丽，井润田．制度环境与私营企业家政治联系意愿的实证研究［J］．管理世界，2009（08）：81－91＋123.

［32］罗明新，马钦海．公司政治关联国外研究新进展［J］．预测，2011，30（02）：77－80.

［33］高伟，李艳丽，赵大丽．企业政治关联内涵及作用机制研究［J］．软科学，2011，25（03）：110－114.

［34］任广乾，汪敏达．中国上市公司政治关联度与绩效的实证研究［J］．山西财经大学学报，2010，32（09）：80－88.

［35］郭广珍．政治收益、经济贿赂与经济绩效：一个新古典政治经济学模型［J］．南方经济，2009（11）：57－64.

［36］罗党论，甄丽明．民营控制、政治关系与企业融资约束——基于中国民营上市公司的经验证据［J］．金融研究，2008（12）：164－178.

［37］赵娜，王福胜，唐秋玲．基于双重委托－代理模型中国上市公司政治联系方式的博弈分析［J］．预测，2012，31（06）：44－48.

［38］徐延利，刘丹．不对称信息条件下激励机制的模型设计与扩展［J］．中国软科学，2010（S1）：406－411.

［39］萨拉尼耶．合同经济学［M］．费方域，张肖虎，郑育家，译．上海：上海财经大学出版社，2008.

［40］博尔顿，德瓦特里庞．合同理论［M］．费方域，蒋士成，郑育家，

译．上海：格致出版社；上海三联书店；上海人民出版社，2008.

[41] 汪丁丁．行为、意义与经济学［J］．经济研究，2003（09）：14－20＋92.

[42] 黄再胜．试析行为合约激励理论研究的起源、发展与实践意蕴［J］．外国经济与管理，2008（03）：1－8＋52.

[43] 袁江天，张维．多任务委托代理模型下国企经理激励问题研究［J］．管理科学学报，2006（03）：45－53.

[44] 孔峰，刘鸿雁．经理声誉考虑、任务关联性和长期报酬激励的效果研究［J］．南开管理评论，2009，12（01）：124－129＋160.

[45] 聂辉华．取消农业税对乡镇政府行为的影响——一个多任务委托代理模型［J］．世界经济，2006（08）：71－78.

[46] 张万宽，焦燕．地方政府绩效考核研究——多任务委托代理的视角［J］．东岳论丛，2010，31（05）：153－158.

[47] 田利辉．杠杆治理、预算软约束和中国上市公司绩效［J］．经济学季刊，2004（S1）：15－26.

[48] 田利辉．国有产权，预算软约束和中国上市公司杠杆治理［J］．管理世界，2005（07）：123－128＋147.

[49] 刘昌国．公司治理机制、自由现金流量与上市公司过度投资行为研究［J］．经济科学，2006（04）：50－58.

[50] 黄乾富，沈红波．债务来源、债务期限结构与现金流的过度投资——基于中国制造业上市公司的实证证据［J］．金融研究，2009（09）：143－155.

[51] 吴超鹏，吴世农，程静雅，等．风险投资对上市公司投融资行为影响的实证研究［J］．经济研究，2012，47（01）：105－119＋160.

[52] 黄珺，黄妮．过度投资、债务结构与治理效应——来自中国房地产上市公司的经验证据［J］．会计研究，2012（09）：67－72＋97.

[53] 何佳，夏晖．有控制权利益的企业融资工具选择——可转换债券融资的理论思考［J］．经济研究，2005（04）：66－76.

[54] 徐细雄，万迪昉，淦未宇．我国企业高管人员激励机制研究：可转债视角［J］．金融研究，2007（01）：99－108.

［55］郭文新，曾勇．风险投资中的证券设计：转换权与清算权［J］．管理工程学报，2010，24（01）：101－109.

［56］郭文新，苏云，曾勇．风险规避、双边道德风险与风险投资的融资结构［J］．系统工程理论与实践，2010，30（03）：408－418.

［57］屈文洲，林振兴．中国上市公司可转债发行动因：“后门权益”VS“代理成本”［J］．中国工业经济，2009（08）：141－151.

［58］赵晓琴，万迪昉，付雷鸣．政治关联对公司债券融资的影响——来自银行间债券市场的经验证据［J］．山西财经大学学报，2011，33（12）：100－107.

［59］廖士光．上市公司中期票据融资的影响因素研究［J］．证券市场导报，2011（03）：57－62＋68.

［60］马晓维，苏忠秦，曾琰，等．政治关联、企业绩效与企业行为的研究综述［J］．管理评论，2010，22（02）：3－10.

［61］吴育辉，魏志华，吴世农．中国上市公司发行短期融资券的影响因素分析［J］．金融研究，2009（05）：93－106.

［62］梅波．债务类型的公司治理价值效应实证研究［J］．山西财经大学学报，2009，31（12）：84－91.

［63］肖作平．公司治理影响债务期限结构类型吗？——来自中国上市公司的经验证据［J］．管理工程学报，2010，24（01）：110－123＋89.

［64］赵晓琴，万迪昉．影响中国企业赈灾捐款的省区因素——“5·12”地震内地企业捐款实证研究［J］．管理评论，2012，24（02）：171－176.

［65］程仲鸣，夏新平，余明桂．政府干预、金字塔结构与地方国有上市公司投资［J］．管理世界，2008（09）：37－47.

［66］魏明海，柳建华．国企分红、治理因素与过度投资［J］．管理世界，2007（04）：88－95.

［67］周春梅．盈余质量对资本配置效率的影响及作用机理［J］．南开管理评论，2009，12（05）：109－117.

［68］李青原．会计信息质量与公司资本配置效率——来自我国上市公司的经验证据［J］．南开管理评论，2009，12（02）：115－124.

［69］李怀祖．管理研究方法论：第2版［M］．西安：西安交通大学出版

社，2004.

［70］万迪昉．实验管理学［M］．北京：高等教育出版社，2005.

［71］徐细雄，淦未宇，万迪昉．企业控制权动态配置的内在机理及其治理效应——实验的证据［J］．经济科学，2008（04）：87－98.

［72］蔡地，万迪昉，罗进辉．阶段融资情境下不同债务契约激励效应的实验研究［J］．系统工程，2011，29（10）：41－50.

［73］李双燕，万迪昉．可转换债券对并购双边道德风险防范的实验研究［J］．管理科学，2010，23（03）：32－40.

［74］张雄，万迪昉，谢刚，等．金融契约选择对双边道德风险及社会福利的影响实验研究［J］．管理评论，2010，22（02）：30－38.

［75］FACCIO M，MASULIS R，MCCONNELL J. Political Connections and Corporate Bailouts［J］. The Journal of Finance，2006，61（6）：2597－2635.

［76］FACCIO M. Politically Connected Firms［J］. The American Economic Review，2006，96（1）：369－386.

［77］FAN J，WONG T J，ZHANG T. Politically connected CEOs，corporate governance，and Post-IPO performance of China's newly partially privatized firms［J］. Journal of Financial Economics，2007，84（2）：330－357.

［78］KHWAJA A，MIAN A. Do Lenders Favor Politically Connected Firms? Rent Provision in an Emerging Financial Market［J］. The Quarterly Journal of Economics，2005，120（4）：1371－1411.

［79］CHARUMILIND C，KALI R，WIWATTANAKANTANG Y. Connected Lending：Thailand before the Financial Crisis［J］. The Journal of Business，2006，79（1）：181－218.

［80］WIWATTANAKANTANG Y，BUNKANWANICHA P. Big Business Owners in Politics［J］. The Review of Financial Studies，2009，22（6）：2133－2168.

［81］GOLDMAN E，ROCHOLL J，SO J. Do Politically Connected Boards Affect Firm Value?［J］. The Review of Financial Studies，2009，22（6）：2331－2360.

［82］BOUBAKRI N，COSSET J，SAFFAR W. Political Connections of Newly Privatized Firms［J］. Journal of Corporate Finance，2008，14（5）：654－673.

［83］BERTRAND M，KRAMARZ F，SCHOAR A. Politicians，Firms and the

Political Business Cycle: Evidence from France [R]. Chicago: University of Chicago, 2007.

[84] AGRAWAL A, KNOEBER C. Do Some Outside Directors Play a Political Role? [J]. Journal of Law and Economics, 2001, 44 (1): 179 - 198.

[85] FRANCIS B, HASAN I, SUN X. Political connections and the process of going public: Evidence from China [J]. Journal of International Money and Finance, 2009, 28 (4): 696 - 719.

[86] FISMAN R. Estimating the Value of Political Connections [J]. The American Economic Review, 2001, 91 (4): 1095 - 1102.

[87] FRYE T, SHLEIFER A. The Invisible Hand and the Grabbing hand [J]. The American Economic Review, 1997, 87 (2): 354 - 358.

[88] SHLEIFER A, VISHNY R. The Grabbing Hand: Government Pathologies and Their Cures [M]. Cambridge: Harvard University Press, 1998.

[89] CHEUNG Y L, JING L H, RAGHAVENDRA R, et al.. Guanxi, Political Connections, and Expropriation: The Dark Side of State Ownership in Chinese Listed Companies [R]. Hong Kong: City University of Hong Kong, 2005.

[90] FAN J, RUI O, ZHAO M. Public governance and corporate finance: Evidence from corruption cases [J]. Journal of Comparative Economics, 2008, 36 (3): 343 - 364.

[91] HUNG M, WONG T, ZHANG T. Political Relations and Overseas Stock Exchange Listing: Evidence from Chinese State-Owned Enterprises [R]. Los Angeles: University of Southern California, 2007.

[92] CLAESSENS S, FEIJEN E, LAEVEN L. Political connections and preferential access to finance: The role of campaign contributions [J]. Journal of Financial Economics, 2006, 88 (3): 554 - 580.

[93] FACCIO M. Politically-Connected Firms: Can They Squeeze the State? [R]. Washington, DC: AFA 2003 Washington, DC Meetings, 2002.

[94] ALLEN F, QIAN J, QIAN M. Law, Finance, and Economic Growth in China [J]. Journal of Financial Economics, 2005, 77 (1): 57 - 116.

[95] HAMBRICK D, MASON P. Upper Echelons: The Organization as a Re-

flection of Its Top Managers [J]. The Academy of Management Review, 1984, 9 (1): 193 -206.

[96] LI H, ZHANG Y. The role of managers' political networking and functional experience in new venture performance: Evidence from China's transition economy [J]. Strategic Management Journal, 2007, 28 (8): 791 -804.

[97] LI H, ATUAHENE-GIMA K. Product Innovation Strategy and the Performance of New Technology Ventures in China [J]. The Academy of Management Journal, 2001, 44 (6): 1123 -1134.

[98] ACEMOGLU D, ANTRÀS P, HELPMAN E. Contracts and Technology Adoption [J]. The American Economic Review, 2007, 97 (3): 916 -943.

[99] ACEMOGLU D, JOHNSON S. Unbundling institutions [J]. Journal of Political Economy, 2005, 113 (5): 949 -995.

[100] LI H, MENG L, WANG Q, et al. Political connections, financing and firm performance: Evidence from Chinese private firms [J]. Journal of Development Economics, 2008, 87 (2): 283 -299.

[101] ANDERHUB V, GÄCHTER S, KÖNIGSTEIN M. Efficient Contracting and Fair Play in a Simple Principal-Agent Experiment [J]. Experimental Economics, 2002, 5 (1): 5 -27.

[102] RASMUSEN E. Explaining Incomplete Contracts as the Result of Contract-Reading Costs [J]. Advances in Economic Analysis and Policy, 2001, 1 (1): 1 -30.

[103] TIROLE J. Incomplete Contracts: Where Do We Stand? [J]. Econometrica, 1999, 67 (4): 741 -781.

[104] FAN G, ONG S, SING T. Moral Hazard, Effort Sensitivity and Compensation in Asset-Backed Securitization [J]. The Journal of Real Estate Finance and Economics, 2006, 32 (3): 229 -251.

[105] BAKER G. Distortion and Risk in Optimal Incentive Contract [J]. The Journal of Human Resources, 2002, 37 (4): 728 -751.

[106] GIBBONS R. Incentives Between Firms (and Within) [J]. Management Science, 2005, 51 (1): 2 -17.

[107] JENSEN M, MECKLING W. Theory of the Firm: Managerial Behavior, Agency Costs and Ownership Structure [J]. Journal of Financial Economics, 1976, 3 (4): 305-360.

[108] GROSSMAN S, HART O. The cost and benefits of ownership a theory of vertical and lateral integration [J]. Journal of Political Economy, 1986, 94 (4): 691-719.

[109] JENSEN M. Agency Costs of Free Cash Flow Corporate Finance and Takeovers [J]. The American Economic Review, 1986, 76 (2): 323-329.

[110] STULZ R. Managerial Discretion and Optimal Financing Policies [J]. Journal of Financial Economics, 1990, 26 (1): 3-27.

[111] KIRILENKO A. Valuation and Control in Venture Finance [J]. The Journal of Finance, 2001, 56 (2): 565-587.

[112] DINC S. Politicians and banks: political influences on government-owned banks in emerging markets [J]. Journal of Financial Economics, 2005, 77 (2): 453-479.

[113] ADHIKARI A, DERASHID C, ZHANG H. Public Policy, Political Connections, and Effective Tax Rates: Longitudinal Evidence from Malaysia [J]. Journal of Accounting and Public Policy, 2006, 25: 574-595.

[114] SHLEIFER A, VISHNY R. Politicians and Firms [J]. The Quarterly Journal of Economics, 1994, 109 (4): 995-1025.

[115] DEWENTER K, MALATESTA P. State-Owned and Privately Owned Firms: An Empirical Analysis of Profitability, Leverage, and Labor Intensity [J]. The American Economic Review, 2001, 91 (1): 320-334.

[116] KRUEGER A. The Political Economy of the Rent-Seeking Society [J]. The American Economic Review, 1974, 64 (3): 291-303.

[117] HILLMAN A. Politicians on the Board of Directors: Do Connections Affect the Bottom Line? [J]. Journal of Management, 2005, 31 (3): 464-481.

[118] JOHNSON S, MITTON T. Cronyism and Capital Controls: Evidence from Malaysia [J]. Journal of Financial Economics, 2003, 67 (2): 351-382.

[119] FERGUSON T, VOTH H. Betting on Hitler: The Value of Political

Connections in Nazi Germany [J]. The Quarterly Journal of Economics, 2008, 123 (1): 101 - 137.

[120] GOLDMAN E, ROCHOLL J. Does Political Connectedness Affect Firm Value? [R] . Chapel Hill: University of North Carolina at Chapel Hill, 2006.

[121] BOUBAKRI N, COSSET J, SAFFAR W. The Impact of Political Connections on Firms' Operating Performance and Financing Decisions [J]. The Journal of Financial Research, 2012, 35 (3): 397 - 423.

[122] CHEN G, FIRTH M, RUI O. Have China's enterprise reforms led to improved efficiency and profitability? [J]. Emerging Markets Review, 2006, 7 (1): 82 - 109.

[123] AGGARWAL R, MESCHKE F, WANG T. Corporate Political Contribution: Investment or Agency? [J] . Business and Politics, 2012, 14 (1): 1 - 38.

[124] CHANG S, CHEN S, LIU Y. Why firms use convertibles: A further test of the sequential-financing hypothesis [J]. Journal of Banking & Finance, 2004, 28 (5): 1163 - 1183.

[125] YOU J, DU G. Are Political Connections a Blessing or a Curse? Evidence from CEO Turnover in China [J]. Corporate Governance: An International Review, 2012, 20 (2): 179 - 194.

[126] LEUZ C, OBERHOLZER-GEE F. Political Relationships, Global Financing and Corporate Transparency: Evidence from Indonesia [J]. Journal of Financial Economics, 2006, 81 (2): 411 - 439.

[127] FAN J, RUI O, ZHAO M. Rent Seeking and Corporate Finance: Evidence from Corruption Cases [R] . Hong Kong: The Chinese University of Hong Kong, 2006.

[128] BAI C, LU J, TAO Z. Property Rights Protection and Access to Bank Loans: Evidence from Private Enterprises in China [J]. Economics of Transition, 2006, 14 (4): 611 - 628.

[129] LU Y. Political Connections and Trade Expansion: Evidence from Chinese Private Firms [R] . Hong Kong: The University of Hong Kong, 2008.

[130] CHANEY P, FACCIO M, PARSLEY D. The quality of accounting in-

formation in politically connected firm [J]. Journal of Accounting and Economics, 2011, 51 (1-2): 58-76.

[131] BUSHMAN R, A. SMITH. Financial Accounting Information and Corporate Governance [J]. Journal of Accouting and Economics, 2001, 32: 237-333.

[132] ROSS S. The Economic Theory of Agency: The Principal's Problem [J]. The American Economic Review, 1973, 63 (2): 134-139.

[133] HOLMSTRÖM B. Managerial Incentive Problems: A Dynamic Perspective [J]. Review of Economic Studies, 1999, 66 (1): 169-182.

[134] GROSSMAN S, HART O. An Analysis of the Principal-Agent Problem [J]. Econometrica, 1983, 51 (1): 7-45.

[135] HOLMSTRÖM B, MILGROM P. Regulating Trade Among Agents [J]. Journal of Institutional and Theoretical Economics, 1990, 146 (1): 85-105.

[136] HOLMSTRÖM B. Moral Hazard in Teams [J]. The Bell Journal of Economics, 1982, 13 (2): 324-340.

[137] BÉNABOU R, TIROLE J. Incentives and Prosocial Behavior [J]. The American Economic Review, 2006, 96 (5): 1652-1678.

[138] AZAR O. The Social Norm of Tipping: A Review [J]. Journal of Applied Social Psychology, 2007, 37 (2): 380-402.

[139] HOLMSTRÖM B, MILGROM P. Multitask Principal-Agent Analyses: Incentive Contracts, Asset Ownership, and Job Design [J]. Journal of Law, Economics, & Organization, 1991, 7: 24-52.

[140] CORTS K. Teams Versus Individual Accountability Solving Multitask Problems through Job Design [J]. RAND Journal of Economics, 2007, 38 (2): 467-479.

[141] KAARBOE O, SICILIANI L. Multi-tasking, quality and pay for performance [J]. Health Economics, 2011, 20 (2): 225-238.

[142] MYERS S, MAJLUF N. Corporate financing and investment decisions when firms have information that investors do not have [J]. Journal of Financial Economics, 1984, 13 (2): 187-221.

[143] MYERS S. Outside Equity [J]. The Journal of Finance, 2000, 55 (3): 1005-1037.

[144] HART O, MOORE J. Default and Renegotiation: A Dynamic Model of Debt [J]. The Quarterly Journal of Economics, 1998, 113 (1): 1-41.

[145] HARRIS M, RAVIV A. Capital Structure and the Informational Role of Debt [J]. The Journal of Finance, 1990, 45 (2): 321-349.

[146] WU X, WANG Z. Equity financing in a Myers-Majluf framework with private benefits of control [J]. Journal of Corporate Finance, 2005, 11 (5): 915-945.

[147] WILLIAMSON O. Corporate Finance and Corporate Governance [J]. The Journal of Finance, 1988, 43 (3): 567-591.

[148] DOUGLAS A. Capital Structure and the Control of Managerial Incentives [J]. Journal of Corporate Finance, 2002, 8 (4): 287-311.

[149] DEWATRIPONT M, TIROLE J. A Theory of Debt and Equity: Diversity of Securities and Manager-Shareholder Congruence [J]. The Quarterly Journal of Economics, 1994, 109 (4): 1027-1054.

[150] BERKOVITCH E, ISRAEL R. The Design of Internal Control and Capital Structure [J]. The Review of Financial Studies, 1996, 9 (1): 209-240.

[151] CHILDS P, MAUER D, OTT S. Interactions of corporate financing and investment decisions: The effects of agency conflicts [J]. Journal of Financial Economics, 2005, 76 (3): 667-690.

[152] HARVEY C, LINS K, ROPER A. The effect of capital structure when expected agency costs are extreme [J]. Journal of Financial Economics, 2004, 74 (1): 3-30.

[153] HERNAN O. Executive compensation and capital structure: The effects of convertible debt and straight debt on CEO pay [J]. Journal of Accounting and Economics, 2007, 43 (1): 69-93.

[154] D'MELLO R, MIRANDA M. Long-term debt and overinvestment agency problem [J]. Journal of Banking & Finance, 2010, 34 (2): 324-335.

[155] CHIOU W, LEE A, LEE C. Stock return, risk, and legal environment around the world [J]. International Review of Economics and Finance, 2010, 19 (1): 95-105.

[156] GREEN R. Investment incentives, debt, and warrants [J]. Journal of Financial Economics, 1984, 13 (1): 115 - 136.

[157] BIAIS B, CASAMATTA C. Optimal Leverage and Aggregate Investment [J]. The Journal of Finance, 1999, 54 (4): 1291 - 1323.

[158] CASAMATTA C. Financing and Advising: Optimal Financial Contracts with Venture Capitalists [J]. The Journal of Finance, 2003, 58 (5): 2059 - 2085.

[159] BERGEMANN D, HEGE U. Venture capital finance moral hazard, and learning [J]. Journal of Banking & Finance, 1998, 22 (6): 703 - 735.

[160] CORNELLI F, YOSHA O. Stage Financing and the Role of Convertible Securities [J]. The Review of Economic Studies, 2003, 70 (1): 1 - 32.

[161] BERGLOF E, ERNST L. Short-Term Versus Long-Term Interests: Capital Structure with Multiple Investors [J]. The Quarterly Journal of Economics, 1994, 109 (4): 1055 - 1084.

[162] ISAGAWA N. Convertible debt: An effective financial instrument to control managerial opportunism [J]. Review of Financial Economics, 2000, 9 (1): 15 - 26.

[163] ISAGAWA N. Managerial Opportunism and Capital Structure Adjustments: Equity-for-debt Swap and Convertible Debt [J]. International Review of Finance, 2003, 3 (1): 53 - 69.

[164] SCHMIDT K. Convertible Securities and Venture Capital Finance [J]. The Journal of Finance, 2003, 58 (3): 1139 - 1166.

[165] HART O, MOORE J. Incomplete Contracts and Ownership: Some New Thoughts [J]. The American Economic Review, 2007, 97 (2): 182 - 186.

[166] FAN G, ONG S, SING T. Moral Hazard, Effort Sensitivity and Compensation in Asset-Backed Securitization [J]. The Journal of Real Estate Finance and Economics, 2006, 32 (3): 229 - 251.

[167] GROSSMAN S, HART O. Implicit Contracts Under Asymmetric Information [J]. The Quarterly Journal of Economics, 1983, 98: 123 - 156.

[168] HENNESSY C, TSERLUKEVICH Y. Taxation, Agency Conflicts, and the Choice between Callable and Convertible Debt [J]. Journal of Economic Theory,

2008, 143 (1): 374 - 404.

[169] JUNG M, SULLIVAN M. The signaling effects associated with convertible debt design [J]. Journal of Business Research, 2009, 62 (12): 1358 - 1363.

[170] ZHU S. Comparison of the Convertible Bond Market Development in China and Europe and the Enlightenment [J]. Review of European Studies, 2009, 1 (1): 35 - 39.

[171] DUCHIN R, SOSYURA D. The politics of government investment [J]. Journal of Financial Economics, 2012, 106 (1): 24 - 48.

[172] CHEN S, SUN Z, TANG S, et al. Government intervention and investment efficiency: Evidence from China [J]. Journal of Corporate Finance, 2011, 17 (2): 259 - 271.

[173] PENG M, LUO Y. Managerial Ties and Firm Performance in a Transition Economy: The Nature of a Micro-Macro Link [J]. The Academy of Management Journal, 2000, 43 (3): 486 - 501.

[174] BLANCHARD O, LOPEZ-DE-SILANES F, SHLEIFER A. What do firms do with cash windfalls? [J]. Journal of Financial Economics, 1994, 36 (3): 337 - 360.

[175] BLANCHARD O, SHLEIFER A. Federalism with and without Political Centralization: China Versus Russia [J]. IMF Staff Papers, 2001, 48: 171 - 179.

[176] ZHAO X, WAN D, XU H. Political Connections and the Efficiency of Capital Allocation through Bond Financing in Chinese Listed Companies [J]. Emerging Markets Finance and Trade, 2013, 49: 158 - 170.

[177] WURGLER J. Financial markets and the allocatin of capital [J]. Journal of Financial Economics, 2000, 58 (1 - 2): 187 - 214.

[178] RICHARDSON S. Over-investment of free cash flow [J]. Review of Accounting Studies, 2006, 11 (2 - 3): 159 - 189.

[179] ALMEIDA H, WOLFENZON D. The effect of external finance on the equilibrium allocation of capital [J]. Journal of Financial Economics, 2005, 75 (1): 133 - 164.

[180] LAFFONT J, MARTIMORT D. The firm as a Multicontract Organization

[J]. Journal of Economics & Management Strategy, 1997, 6 (2): 201 -234.

[181] FEHR E, FALK A. Psychological foundations of incentives [J]. European Economic Review, 2002, 46 (4): 687 -724.

[182] YAVAS A, SIRMANS C. Real Options: Experimental Evidence [J]. The Journal of Real Estate Finance and Economics, 2005, 31 (1): 27 -52.

# 附录　实验相关参数设定

## 一、实验背景

实际中经营者在从事一项目运行时，除主要进行生产性活动，还进行很多非生产性活动（诸如与相关政府机构和金融部门的沟通交流、聘用关系户等），从这个角度说明项目经营者在完成一项任务时需要在多个维度投入努力。政治关联经营者为了建立和维系这种关系从事此类非生产性活动的可能性更高。

当将经营者在项目经营中发生的生产性活动视为项目价值的增值活动，则非生产性活动更多只为经营者带来私人收益而无益于项目价值的增加。可以这样认为，经营者从事两类活动的边际收益对投融资双方并不一致，即投资者和经营者收益存在偏差。但由于缔约双方不能观察到另一方的努力投入水平，而只能依靠可见的项目收益判断对方的努力。因此为了激励经营者更多追求企业价值增值活动，现实中投资者有必要依据项目可见收益对经营者实施相应激励约束。

从代理人成本的角度，Laffont 和 Martimort（1997）依据任务间的相互作用将多项任务分为替代性任务和互补性任务两大类。其中经营者非生产性活动的特点是：该类活动虽然降低了项目收益但却对经营者自身收益有利，因此实验中设定经营者从事的两类活动对其自身收益具有互补性，为简单起见研究将该特性体现在经营者成本函数中。

本实验中企业家有一个好的投资项目需资金 1，但其自有资金为 0.5，需要向外部融资 0.5。备选的融资方式有三种：债务融资（利率 $r_1=10\%$）、权益融资和可转换债券融资（利率 $r_2=8\%$）。项目实施周期为 8 年，每年年末投资者披露项目收益信息。其中可转换债券融资中，在项目进行到一半后（第五年初）投资者决定是否执行转股期权（按初始出资比例，或执行转股则拥有 50% 股份）。为简单起见，研究不考虑可转换债券的回售和赎回特性。

经营者和投资者收益构成分析如图 1 所示。

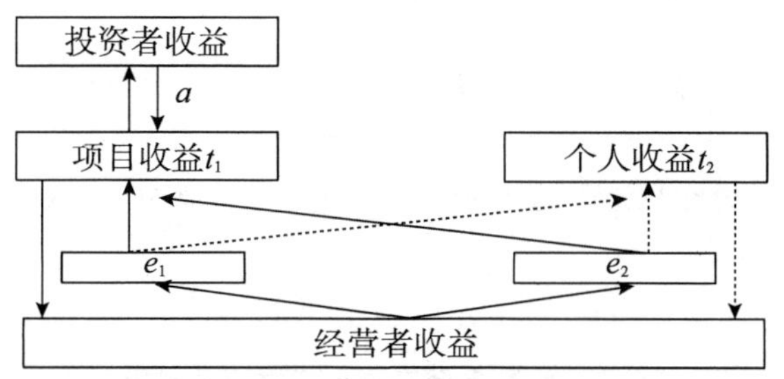


**图 1　经营者和投资者收益构成分析**

## 二、实验参与者的策略集合

实验共进行 3 局，每局在开始前请注意所对应的金融契约，即债务融资、股权融资和可转换债券融资。各实验参与方在实验系统中将按随机分配原则扮演外部投资者或经营者，并与另一匿名参与者随机配对，也即若您分配的角色是外部投资者，则在网络内将有另一个参与者扮演经营者与您进行相互博弈决策。实验周期将由您和您的配对参与者共同经过网络决策来完成项目的经营周期。

投资者的策略：在每期结束后，系统会根据不同金融契约规定的现金流收益分配规则披露本期项目收益信息，依此信息您来判断与您博弈的经营者努力现状，并据此确定下一期对经营者实施的监督水平 $a$，以实现投资回报的最大化目标。另在第 3 局可转换债券融资契约下，投资者还需要在项目进行到第 5 期开始处依据之前披露的项目收益信息决定是否执行转股。

经营者策略：每期经营者可根据上期项目收益信息判断投资者的监督水平，并据此决定当期投入在生产性活动 $e_1$ 的投入水平和非生产性活动 $e_2$ 的投入水平，以实现个人收益最大化。

## 三、实验决策流程

实验共进行 3 局，每局 8 期，分别模拟一种金融契约情景下的投资者和经营者行为。每期实验参与者完成如下操作：①经营者确定在生产性活动 $e_1$

和非生产性活动 $e_2$ 上的投入水平；②外部投资者依据金融契约类型确定对经营者行动实施的监督投入水平 $a$；③实现项目收益，披露相关信息；④进入下一期决策。投资者和经营者双方决策时序如图 2 所示。

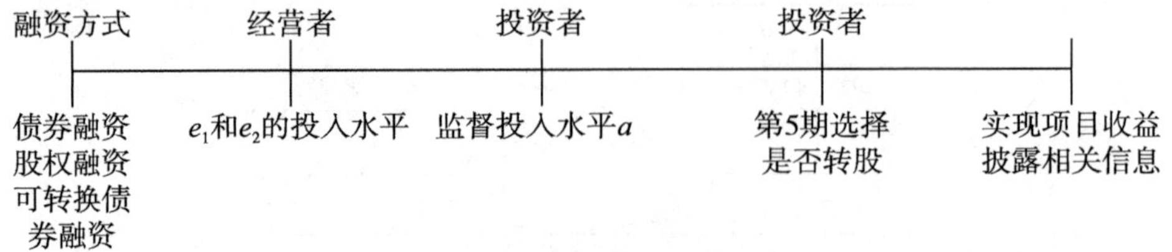


**图 2　投资者和经营者双方决策时序**

## 四、实验收益计算

### 1. 项目实现的现金流

所有项目被视为典型生产函数，其收入来源于经营者努力水平和投资者监督投入水平。表示为：$T_1 = \sum_1^8 t_1$，其中 $t_1 = 0.8e_1 - 0.4e_2 + 0.2a$。

### 2. 经营者收益

经营者由于在生产性活动和非生产性活动上都有投入并获得收益，其中非生产性活动主要构成经营者个人收益 $t_2 = 0.2e_2 - 0.1e_1$，经营者收益来自项目收益和个人收益。此外经营者成本函数设为 $Ce = 0.5e_1^2 + 0.5e_2^2 - 1.1 \cdot 0.9 \cdot 0.5 \cdot e_1 e_2$。则经营者收益在不同金融契约下的收益如下：

（1）在债权融资下，经营者收益为 $CE_m = \sum_1^8 (t_1 + t_2 - Ce) - 0.5(1 + r_1)$，若 8 期进行完成项目总收益没有超过初始投资额度，则经营者收益为 0。

（2）在股权融资下，经营者收益为 $CE_m = \sum_1^8 (0.5t_1 + t_2 - Ce)$。

（3）在可转换债券融资下，经营者收益为：

$$\begin{cases} if\ T_1 > 1, CE_m = \sum_1^8 (t_1 + t_2 - Ce) - (\sum_3^8 punish) - 0.5(1 + r_1)\ if\ noconvert \\ if\ T_1 \leqslant 1, CE_m = 0 \\ CE_m = \sum_1^4 (t_1 + t_2) + \sum_5^8 (0.5t_1 + t_2) - \sum_1^8 (Ce) - \sum_3^5 (punish) - 0.5 \cdot 0.5(1 + r_2)\ if\ convert \end{cases}$$

其中若投资者监督投入水平高于前两期平均水平，而项目产出却低于前两期平均水平，则说明经营者从事了过多非生产性活动并被投资者监督行动发现，则此时经营者将承担罚金（*punish*）0.3 个单位。注意，若投资者执行转换期权，则转股后由于软约束作用，此时经营者非生产性活动并不受到惩罚。

3. **投资者收益**

不同金融契约下，投资者现金流收益不一样，其监督成本满足严格递增且凸的函数设定，边际成本 $C_p = 0.2a^2$ 。

（1）在债权融资下，投资者收益取决于债权本金利息和其投入的监督成本：

$$if\ T_1 > 1, CE_p = 0.5(1 + r_1) - 0.2a^2$$

$$if\ T_1 \leqslant 1, CE_p = 0$$

（2）在股权融资下，投资者收益为：

$$CE_p = \sum_1^8 (0.5t_1 - 0.2a^2)$$

（3）在可转换债券融资下，投资者收益为：

$$\begin{cases} CE_p = 0.5(1 + r_2) - \sum_1^8 0.2a^2 + \sum_3^8 punish\ if\ noconvert \\ CE_p = 0.5 \times 0.5(1 + r_2) + \sum_5^8 0.5t_1 - \sum_5^8 0.2a^2 + \sum_3^5 punish\ if\ convert \end{cases}$$

可转换债券融资契约下投资者收益依赖于其是否执行转股期权，若投资者执行转股则获得权益分享，如放弃转股则获得本息收益。